근대조선과 일본

조선의 개항부터
대한제국의 멸망까지

근대 조선과 일본

조경달 지음 • 최덕수 옮김

일러두기
1. 이 책의 날짜는 특별한 언급이 없다면 모두 양력이다.
2. 이 책에 실린 각주는 모두 옮긴이주이다.

이 책은 실로 꿰매어 제본하는 정통적인 사철 방식으로 만들어졌습니다.
사철 방식으로 제본된 책은 오랫동안 보관해도 손상되지 않습니다.

한국의 독자들에게

 이 책은 한국 병합에 이르기까지의 한국 근대 통사인데, 이 시기 역사는 일본과의 관계사라는 성격을 자체적으로 지니기도 한다. 따라서 이 책은 근대 한일 관계 통사이기도 하다. 다만 필자는 단순한 개설서로서 근대 통사를 서술하고 싶지는 않았다. 정치 문화사적 문제를 기축으로 삼아 서술하고자 했다.

 이제까지의 통사는 내재적 발전론을 암묵적인 전제로 삼았다. 즉, 한국은 18세기 무렵부터 내재적으로 근대를 향하여 발걸음을 내딛었으나, 그것이 일본의 침략 때문에 저지당했다고 하는 역사 인식이 일반적이었다. 그러나 이러한 역사 인식은 근대를 절대화해 버린다. 한편 식민지 근대화론의 통사는 내재적 발전을 부정하지만, 근대를 절대화하는 점에서는 내재적 발전론 이상이다. 역사학에서 근대와 국민 국가를 상대화할 필요성을 부르짖은 지는 오래되었으나 그 작업은 쉽지 않다. 다양한 방법을 시도하고 있는데, 필자가 최근 주목하고 있는 것은 정치 문화사적 방법이다. 역사란 사실 다양한 계통으로 진행되고 있으며, 서구적인 발전은 힘에 의하여 그러한 것들을 일원적인 방향으로 수렴시키려 한 것이었다고 생각한다. 그렇다고 한다면 서구적인 발전을 강제당하기 이전 각 지역에서의 사회 구조를 문제로 삼아야만 한다. 그리고 그것은 전통적인 정치 문화와 밀접하게 관계가 있다. 한국의 경우 그것은 유교적 민본주의, 즉 일군만민(一君萬民)의 정치 문화였다. 이 책에서는 이러한 정치 문화가 근대와 조우하였을 때에 어쩔 수 없이 변화를 강요당하면서도, 어떻게 자신의 가치를 관철하면서 새로운 국가를 만들려고 했는지에 대하여 고민하고 좌절하는 과정에 주목하였다.

일본은 근대 서구와 접촉하면서 막부 말기의 혼란은 있었다고 하나 비교적 원만하게 국민 국가를 달성하였다. 그러나 한국의 국민 국가화는 그리 용이하지 않았다. 그것은 어째서인가? 재빨리 근대화한 일본이 한국의 국민 국가화를 저해했다는 것이 종래의 견해인데, 결코 틀린 말은 아니다.

그렇지만 한국에는 일본처럼 간단하게 서구화하는 것을 주저하게 만든 나름대로의 이유가 있었다는 것이 필자의 견해이다. 한국에는 문명 의식 차원에서 일본과는 비교가 되지 않을 정도의 우월 의식이 있었으며, 유교적 민본주의라는 정치 문화가 각계각층에 널리 침투해 있었다. 단순히 위정척사파의 사상뿐만이 아니라, 개화파의 사상도 유교적 민본주의에 구속당하면서 근대화를 구상하였다. 그리고 그것은 민중 세계도 공유하는 정치 문화였다. 따라서 민중은 유교적 민본주의에 기초하여 민란과 농민 전쟁을 일으켰다. 의병 전쟁에 나선 것 또한 그러한 이유에서였다. 유교적 민본주의의 정치 문화가 일본이 들여온 근대적 정치 문화나 폭력적인 정치 문화와 심각한 갈등을 빚을 수밖에 없었다. 이러한 점을 염두에 두면서 이 책에서는 일본과의 관계사뿐만 아니라 비교사도 시야에 넣었다.

유교적 민본주의를 기축으로 삼아 한국 근대사를 서술한다는 것은 이제까지의 한국 근대 통사에서는 볼 수 없었던 방법이라고 약간은 자부한다. 물론 통사라는 것은 정치사를 중심으로 삼으면서 경제사나 외교사 등도 아울러서 다루어야만 한다. 이 책도 그러한 방법에서 결코 벗어나지는 않을 테지만, 민중 세계도 공유한 유교적 민본주의에 주목함으로써 〈아래로부터의 시각〉도 분명하게 내세울 수 있었다고 생각한다.

이 책은 한국사에 관한 지식이 희박한 일본인 독자를 대상으로 저술하였다. 그렇기 때문에 가급적이면 평이하게 저술하고자 하였다. 그럼에도 불구하고 학교 교육을 통해 한국사를 학습한 경험이 거의 없는 일반적인 일본인에게는 어려울지도 모르겠다. 그러한 점에서 고등학교까지 충분하게 한국사 지식을 쌓은 한국의 독자들이라면 반대로 쉽게 읽을 수 있을 것이다. 가급적이면 많은 독자들이 이 책을 읽어 볼 수 있기를 기대한다. 마지막으로 이 책의 한국어 번역을 제안하고, 애써 주신 최덕수 선생님께 진심으로 감사를 드린다.

2015년 6월

조경달

들어가며

음지와 양지

한반도와 일본은 과거 수천 년에 걸쳐 교류를 거듭해 왔다. 그리고 국가가 탄생한 이후의 역사에는 다양한 기복이 있었다. 평화로운 시기가 있었다면 전쟁의 시기도 있었고, 쌍방의 사람들 사이에는 동경이나 증오 등 복잡한 감정이 교차하였다. 최근 한류 현상은 괄목할 만한 것이지만, 다른 한편으로 혐한류나 북한 비방 등의 분위기도 강하다. 한반도의 일본관도 이제는 증오만은 아니고, 동경은 물론이거니와 대등한 인식 등도 싹트고 있지만, 북한이든 한국이든 여전히 복잡한 생각에서 벗어나지 못하는 것으로 보인다.

이러한 상호 간의 애증은 말할 것도 없이 근대에 들어서 이루어진 불행한 역사에 많은 것이 기인하고 있다. 일본은 조선을 침략했을 뿐만 아니라, 그것을 합리화, 정당화하기 위해 조선의 역사를 정체적, 타율적으로 보는 역사관을 유포시켰다. 조선은 자력으로 근대화할 수 없고, 방치해 두면 나라마저 빼앗길지도 모르므로 일본이 도와주지 않으면 안 된다고 하는 아전인수 격인 식민지 사관이다. 더욱이 고대 시기에 일본이 조선의 일부를 지배하고 있었다는 역사 인식에 입각하여 〈일선동조론〉도 활발하게 선전하였다. 한국 병합은 침략이 아니고 이웃을 사랑할 수밖에 없는 〈같은 조상〉에 대한 사랑에서 나온 일체화라고 하는 것이다. 두 나라는 마주 보고 있는 거울처럼, 조선은 일본의 그늘이 되었고, 조선이 그렇게 될수록 일본은 양지로서 빛났다.

전후의 한국 사학

전후의 한국 사학은 이러한 역사 인식 극복을 최대의 과제로 설정하였다. 그 결과 침략에 대한 한민족의 강인한 저항을 그려 내자는 역사관이 1950년대부터 60년대 중반까지 융성하였다. 그러나 여전히 식민지 사관을 극복하는 데 미치지는 못했다. 그리하여 그 후 조선은 내재적으로 근대의 방향으로 발전의 길을 걷고 있었지만, 일본에 의해 차단되고 방해를 받았다고 하는 이른바 내재적 발전론이 한 시대를 풍미하게 되었다.

그런데 1980년대 이후 그에 대한 회의가 생겨났다. 내재적 발전론은 이제까지의 지배-저항의 역사를 받아들이면서 근대적인 발전의 길을 그리려 하였는데, 그것은 너무 일국사적임과 동시에 근대 일본의 민족주의, 국가주의를 지탄하는 한편으로, 조선의 민족주의를 고취하는 것이었기 때문이다. 거기에 제시된 것이 식민지 근대화론이다. 이 논의는 일본 지배 아래에서 조선의 자본주의적 발전을 논하려 하는 점에 특징이 있다. 이것은 일본의 지배를 합리화하는 일면을 갖고 있기 때문에 현재까지 논쟁이 되고 있다.

이에 대하여 오늘날 활발히 논의되고 있는 것은 식민지 근대성론이다. 이것은 식민지 근대화론처럼 근대를 긍정하는 것이 아니라, 근대를 비판하는 입장에 선 논의이다. 일본의 식민지 지배를 통해 좋아지거나 그렇지 않거나에 상관없이 조선인은 나쁜 근대의 가치를 내면화하였다는 것이다. 국민 국가의 상대화를 부르짖는 현재 역사학의 시의에 걸맞는 근대 비판의 논의처럼 보인다. 그러나 이 논의는 근대를 비판한다고 하면서, 실제로는 근대를 절대화해 버리고 있다. 사람들은 당찮은 침투력을 가진 근대에 대해 도저히 저항할 수 없는 것으로서 파악하고 있다.

일반적으로 근대 비판은 근대 일본에 대한 비판으로도 통하는데, 양자를 동시에 실천하는 것은 상당히 어렵다. 내재적 발전론은 첨예하게 근대 일본을 비판하였지만, 조선과 일본의 동질성을 전제로 하고 있으며, 근대로 향하는 속도에는 그다지 차이가 없다고 하였다. 그렇다고 한다면 논리적으로 근대 일반은 반드시 비판받아야 할 것이 아닌데, 근대 일본을 비판해야 한다는 것은 조선의 내재적 근대화를 저해했기 때문이라고 할 수밖에 없다. 한국 근대사 연구가 근대의 주술로부터 벗어나기가 쉽지 않다.

정치 문화에 주목

그렇다면 근대를 상대화하기 위해 어떠한 역사 인식이 필요한 것인가? 역사란 것은 실제로 다양하게 진행된다. 반드시 근대적 방향으로만 나아가지 않는 역사의 발전을 확인하는 것이 근대를 상대화함과 동시에 서구 근대 아류의 길을 걸었던 근대 일본을 비판하는 것으로도 이어질 것이다.

거기서 내가 주목하고자 하는 것이 정치 문화이다. 정치 문화란 정치적 사건이나 항쟁이 일어난 시기에 그 내용이나 전개의 양상 등을 규정하는 이데올로기, 전통, 관념, 신앙, 미신, 원망(願望), 관행, 행동 규범(규칙) 등 정치 과정에 관련된 일체의 문화이다. 정치 문화는 일반적으로 지배층과 피지배층이 공유한다. 공유하지 않는 경우에 국가나 정부는 안정성을 잃게 되어 위기 상황이 온다. 예를 들어 전근대 사회에서 왕정이 일반에게 지지받은 것은 국왕이라는 자가 단순히 징세하는 자가 아니라, 백성에게 자비와 행복을 베푸는 고귀한 존재이며, 또한 그래야 한다고 생각되기 때문이다. 국왕이 호화로운 궁궐에 거주할 수 있는 것도, 신하와 거느린 백성 사이에 그러한 합의가 있기 때문이다. 그러나 두세 차례 그와 같은 기대를 배신하고, 악정을 제멋대로 한다면 혁명의 위기에 직면한다. 그리고 백성 자신이 정치를 행하는 주체라고 하는 사상을 가지고 있지 않던 전통 사회에서는 혁명 후에도 또한 새로운 구세주가 국왕으로 군림하게 된다. 그 정치 과정에서 국왕 환상은 물론이거니와 사회 변혁에 따라붙는 미신과 유언비어, 혹은 탄원이나 민중 봉기 등이 복잡하게 얽혀서 세상을 소란스럽게 만든다. 사회 변혁의 기운이 싹트는 가운데 의적이 탄생하기 쉬운 것도 정치 문화의 문제로 민중의 바람이 크게 반영되어 있는 것이다.

이러한 정치 문화는 넓은 의미로는 정치사상이나 정치 이념을 포괄하지만 그것 자체와는 다르다. 정치 문화는 그 원리적으로는 정치사상과 정치 이념을 갖지만, 현실의 정치 세계에서는 그러한 것들이 반드시 충실하게 반영되는 것은 아니다. 민주주의를 표방하면서 민주주의적이지 않은 국가는 얼마든지 존재한다. 전근대 사회에서는 유교, 불교, 기독교, 이슬람교 등에 기초한 정치사상을 원리로 삼은 국가가 많았지만, 그 정치 세계나 민중 세계의 양상은 지역이나 민족, 국가에 따라 다양하였다. 원리는 동일한 정치사상이더라도, 그 표현 방식은 다르다.

서구에서 발단한 근대는 확실히 절대적인 힘으로 세계를 거칠 것 없다는 얼굴로 석권하였다. 그러나 그것이 반드시 하나의 사회, 국가를 만들어 낸 것은 아니었다. 각 지역, 민족, 국가의 전통적 정치 문화의 규정을 받았고, 각기 독특한 정치 세계를 창출하였다. 근대의 얼굴은 하나가 아니다. 근대를 초월하지 못하더라도 근대와의 갈등이 상당 기간 이루어지고, 현재에도 이러한 문제가 계속 이어지고 있는 국가와 지역이 얼마든지 존재한다. 예를 들어 부탄 정부가 필요 이상의 GDP 발전을 추구하지 않고, 주민 총행복량의 증진에 정책의 기초를 두고 있는 것은 부탄의 전통적 정치 문화 양상과 밀접하게 관련되어 있을 것이다. 정치 문화사적 논의에는 발전 단계론으로부터 자유로워져 역사를 보는 지평을 제공할 수 있는 가능성이 존재한다.

이 책의 목적

이 책은 이러한 점에 주목하여 근대 한일 관계사를 개관하는 것이 목적이다. 근대 조선의 역사는 일국사적으로 성립하지 않으며, 특히 일본과의 관계를 빼고 이야기할 수 없다. 근대 일본의 역사 또한 그와 같다. 양자는 각각 어떠한 사회를 전제로, 어떻게 근대 세계로 돌입하였으며, 그 결과 어떠한 국가를 만들어 내었는가? 이 책에서는 이러한 흐름을 정치 문화의 문제를 단서로 삼아 밝혀 보려 한다.

이 책의 범위는 19세기 중반부터 1910년 한국 병합까지의 시기이다. 다만 정치 문화를 문제로 삼기 위해서는 장기적 시각이 필요하기 때문에 조선 왕조 성립 무렵부터 이야기를 시작한다. 그리고 그것과 일본을 비교하여 일본의 정치 문화도 언급할 것이다. 이 책은 조선에 중심축을 둔 일본과의 관계사이지만 비교사도 의도하고 있다.

문화라는 것은 머리 위에 〈정치〉라는 관이 씌워져 있지만, 반드시 선악으로만 논할 수 없다. 한쪽의 문화로 다른 쪽의 문화를 부정한다면 그것은 문화 침략밖에 되지 않는다. 그렇지만 역사의 어느 단계에서 그것이 왕왕 행운이나 재앙을 초래한다. 그리고 행운을 얻은 자는 재앙을 얻은 자를 매도한다. 역사가 짊어져야 할 부채이다. 그럴수록 역사의 전개를 배후에서 규정하는 정치 문화에 관한 관심을 높일 필요가 있다. 근대의 조일 관계사는 확실히 일본의 조선 침략사라고 하는 측면을 갖고 있지만, 무엇이 그것을 가능하게 만들었는지를 냉정하게 정치 문화사적 차원에서 고려할 필요가 있을 것이다. 오늘날의 한반도와 일본 사이에는 아직 여러 가지 문제가 가로놓여 있는데, 상호 이해의 포인트는 서로의 문화나 정치 문화를 잘 아는 데 있다. 양자는 이웃 나라이기 때문에 좋고 싫음에 관계없이 앞으로도 영원히 교류를 거듭해 나갈 수밖에 없다. 이 책은 문화 일반을 논하지는 않지만, 상호 이해에도 기여했으면 하는 작은 바람을 가지고 정치 문화사적 관점에서 서술한 근대 한일 관계사이다.

차례

한국의 독자들에게 **5**
들어가며 **9**

제1장 조선 왕조와 일본
1. 조선의 정치와 사회 **21**
2. 개항 전야의 조선 **32**
3. 〈정한〉 사상의 형성과 메이지 유신 **39**

제2장 조선의 개항
1. 대원군 정권 **49**
2. 대원군의 양이 정책 **55**
3. 조일수호조규의 체결 **61**

제3장 개항과 임오군란
1. 개화와 척사 **73**
2. 두 번째 개항 **81**
3. 임오군란과 일본 **85**

제4장 갑신정변과 조선의 중립화

1. 민씨 정권과 개화파 **95**

2. 갑신정변과 일본 **101**

3. 여러 열강과 조선 중립화 구상 **110**

제5장 갑오농민전쟁과 청일 전쟁

1. 갑오농민전쟁의 발발 **121**

2. 청일 전쟁과 조선 **132**

3. 제2차 농민 전쟁과 일본 **139**

4. 갑오개혁과 일본 **149**

제6장 대한제국의 시대

1. 대한제국의 탄생 **163**

2. 독립협회 운동 **168**

3. 대한제국의 정책 **179**

4. 대한제국기의 민중 운동 **187**

제7장 러일 전쟁하의 조선

1. 일본의 조선 점령 **197**

2. 군율 체제 **204**

3. 반일 항쟁 **213**

제8장 식민지화와 국권 회복 운동

1. 일본의 조선 보호국화 **223**

2. 국권 회복 운동과 제3차 한일협약 **235**

3. 국권 회복 운동의 확대와 그 사상 **248**

4. 국권 회복 운동과 일본 **259**

제9장 한국 병합

1. 병합 결정과 안중근 사건 **275**

2. 대한제국의 멸망 **285**

후기 **297**

연표 **299**

주요 참고문헌 **303**

도판 출전 **310**

찾아보기 **311**

옮긴이의 말 **316**

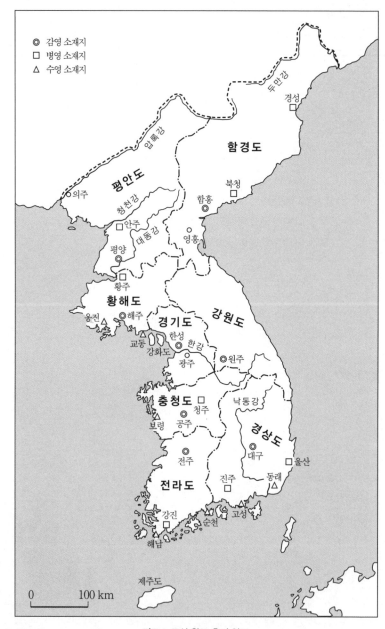

◎ 감영 소재지
□ 병영 소재지
△ 수영 소재지

두만강

경성

함경도

압록강

평안도

의주

청천강

북청

안주

함흥

대동강

영흥

평양

황주

황해도

옹진

해주

경기도

강원도

교동

한성

한강

강화도

광주

원주

충청도

청주

낙동강

보령

공주

경상도

전주

대구

울산

전라도

진주

동래

강진

고성

순천

해남

0   100 km

제주도

지도 1 조선 왕조 후기 약도

제 1 장

조선 왕조와 일본

관복을 입은 문관(왼쪽)과 군복을 입은 무관(오른쪽). 이들을 통틀어 양반이라 불렀다

1. 조선의 정치와 사회

조선 왕조의 신분 제도

1392년에 건국한 조선 왕조의 신분제는 양반, 중인, 양민(상민), 천민의 넷으로 구분되었다. 사족인 양반은 관료 내지는 그 자손으로 구성되어 있었다. 중인은 세습적 성격이 강하였고, 잡과 합격자와 그 일족으로 되어 있었으며, 중하급의 기술 관료층이었다. 피지배 계층은 양민과 천민인데, 전자는 군역 등의 양역(良役, 징병·노역 내지 그것을 대체하는 포를 납부하는 의무)을 부담하는 계층이었고, 후자는 노비로 관청이나 양반에게 직접 예속된 계층이었다. 그러나 사회 관습적으로 천민은 노비만을 가리키는 것이 아니라, 7반 공천(七般公賤, 기생[妓生]·나인[內人]·이속[吏屬]·역졸[驛卒]·뇌령[牢令]·관비[官婢]·유죄 도망자), 8반 사천(八般私賤, 승려[僧侶]·재인[才人]·무녀[巫女]·사당[捨堂]·거사[擧史]·백정[白丁]·갖바치[鞋匠])이라고 불리는 잡다

한 직종의 사람들이 있었다. 7반 공천 내에 속했던 이속(서리, 아전, 관속이라고도 말함)은 향리 신분으로, 본래는 고려 시대 호족의 후예였다. 그들은 양반 아래에 있으면서도 민중 지배를 직접 담당하였다.

이와 같은 신분제 아래에 있으면서 불가사의한 점으로, 중요한 지배 계층인 양반, 즉 사족이 법제적으로 엄밀하게 명확하지 않았다. 양반이란 본래 동반(문반)과 서반(무반)의 총칭으로, 문무 관료를 의미하는 말이었다. 문무 관료가 되는 데에는 문과(대과와 소과로 되어 있는데, 일반적으로 대과를 말함)와 무과의 시험에 급제하는 길과, 음서(관원의 아들이나 손자가 받는 은혜적 관직 수여)를 통한 길이 있었다. 후자는 귀족제적 고려 시대에 비하여 제한이 엄격해졌고, 관직의 출세에는 한계가 있었다. 어느 쪽이든 양반이란 관료를 의미하지만, 이 말은 어느 사이엔가 그 의미가 확산되어 장기간에 걸쳐 관료를 배출하지 않는 가문의 사람이더라도 재지 사회에서는 양반으로 인식되기도 하였다. 따라서 정부에서는 1525년 사족의 범위를 생원·진사(소과 합격자), 사대조(부, 조, 증조, 외조)에 현관(顯官, 1품에서 9품까지의 모든 관료가 들어감)이 있는 자, 문·무과 급제자와 그 자손으로 한정하였다. 즉 과거 합격자를 제외하면 관료의 자손은 4대를 넘으면 양반으로 칭할 수 없었다.

그러나 양반의 정의는 그 후에도 명확하지 않았다. 양반이란 일관되게 법제적인 절차를 통하여 인정받은 계층이 아니라 사회 관습적으로 형성된 계층으로, 양반인가 아닌가를 가르는 기준은 매우 상대적이면서 주관적인 채로 이어졌다. 양반은 크게 경반(재경 양반)과 향반(재지 양반)이 있었는데, 재지 양반의 경우 어떤 지방에서는 양반으로 인정을 받더라도, 다른 지방에 가면 양반으로 인정하지 않는 경우도 있었다.

왕도의 정치 시스템

조선 왕조는 건국 이념을 주자학에 두었고, 그 정치 이념은 유교적 민본주의였다. 유교적 민본주의라는 것은 주로 『맹자』의 사상에서 규범을 찾았는데, 권력주의적 패도를 배척하고 덕치주의적 왕도를 지향하여 어디까지나 백성을 위한 정치를 주장하였다. 왕도 정치에서는 자애심이 넘치는 군주에 의한 만민에 대한 덕치가 이상적인 것이었다.

이와 같은 왕도 정치의 이상 아래 조선 왕조는 8도로 된 큰 행정 구역을 가지고 있었다. 8도 밑에 350개 정도의 읍(지역에 따라 명칭이 다르며, 부[府]·목[牧]·군[郡]·현[縣] 등이라고 함)이 있고, 그 아래에 다시 면(행정촌) —— 동·리(복수의 부락으로 이루어진 자연촌)라고 하는 말단 행정 구역이 존재했다. 면의 임원은 풍헌(風憲)·약정(約正), 동·리의 임원은 존위(尊位)·두민(頭民)이라 하였다. 도를 관할하는 감영에는 관찰사(감사)가 파견되었고, 읍을 감독하였는데, 읍에는 수령이 파견되어 행정, 사법, 징세 등의 업무를 보았다. 또한 읍에는 재지 사족의 자치 조직인 향청(조선 왕조 전기에는 유향소라고 함)을 두어 수령의 자문 기관이 되었고, 향리(서리)의 감독도 맡았다. 향청의 임원을 향임(좌수, 별감 등)이라 하였는데 이들은 재지 사족의 등록부인 향안(鄕案) 안에서 선발되었다. 읍에는 그 외에 수도 한성에 있는 성균관 아래로 이어지는 향교가 설치되어 지방의 유교 교화와 자제 교육을 담당했다. 또한 읍에는 재지 사족이 임의로 만든 서원이 있어 여기서 정사나 시세를 논의하였지만, 서원은 때로 지방 세력 소굴이 되어 왕권 강화와는 대립하였다. 군사 조직으로는 중앙군 외에 전국에 병영(육군)과 수영(해군)을 두고 징병 제도를 정비하였지만 군역은 16세기에 인두세로 바뀌어 갔

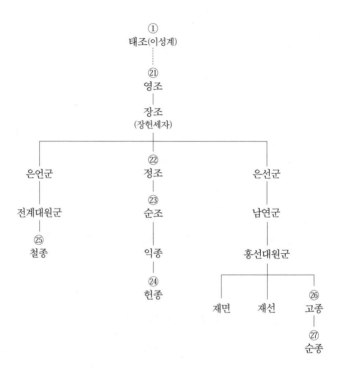

조선 왕조 계보도

① 태조(이성계)

㉑ 영조

장조 (장헌세자)

은언군 · ㉒ 정조 · 은선군

전계대원군 · ㉓ 순조 · 남연군

㉕ 철종 · 익종 · 홍선대원군

㉔ 헌종 · 재면 · 재선 · ㉖ 고종

㉗ 순종

고, 왕권은 강대한 군사력을 가지고 있지 않았다.

　호족 연합적 성격에서 출발하여 귀족제적 국가로 성장한 고려 왕조를 계승한 조선 왕조에서는 처음부터 왕권이 결코 강력하지 않았다. 귀족제적 국정은 부정되었지만, 엄정한 과거 제도를 통한 인재의 등용은 중국 정도로 철저하지 않았다. 따라서 건국 당초부터 일군만민의 정치가 이상으로 설정되면서도, 군신공치가 정치 운영의 기본이었다. 중앙에는 의정부가 있고, 그 아래에 실무를 담당하는 육조(이·호·예·병·형·공)가 있었다. 또한 삼사(三司)로 불리는 사헌부(관료의 풍기 교정), 사간원(국왕에 대한 간언), 홍

서원

문관(전적[典籍] 연구와 국왕 문서의 작성)이 있어서 왕권을 견제하는 기능을 맡았다. 그러한 군신공치 시스템을 유지하면서도, 일군만민의 정치를 진정 구현하려 한 것은 영조(재위 1724~1776)와 정조(재위 1776~1800)였다.

유교적 민본주의

일군만민 체제에서는 공론이나 직소가 중요한 언로였고, 건국 당초부터 중시되었다. 유교적 민본주의에서 정치의 주체는 어디까지나 국왕이나 관료, 사족이었고, 백성은 정치의 객체일 뿐이었지만 그 대신 백성의 이의 신청은 확고하게 인정되었다. 왕궁 앞에는 신문고가 있어 그것을 두드리면 직소가 이루어졌다. 16세기에는 국왕이 행차할 때에도 직소(상소, 격쟁)가 용이해졌다.

영조와 정조는 이러한 직소 간편화의 흐름을 가속시켰다. 영조는 보민제민책(保民濟民策)으로서의 행차 자문이나 초치 자문을 빈번하게 실시하여 직소를 접수하였다. 또한 정조는 영조 이상으로 자문에 마음을 쏟아 수령 등의 관권 보호 입장에서 직소를 제한해야 한다는 의견이 있었음에도 불구하고, 재위 중에 접수한 직소가 4,427건에 이르렀다. 그리고 국왕의 친임관으로서 때때로 지방에 파견된 암행어사는 지방 정치의 부정을 폭로하는 은밀한 조사관으로서 종래 이상으로 중요한 역할을 담당하였다.

유교적 민본주의는 그 외에도 권농교화, 진휼부조, 평균분배 등을 그 구체적 내용으로 하였다. 그리고 유교적 민본주의의 기초에는 농본주의가 있어 순박한 농부로 살아가는 것을 통속 도덕적으로 교화하였다. 백성은 먹을 것을 생산하는 주체임과 동시에, 재난에 처했을 때에는 인정(仁政)을 받을 권리를 가졌다. 민본인 이상 백성을 나라보다도 중시하였고, 민중들의 상호 부조도 장려하였다. 부민은 빈민을 도와주어야 하는 존재였다. 양반은 유교적 민본주의를 내면화한 존재로 간주되었고, 민중 구제는 양반의 당연한 책무였다. 이러한 민본주의의 양상은 자연스럽게 평균주의를 이상으로 만들고, 균전 사상(均田思想)을 배태하였다.

더욱이 일군만민 체제 아래에서는 원칙적으로 토지의 매매와 이동의 자유가 보장되었다. 조선의 촌에는 품앗이나 두레라고 하는 공동 노동이 존재하여 촌락 공동체는 확실히 있었지만 촌은 개방적이었다. 촌락 간의 이동은 그다지 곤란하지 않았고, 신참자는 쉽게 받아들여졌다. 일단 마을의 구성원이 되면 촌락 조직의 동계(洞契)에 참가하고, 향약에 기원을 둔 동약(洞約)에 구속되었는데, 마을을 떠나는 것은 자유였다.

일군만민 사회의 현실

그러나 이러한 일군만민에 기초한 유교적 민본주의는 어디까지나 이상이어서 반드시 현실이 그대로 되지는 않았다. 사람들은 유동성이 풍부하였지만 흉작 시에는 유민화 현상이 일어나는 경우도 자주 있었다. 호적 조사는 3년마다 실시되고 있었으나 엄격하지 않았다. 겉으로는 엄격하게 실시되고 있었지만, 엄격하게 실시하면 가난한 자가 양역으로부터 도망치게 된다고 하여 눈감아 주는 일도 드물지는 않았다. 상호 감시나 연대 책임을 지웠던 오가통제도 일단 정비는 되었으나 충분히 기능하지는 않았다.

그리고 유교적 민본주의에서는 교화주의를 우선시하여 규율주의(법치주의)를 하위로 여겼기 때문에 현실에서는 반대로 민본에 반하는 사태가 왕왕 나타났다. 예를 들어 군역을 인두세화한 것은 일면 민본주의의 논리에 따른 것이었지만 그것은 가혹한 세금이 되었고, 도리어 민중을 괴롭혔다. 무엇보다도 일군만민의 이상이 붕당 정치, 즉 강대한 신권에 억눌리면서, 조선 왕조 후기에는 사색(노론, 소론, 남인, 북인)에 의한 당쟁이 치열하게 일어났다. 그것을 또한 늘 지방관이나 서리 등의 중개 세력이 답습하였다. 지방관 지원자는 다수 존재하였고, 그것을 얻기 위해서는 뇌물이 필요하였다. 지방관은 군자처럼만 행동해서는 오를 수 있는 자리가 아니었다. 또한 서리는 역이었기 때문에 봉급이 없었으므로, 행정 수수료 등을 명목으로 해서 급여를 스스로 조달하는 식의 수탈 행위를 할 수밖에 없었다. 수령은 목민관(지방관)으로서의 자각을 가지고 그러한 서리를 멸시하면서도, 자신의 수족이 되는 그들의 중간 수탈을 어느 정도는 용인할 수밖에 없었고, 자신들도 수탈에 관여하였다.

민중 측도 납득할 수 있는 범위라면 권력 측의 수탈을 반드시 부당하다고 생각하지만은 않았다. 재난이 있을 때 수령은 확실히 진휼을 실시하려 했고, 경제적으로도 인격적으로도 민중에게 군림하는 〈토호무단(土豪武斷)〉인 양반이나 부민이 진휼미를 내게 했다. 양반이나 부민도 본의가 아니더라도 진휼을 당연한 행위로 여겼다. 서리도 때로는 가면극을 연출하는 등 민중에 대한 위안에 힘썼고, 흉작 시에는 은혜를 베풀고 수탈을 완화하여 징세에 감안해 주기도 하였다. 또한 민중은 유교적 민본주의에 호소하여 진휼을 정당한 권리로 요구했다. 진휼이 이루어지지 않는 경우에는 민란(작패, 작요, 민요)을 일으키기도 했다. 통치자와 민중 사이에는 〈덕치와 주구가 명료하지 않은 통치 공간〉이 존재하였고, 기묘한 공생 관계, 즉 질서가 성립해 있었다. 일군만민에 기초한 유교적 민본주의의 정치 문화는 정말로 복잡한 양상을 보여 주었다.

민중의 성장

이러한 정치 문화를 배경으로 민중은 18세기 이후 크게 성장해 갔다. 이미 이앙법의 보급으로 수반된 생산력의 증대와도 관련하여 17세기경 조선 농민은 소농으로서 자립화의 방향을 찾아가고 있었다. 소농 자립은 신분제 해체의 첫걸음이었다. 당쟁이나 생활의 사치화, 문중(친족 조직)에 대한 과중한 부조 행위 등으로 인해 몰락 양반이 속출하는 한편으로, 일반 민중은 신분 상승을 꾀하고 있었다. 향안에는 18세기 이후 경제적 실력을 가지고 요호·부민층이나 서얼층 등이 등록되는 사례가 점차 일반화되었다. 신분 상승의 수단은 다양하였고, 그 외에 납속(納粟, 위급할 때의 곡물 헌납)을 통한 직첩(관직 사령)의 취득이나, 향교와 서원에 학적 등록, 나아가 족보의 위조 등록, 결과적으로는 호적에 유학(幼學, 과거 급제를 한 적이 없어 벼슬살이 경력이 없는 유생) 위칭 등이 있었다.

18세기 이후 특히 19세기는 민중이 그 상승 지향을 통하여 주체로 등장하는 민중 태동의 시대였다. 민중이 소농으로서 자각해 가는 가운데 가문의 연속성이 실제로 이어지고, 나아가 조상 관념이나 동족 의식이 강해지면서 사족적 가치 규범이나 생활 이념을 공유하려 했다. 이리하여 호적과 족보상으로는 사족처럼 보이는 사람들이 광범위하게 나타났고, 겉으로 보기에 양반 인구는 늘어났다. 일본의 병농 분리 체제와는 달리 조선에서는 사족과 농민이 촌락에서 같이 살았다. 사족은 중소 지주층으로서 농민에게 군림하는 수탈자로서의 일면을 가지고 있었지만, 유교적 규범의 내면화를 강요당한 민중은 어느 때부터인지 양반적 규범에 대한 동경도 품게 되었다. 민중의 양반관은 애증이 교차하는 양가적인 것이었다.

사의 개념

이러한 사태 속에서 이제 양반(사족)이란 무엇인가를 묻기 시작하였다. 사(士)란 조선의 고유어 선비에 대응하는 한자어로, 본래 신분을 초월하여 학덕을 갖춘 인격자를 지칭하는 말이다. 17~19세기 전반에 걸쳐 이후 실학자로 불리게 되는 개혁 사상가 집단이 탄생하였는데, 그들은 스스로 사라고 하는 자부심에 서서 사족 비판을 강력하게 했다. 그중에서도 18세기 후반에 활약한 실학의 거장 박지원(朴趾源)은 사족이 유민화하고 있던 사태를 날카롭게 비판하고, 본래 존재해야 할 사대부의 양상을 탐구했다. 그에 따르면 양반과 사족은 같은 뜻이지만 사란 반드시 같은 의미가 아니라고 하였다. 사란 신분을 초월하는 것으로, 〈효제충신(孝悌忠信)〉을 실제로 배우고 〈예학형정(禮學刑政)〉을 〈용(用)〉으로 배워 실용으로 귀결하는 학문을 행하는 자야말로 사, 즉 독서인에 상응하는 것이었다. 거기서 사인자는 천하 국가를 위하여 진력하는 자라는 인식이 작용하고 있었다.

이 논의를 계승하여 이후 개화파의 시조가 되는 손자 박규수(朴珪壽)는 사를 독서인만으로 한정하지 않고, 사 이외의 농공상, 설령 천민이라고 하더라도 〈효제충순(孝悌忠順)〉의 덕을 소유하고 있다면 사라고 해야 한다고 말했다. 그는 〈효제충순〉이라는 보편적 〈도(道)〉의 관점에서 현실의 사족 신분을 상대화함으로써 사민평등의 논리적 기초를 구축했다. 일군만민의 이상에서는 본래 신분제 같은 것은 있어서는 안 되었다. 조선에서 내재적 신분제의 해체는 이미 그 단계에 이르렀던 것이다.

일본과의 비교

이러한 조선 사회의 양상은 같은 소농 사회를 형성하고 있었다고 하더라도 일본과는 상당히 달랐다. 확실히 유교적 통치 방법은 근세 일본에서도 채용되었다. 근세 일본에서는 인정(仁政) 이데올로기를 전제로 한 공의

(公儀)와의 은뢰 관계(恩賴關係),[*] 즉 〈백성 성립〉의 논리가 있었고, 교유(敎諭)를 축으로 하는 유교적 정치 문화가 있다는 것을 부정할 수 없다. 다이묘(大名)를 목민관으로 파악하는 논의도 있었다. 유교적 교양을 쌓는 것은 무사(武士)의 당연한 소양이었고, 유교 교육을 근간으로 하는 번교(藩校)가 18세기 끝 무렵부터 전국적으로 보급되었다.

그러나 근세 일본에서 〈무위(武威)〉가 막번 체제 최대의 기반이었다는 것에는 변함이 없었다. 민본주의에 의해 형성되는 목민 의식이 있었지만, 엄격한 법치 사상과 〈구원〉에 의한 인정주의가 양립하였다. 또한 일본에서 유학자가 정치에 적극적으로 참여한 것은 아라이 하쿠세키(新井白石)나 구마자와 반잔(熊澤蕃山) 등에게서 예외적으로 나타났던 것으로 유학자의 사회적 지위는 낮았다. 조선에서 보면 무사는 결코 사(독서인)가 아니었다. 유학인 사에게 그 학문을 정치에서 활용하지 않는 사회는 이해할 수 있는 범위를 벗어나는 것이었다.

실제로 근세 일본은 전국 시대와 같이 유동화한 사회로의 회귀를 저지하기 위해서 다양한 〈무위〉적 조치를 강구하였다. 막부는 신분제를 엄격하게 하여 농민을 토지에 묶어 두었으며, 도당을 금지하고 직업 선택이나 여행의 자유를 제한했다. 호적에 상당하는 슈몬닌베쓰아라타메초(宗門人別改帳)도 엄격하게 관리 운영하였다. 그 때문에 유민화 현상은 쉽게 일어나지 않았고, 무라오키테(村掟)[**]는 엄격하게 적용되어 조선의 오가통제로 비정할 수 있는 고닌구미(五人組)도 유효하게 기능하였다. 백성의 잇키(一揆, 민란)도 1836년 코우슈(甲州) 소동 무렵까지는 지극히 규율적인 질서에

* 은뢰는 신이나 천황으로부터 받은 은덕을 말한다.
** 무로마치 시대 중기 이후부터 에도 시대에 걸쳐서 촌민의 생활을 규제할 목적으로 작성된 법.

서서 실시되었다. 밀정과 상호 감시의 시스템이 이상하게 발달하여 사람들의 생활이나 문화를 세밀하게 규제했고, 사회의 모든 국면을 〈격식〉이 지배하였다. 더욱이 막부와 여러 번(藩)의 행정 기구는 순식간에 군사 조직으로 전환이 가능한 준전시 동원 체제로 짜여 있었다. 그것은 일종의 〈병영 국가〉적 양상을 보여 주었다.

요컨대 주자학에 기초한 인정 이데올로기는 조선에서도, 일본에서도 확실히 기능하였지만 조선에서는 통치 원리 그 자체였던 데 비해, 일본에서는 통치 수단이었다는 측면이 강하다. 원리를 가진 사회란 그리 용이하게 스스로를 바꾸기가 어렵다. 이와 같은 점은 양국이 서구의 충격에 대응한 방식에 중요한 차이를 초래하였다.

2. 개항 전야의 조선

세도 정치와 왕권

영조와 정조는 당파 인사의 공평을 목표로 하는 탕평 정책을 채용하여 그때까지의 당쟁을 완화하였다. 그 결과 왕권이 안정되는 징조를 보여 줌과 동시에 실학 사상과 서민 문화가 발달했다. 그러나 19세기에 들어 어린 나이의 순조(재위 1800~1834)가 즉위하자 안동 김씨에 의한 세도 정치가 실시되었고, 왕권은 다시 약화되는 방향으로 나아갔다. 〈세도(勢道)〉란 본래 〈세도(世道)〉라고 불리며, 국왕의 신임을 받은 자가 정권을 대행함을 의미했다. 그러나 정조의 유언으로 부탁을 받은 김조순(金祖淳)은 자신의 딸을 순조의 비로 삼아 외척이 되었고, 권세를 마음대로 부려 같은 가문의 출신자를 요직에 등용했다. 4색 당파에서 안동 김씨는 노론이었기 때문에 노론 세력이 다른 세력을 압도했다. 소론 세력이 다음으로 이어졌는데, 남인과 북인의 세력은 미미했다. 이렇게 척신을 통한 권력 정치가 세도 정치로 불리었고, 이후 조선 정치의 특색이 되어 갔다. 순조의 뒤를 이은 헌종(재위 1834~1849) 시대에는 풍양 조씨가 외척이 되어 일시적으로 세도가 옮겨 갔지만 안동 김씨의 권세는 지속되었고, 철종(재위 1849~1863)기에 이를 때까지 세도 정치를 자행했다.

세도 정치는 무엇보다도 문벌 정치였기 때문에 과도한 권력의 집중으로 광범위한 매관매직이 일어났다. 그것은 뇌물 정치라고 말할 수밖에 없는 부패한 정치의 진전을 의미했다. 그러한 불합리한 양상은 당연히 민중을 향한 가렴주구로 나타나게 되었고, 민중은 이른바 삼정의 문란으로 고통을 받았다. 삼정이란 전정(전세를 비롯한 각종 지세), 군정(본래 군역 제도였는데, 군포 징수로 대체되어 양민의 인두세적 성격을 가지게 된 것), 환정(본래 춘궁기에 미곡을 빌려 주어 추수기에 1할의 이자를 붙여 회수하는 진휼 정책으로 기능하던 것이 세제화한 것)의 세 가지를 말한다. 삼정 이외에도 국가 정책상 용납되지 않는 상업 과세인 무명잡세가 있었는데 이것은 소상인들을 괴롭혔다. 민중은 확실히 소농이나 소영업자로 성장하고 있었지만 그 추세는 안정적이지 않았다. 또한 세도 정권 아래에서는 수령 권력의 힘이 증대하였고, 수령은 서리나 양반 토호와의 결탁을 강화했다.

홍경래의 반란

이러한 세도 정치에 대한 불만은 우선 정권에서 배제당한 양반의 불만을 불러일으켰다. 1811년 홍경래(洪景來)의 반란이 그것이다. 평안도의 가산(嘉山)에서 시작한 반란은 우선 가산 군수를 살해하고 일거에 평안도 각지로 세력을 확장했다. 반란은 몰락 양반을 중심으로 일어났고, 지방 차별 타파와 안동 김씨 타도를 기치로 내걸었다. 그 외에도 반란 참가자로는 향임이나 서리 등의 재지 유력자, 상인 등도 가담하였고, 무전농민(無田農民)이나 광산 노동자, 잡업자 등이 동원되었다. 반란은 분명히 역성혁명을 지향한 것이었기 때문에 가혹하게 탄압을 받아 2,000명에 가까운 자들이 참수를 당했다. 역성혁명을 지향하는 반란은 변란이라고 불렀다.

그러나 홍경래가 살아 있다는 소문이 파다했고, 그 후에도 반란의 싹은 시들지 않았다. 1813년에는 제주도에서 분리주의적 봉기가 일어났고, 1815년과 1817년에는 각각 경기도 용인과 전라도 전주에서 홍경래의 반란을 본뜬 역성혁명의 모의가 발각되었다.

임술민란

세도 정권 아래에서는 역성혁명까지는 지향하지 않았던 민란도 빈발했다. 최대의 민중 반란은 1862년의 임술민란이었다. 민란은 경상도 단성(丹城)과 진주(晋州)에서 2월에 발생한 것을 시작으로 각지에 파급되었고, 경상도 19개 읍, 전라도 38개 읍, 충청도 11개 읍, 그 외에 함경도, 경기도, 황해도에서도 각각 한 개 읍씩 비화하여 확인할 수 있는 것만으로도 민란 발생지는 전국 71개 읍에 이르렀다. 임술민란은 이러한 민란의 총칭이다.

민란의 주체는 빈농이나 무전농민이었는데, 그들은 유력한 재지 사족을 지도자로 삼아 봉기하였고, 그들의 덕망으로 민란을 유리하게 추진하려 했다. 사족과 민중 사이에 계급적 모순이 있었지만, 다른 한편으로 민중이 유교적 민본주의의 논리에 호소하여 지도자가 되어야 한다고 요청했을 때, 사족이 이를 거절하기란 용이하지 않았다. 또한 사족 가운데는 스스로 나아가 지도자가 되는 자도 있었다. 거기에는 덕망가적 질서관이라고 해야 할 독특한 재지 질서관이 있었고, 그것이 일군만민 사상을 향촌 수준에서 뒷받침하는 심성을 배양했다. 민란이 일어났을 때 종종 사족과 민중은 한 몸이 되었다.

임술민란에서는 수령과 향리, 향임 등이 주요한 공격 대상이었지만, 사족이 이끄는 민중은 향리 등을 몇 명 살해하였으나 수령을 살해하는 일은 결코 없었다. 국왕이 직접 임명한 수령은 국왕의 분신이었고, 살해는 역성혁명으로 간주되었기 때문이다. 수령은 기껏해야 쫓겨나는 데 그쳤다. 민중은 국왕이 파견한 선무사(宣撫使)나 안핵사(按覈使, 조사관) 앞에 엎드려 국왕의 인정을 애원했다. 민란에서도 법과 규율이 있었다.

재지 사족과 민중은 반세기 이상에 걸친 세도 정치에 대한 불만을 이제 역성혁명이 아니라 오히려 국왕에 대한 끊임없는 기대를 통해 해소하려 했다. 안동 김씨 등의 문벌이나 지방 관료 등 중개 세력의 기세를 꺾을 수 있는 것은 국왕 이외에 존재하지 않았기 때문이며, 여기에서 국왕 환상이 갑작스레 고조되는 양상을 보여 주었다.

사회 불안의 양성

민중을 무엇보다 불안하게 만든 것은 기아에 대한 공포였다. 세도 정치 아래에서 진휼 기능은 급격하게 저하되어 갔다. 18세기 기근이 발생한 지역에 대하여 정부가 1만 석에서 4만 석 정도의 양곡을 보냈는데, 19세기에는 지원이 곤란해졌다. 기민의 구제는 전적으로 지방 관청의 재원에서 나온 지출과 부민(富民)의 협력에 맡겨졌고, 더욱이 부민에 의한 협력 비중이 점차 높아지게 되었다.

이러한 가운데 콜레라나 티푸스, 천연두 등의 질병이 유행하기 시작했다. 조선 왕조 후기를 아울러 역병은 끊임없이 발생하였고, 수만 명의 사망자를 내는 일도 드물지 않았다. 특히 1821~1822년에 크게 유행하였던 콜레라 재앙에서는 수십만 명이 사망했다. 그 기억이 아직 사라지지 않은 1859년과 1860년에 콜레라가 다시 대유행하였고, 사람들은 한층 더 공포에 빠져들었다. 정부는 이러한 역병의 유행에 대하여 약물을 보내거나, 환자를 활인서에 수용하거나 했지만, 특별한 대책 없이 단지 민심 선무를 위해 공물을 보내 귀신을 위한 푸닥거리나 죽은 사람을 위한 위령제를 거행하는 정도에 그쳤다.

와언(訛言), 괘서 사건이 이러한 사회의 동요와 사람들의 불안을 배경으로 끊임없이 이어졌다. 와언은 소문이며, 괘서는 성문이나 장시(5일장), 마을의 입구 등에 붙은 방문(榜文)이다. 이러한 것들은 체제 비판으로 이어졌고, 때로는 대담하게도 관청에 직접 투서를 하는 경우도 있었다. 변란이나 민란 등은 때때로 이러한 사건을 전조로 하여 일어났다.

유민도 끊이지 않았고, 그들은 때로 도적이 되었다. 도적 집단을 명화적

(明火賊) 내지는 화적이라고 하였는데, 그들은 통상 수십 명으로 된 대오를 조직하고 있었다. 습격의 대상은 주로 양반 토호나 부민, 그리고 장시 등이었는데, 지방에서 중앙으로 보내는 상납전이나 지방 관청 등도 습격 대상이 되는 경우가 있었다. 본래 그들은 반농 반화적의 성격을 띠고 농한기인 가을과 겨울에는 일시적으로, 또한 기호 지방(경기도, 전라도)에서 한정적으로 출몰하였는데, 1862년 무렵부터 그 활동은 장기화, 항상화, 광역화, 전국화하였다.

다른 한편, 세도 정치 아래에서 대외적 위기도 진행되었다. 서세동점의 파도가 조선에도 마침내 밀려들어 때로는 이양선이 출몰하거나, 상선이나 군함이 통상을 요구하며 내항하는 한편, 천주교가 유행하였다. 정부는 그에 대하여 신유박해(1801년)나 기해박해(1839년) 등의 탄압으로 임했다. 그러나 천주교는 계속 확대되어 1857년에는 1만 3,000명, 1865년에는 2만 3,000명의 신도가 탄생하기까지 하였다. 그리고 종주국인 청이 아편 전쟁을 계기로 쇠퇴하는 기미를 드러내기 시작했다. 태평천국의 반란으로 어려움을 겪었던 후인 1860년 제2차 아편 전쟁의 결과로 마침내 영불 연합군이 북경까지 들어가는 사태가 벌어졌다. 이 소식이 한성에 전해지자 정부의 서구에 대한 위기감은 한층 고조되었다. 사람들은 서구 세력이 당장이라도 조선으로 쳐들어오리라고 생각하여 일을 그만두었고, 부민들은 산과 들판으로 피난하였으며, 관인마저도 향리로 도피하는 등 혼란스러운 상황에 빠졌다.

동학의 창건

시대는 혼란스러운 종말적 분위기로 뒤덮여 있었다. 이러한 분위기를 상징하는 것이 『정감록』 신앙이다. 이것은 곧 종말이 도래하고 진인 정씨가 이씨를 교체하여 국왕이 되며, 사람들을 구제한다는 신앙인데, 19세기 중엽부터 전국적으로 퍼져 있었다. 진인이란 초인, 구세주이다. 홍경래의 반란도 여기에 가탁하고 있었다.

그러나 민중은 더 이상 진인의 출현을 기다릴 여유가 없었다. 여기서 탄생한 것이 동학이다. 동학은 1860년 5월 경상도 경주에서 몰락 양반 출신의 최제우(崔濟愚)가 창건하였다. 최제우는 유교, 불교, 도교의 세 종교를 통합하여 〈천심이 곧 인심〉이라고 하며, 만인은 선약의 복용과 주문의 암송을 통해 쉽게 〈시천주(侍天主)〉, 즉 천령(天靈)에 감응할 수 있다고 하였다. 거기에는 일신교적 우주관이 있었고, 신비주의적 천인합일 사상이 있었다. 동학은 만인에게 군자화, 신선화, 더 나아가 진인화가 가능하다는 점을 강조했을 뿐 아니라, 인간 평등의 논리 또한 가지고 있었다. 조선 사회의 신분제 해체에 부응하여 실학 사상이 펼치려 했던 평등사상을, 최제우는 토속 신앙과 공명함으로써 민중적으로 일거에 꽃을 피웠다. 그리고 중요한 점은 동학이 민족주의적 성격을 가지고 있었다는 점이다. 동학이란 서학(천주교)에 대항하는 동방(조선)의 배움을 의미했는데, 진인화한 자는 〈검무(劍舞)〉를 통해 양인(洋人)을 격퇴할 수 있다고 하였고, 아울러 〈후천개벽(後天開闢)〉의 원리에 따라 〈지상 천국〉이 실현된다고 했다.

진인을 기다릴 것도 없이 스스로가 진인이 될 수 있다고 한 동학은 순식간에 많은 신자를 얻었는데, 이것은 주자학 지상주의의 왕조 정부에서 보자면 지극히 위험한 교의였다. 이윽고 동학은 이단의 낙인이 찍혔고, 최제우는 1864년 4월 15일 〈좌도의 백성을 미혹하였다〉는 죄로 처형되었다.

사실 최제우는 결코 유교 윤리를 부정하지 않았으며, 오히려 그것을 전면 긍정한 다음 양반적 규범을 민중에게 요구하고 있었다. 동학은 양반적 가치를 인정한 다음 모든 사람이 양반이 될 수 있다고 한 의미에서 평등사상이었다. 그리고 최제우는 〈수심정기(守心正氣)〉라고 하는 내성주의(內省主義)를 주창하였고, 진인이 되어야 할 민중에게 변혁의 실천을 요구하거나 하지는 않았다. 그러하였기 때문에 그는 임술민란에 대해서도 방관하는 자세를 취하였다. 그러나 동학도 가운데에서 자신들을 진인으로 설정하려는 진정한 이단 세력이 탄생하게 되었고, 이윽고 그 세력이 중심이 되어 대반란을 일으켰다.

3. 〈정한〉 사상의 형성과 메이지 유신

통신사 외교의 허실

근세 시기 조선과 일본의 외교는 통신사 외교로 불린다. 통신사는 원칙적으로 쇼군(將軍)이 교체될 때마다 도일하였고, 1607년부터 1811년까지 12차례의 통신사(제3차까지는 회답겸쇄환사)가 일본으로 건너갔다. 도요토미 히데요시(豊臣秀吉) 때문에 일어났던 비참한 임진왜란을 거쳐 조선과 일본은 선린 외교의 시대를 구축했다. 통신사 일행은 500명 전후로 구성되었고, 도쿠가와 막부는 쇼군 치세 최대의 성대한 행사로서 이들을 정중하게 맞이하였다. 통신사의 내빙(來聘)은 쇼군의 권위를 과시하는 절호의 기회였다. 그 때문에 막대한 비용이 지출되었는데, 그러한 것들은 많은 부분 연도(沿道)나 사이고쿠(西國)* 다이묘(大名)의 군역을 통해 조달하였다. 또한 연도 각 지역에서는 유학자들의 문화 교류가 이루어졌고, 민중은 일생에 한 번 있을까 말까 한 이국인과의 만남에 설레였다. 통신사가 귀국한 후에는 조선풍의 유행이 일어났다. 통신사의 〈도진교레쓰(唐人行列)〉는 통신사가 지나가지 않은 지역 축제에도 영향을 주었고, 행렬 풍경을 재현하였다. 오늘날에 이르기까지 그 흔적을 남기고 있는 축제도 있다.

그러나 선린 외교의 이면으로 조선에 대한 인식에는 멸시관도 동시에 있었다. 대등한 관계를 확인하고 있었음에도 불구하고, 막부는 국내적으로 통신사를 조공 사절과 같이 간주하려 하였고, 사실 그렇게 전해 들은 민중도 있었다. 군역을 부과받은 다이묘는 그것을 당연하게도 농민에게 전가하였는데, 그 부담을 감당할 수 없어 때로 백성들의 반란도 일어났다. 또한 육식을 하는 조선인을 〈부정(不淨)〉한 사람들로 생각하고, 그것을 이국적으로 편견 가득한 시선으로 묘사하려 한 회화도 그려졌다. 더욱이 1764년 제11차 통신사가 도일했을 때에는 조선 사신의 우두머리 훈도 최천종(崔天宗)이 쓰시마 번사 통사(通詞)에게 살해되는 사건이 발생하였고, 조선 사신과 쓰시마 번사와의 불화가 드러났다. 그 후 이 사건은 가부키(歌舞伎)가 되어 상연되었고, 쓰시마 번사의 정당성과 비운이 민중의 공감을 이끌어 내게 되는 사태까지도 나타났다.

* 현재의 규슈(九州) 지역.

화이 사상의 조일 비교

이러한 조선 인식의 배경에는 일본형 화이 의식이라고 불러야 할 우월 의식이 존재했다. 일본은 신국(神國)이며, 〈무위(武威)〉에서 다른 나라보다 우월하다고 하는 의식이다. 본래의 화이 의식은 어디까지나 문명 의식에 기초하였는데, 일본에서는 〈무위〉를 좀 더 중시하였다. 조선은 그러한 시각에서 〈융국(戎國, 서쪽의 오랑캐 나라)〉이었다.

그에 반해 조선의 경우는 반대로, 그 화이 의식은 문자 그대로의 것이었다. 명-청 교체를 통해 화이(문명과 야만)를 뒤바꾼 중국은 더 이상 중화(華)가 될 수 없었다. 1637년, 조선은 여진족인 청에게 군사적으로 굴복하여 조공과 사대를 어쩔 수 없이 하게 되었는데, 그것이 문명적 패배를 의미하지 않았다. 조선은 작다고는 하더라도, 이제 이 세계에서 유일하게 존재하는 중화라고 하는 문명 의식이었다. 이른바 소중화사상으로, 일본은 어디까지나 문명적 척도에서 〈동이(東夷, 동쪽의 야만인)〉였다. 조선에서는 청에 굴복한 이후, 갑작스레 청국을 토벌해야 한다는 북벌 사상이 발흥하였지만 〈무위〉의 실천은 최후까지 나타나지 않았다. 그러나 소중화사상은 개항 이후까지 뿌리 깊고 일관되게 조선 사상의 밑바닥에 흐르고 있었다.

이러한 조일 간 화이 의식의 차이는 통신사 외교 아래에서 표면적으로는 숨겨져 있었는데, 19세기에 들면서 통신사 외교 그 자체가 변질되었다. 조선 외교를 독점적으로 담당하고 있던 쓰시마 번은 조선과의 무역이 정체되어 가자 조선에 대한 멸시관을 부풀려 나갔다. 또한 막부도 애초부터 있었던 조선 멸시관에 더하여, 재정상의 이유에서 조선 통신사의 에도 초빙을 허례(虛禮)로 생각하게 되었다. 그리하여 실시된 것이 통신사의 내빙을 쓰시마에서 멈추게 하는 역지빙례(易地聘禮)였다. 이는 1811년 제12차 통신사가 갔을 때 실제로 시행되었고 이것이 최후의 통신사가 되었다. 그 이후에도 조선에서 쓰시마로는 그때까지와 마찬가지로 역관사(譯官使)가 파견되었고 외교 관계는 막부 말기까지 이어졌지만, 막부 말기의 조일 관계는 삐걱거리고 있었다.

〈정한〉 사상과 〈국체〉

〈정한(征韓)〉 사상은 메이지 시기에 들어 갑자기 대두한 것이 아니다. 조선 멸시관을 전제로 하면서 18세기가 끝날 무렵부터 형성되어 있었다. 하야시 시헤이(林子平)는 조선을 일관되게 일본에 복속하였던 나라로 간주하였는데, 조선을 향한 침략을 노골적으로 언명한 선구자는 사토 노부히로(佐藤信淵)였다. 그는 〈만주〉를 시작으로 하여 몽고, 조선을 침공하고, 결국 중국 본토로의 침략을 몽상하였다. 서서히 다가오는 〈서구의 충격〉에 대항하여 대륙 팽창의 방책을 제창한 것이다. 이러한 정략은 하시모토 사나이(橋本左內)나 요시다 쇼인(吉田松陰)이 계승하였는데, 근대 일본의 팽창주의를 생각하는 선상에서 중요한 인물은 쇼인이다. 그는 〈취하기 쉬운 조선, 만주, 지나를 무력으로 평정하고, 교역에서 러시아에 잃어버린 것을 조선과 만주에서 토지로 보상받아야 한다〉(「書簡兄杉梅太郎宛」)라고 하여 장래 러시아에게 빼앗길 부(富)의 대체 보상으로 조선을 시작으로 한 대륙 침공을 구상했다. 쇼인은 조선을 일본의 하위로 놓았고, 오래전부터 일본에 조공을 바쳐야 하는 나라로 인식하였다.
쇼인이 이러한 〈정한〉론을 정당화한 논리가 〈국체(國體)〉론이다. 주자학이 원리화되지 않았던 근세 일본에서는 불교나 신도(神道)도 유교와 병존하면서 커다란 힘을 가지고 있었고, 난학(蘭學)마저도 허용되었다. 따라서 일본에서는 지켜야 할 절대적인 〈도〉란 존재하지 않았다. 그리하여 〈서구의 충격〉이라는 위협에 대항하기 위하여 지켜 내야 할 무언가를 창출할 필요가 있었다. 그것이 바로 〈국체〉였다.

〈국체〉란 미토(水戶) 번사 아이자와 세이시사이(会沢正志斎)가 쓴 『신론(新論)』(1825)에서 처음으로 정의를 내린 용어이다. 거기서 국체란 ① 천황의 일계(一系) 지배, ② 천황과 억조(만민)의 친밀성, ③ 억조의 자발적이고 끊임없는 봉공심(奉公心)이라고 하는 세 가지 요소를 주축으로 하는 국가권력으로 설명하였다. 여기에 심취한 자가 쇼인이었다. 그는 〈국체〉론적 입장에서 『맹자』를 독자적으로 해석하였고, 거기에 기초하여 조슈(長州) 번의 대유(大儒) 야마가타 다이카(山縣太華)와 논쟁을 벌였다(『講孟余話』). 쇼인의 입장은 〈도〉와 〈나라〉를 확연하게 분리하여 〈도〉 위에 〈나라〉를 위치시키는 것이었다. 여기에서 만세일계의 천황이 통치하여 억조가 절대적인 충성을 다하는 〈만방(萬邦)에 비할 데 없는〉 〈국체〉 사상을 창조하였다. 이후 〈국체〉 사상은 조슈 번에서 그의 제자들을 통해 퍼져 나갔고, 메이지 헌법에서 근대 일본의 국가 원리로서 확립되었다.

근대 일본은 일군만민 사상을 표방하여 메이지 헌법(1889년 2월 11일 발포, 1890년 11월 29일 시행)과 동시에 교육칙어(教育勅語, 1890년 10월 30일 발포)가 발포되었고, 흡사 유교화가 진행되었던 것처럼 보인다. 그러나 유교는 근세 일본과 마찬가지로, 어디까지나 통치 수단의 하나였던 국체를 보호하기 위한 도구에 불과하였고, 결코 통치 원리가 될 수 없었다.

메이지 유신과 조선

도쿠가와 막부에 〈정한〉을 구체적으로 제시한 것은 쓰시마 번이었다. 재정난에 빠졌던 쓰시마 번은 열강의 침략이 구체화되면 우선 조선이 위기에 빠지고, 그 경우에 쓰시마도 화를 입게 되므로, 막부의 원조가 필요하다고 주장하였다. 〈정한〉의 언설은 이러한 문맥에서 나왔다. 양이(攘夷)를 단행하기 위해서는 조선의 협력이 필요하지만, 〈신의(信義)〉를 가지고 대하더라도 조선이 일본에 〈복종〉하지 않을 경우 〈병위(兵威)〉를 통해 조선을 복종시켜야 한다고 하였다. 이러한 건의는 쓰시마 번 가로(家老) 오시마 마사토모(大島正朝)가 하였는데, 배후에서 사주한 자는 쇼인의 제자 기도 다카요시(木戸孝允)였다.

막부는 오시마의 건의를 받아들여 쓰시마에 대한 원조를 일단 승인했다. 하지만 〈정한〉책을 결정한 것은 아니었고, 또한 오시마의 건의도 반드시 〈정한〉의 실행을 강하게 밀어붙인 것은 아니었다. 그러나 〈정한〉론은 생각하지 못한 형태로 조선에 전해졌다. 1866년 12월, 홍콩에 체류하고 있던 야도 마사요시(八戸順叔)라는 인물(막부 다이칸 데다이[代官手代]의 아들)이 막부가 조선이 일본에 조공하도록 만들 〈흥사(興師)〉의 군사를 일으키려 한다는 소문을 중국 신문에다 퍼뜨렸다. 이 사실이 청국 정부로부터 조선에 전달되자, 조선은 쓰시마를 통하여 막부를 힐책하였다. 막부는 이것을 사실무근이라고 부인하여 무마하였지만, 일본에 대한 조선의 불신은 더 깊어졌다.

그리고 메이지 유신으로 조선과 일본의 국교는 단절되었다. 1869년 1월 31일(음력 1868년 12월 19일), 신정부는 쓰시마를 통하여 왕정복고(王政復古)

의 사실을 조선에 고지하였는데, 그 서계(書契, 조일 간의 외교 문서)가 일방적으로 구례(舊例)를 배척한 것이었고, 〈황(皇)〉이라든가 〈칙(勅)〉과 같은 문자를 사용하였다. 이것은 조선 국왕을 격하하고 천황을 그 상위에 두는 것과 같은 문서였다. 조선은 이 서계의 수리를 당연히 거부하였다. 여기서 국교가 사실상 단절되었고, 근세에 곡절이 있었으나 꾸준히 구축되어 왔던 선린 관계가 단절되었다.

문제는 이것만이 아니었다. 신정부는 조선이 이 서계를 거부할 것을 확신하면서 사절을 파견하였던 것이다. 기도 다카요시는 사절이 조선에 도착하기 전에 이미 조선이 이제까지 천황에게 조공해 오지 않았다는 점을 〈무례〉하다고 비난하면서, 조선이 복종하지 않을 때에는 〈신주(神州, 즉 일본)의 위엄을 펼칠 것〉(『木戶日記』 12월 14일)을 이와쿠라 도모미(岩倉具視)에게 건의하고 있었다. 메이지 유신은 애초부터 침략 사상을 내포하고 있었던 것이다.

제 2 장

조선의 개항

개항 직전 무렵의 한성. 정면이 경복궁

1. 대원군 정권

대원군 정권의 성립

 일본의 메이지 유신과 거의 동시에 조선에서도 커다란 정치 전환이 있었다. 국왕 고종(재위 1864~1907)의 즉위와 더불어 나타난 홍선대원군 정권의 탄생이었다.

 대원군(大院君)이란 국왕의 생부에 대한 존칭으로, 홍선대원군은 이하응(李昰應)을 가리킨다. 안동 김씨의 세도 정치는 임술민란을 거치면서 점차 붕괴하고 있었다. 철종에게는 네 명의 아들이 있었는데 모두 일찍 죽어서 왕세자가 없었다. 그러한 경우 새 국왕의 지명은 왕실 최고령자의 대권에 맡겨졌다. 그 소임을 받은 자가 순조의 아들 효명세자(孝明世子)의 왕비 조대비(趙大妃, 신정왕후[神貞王后])였다. 효명세자는 왕위에 오르지 못한 채 일찍 죽었고, 익종(翼宗)이라는 시호가 내려진 데 불과했지만 국왕 지명권에

대원군

서 조대비의 힘은 절대적이었다. 이하응은 왕족이라고는 해도 쇠락한 신분이었고, 안동 김씨 일족으로부터 업신여김을 당하고 있었다. 실제로 그는 시정의 불량배와 사귀는 파천황적인 인물이었다. 그러나 그는 강한 야심을 가지고, 자신의 차남 명복(命福, 본명은 재황)을 국왕으로 삼으려는 일념으로 안동 김씨에 반감을 가진 조대비에게 접근하였고, 보기 좋게 지명을 얻어 냈다. 때는 1864년 1월의 일로, 명복은 겨우 12살이었다. 이후 조대비의 수렴 정치가 3년 동안 이루어졌는데, 사실상 실권은 대원군에게 있었고, 그 정권은 10년간 이어졌다.

문벌 타파와 정보 정치

대원군이 무엇보다도 먼저 시도한 것은 세도 정치를 타파하여 왕권을 강화하는 일이었다. 이를 위해 안동 김씨 주도의 문벌 정치를 타파하려 하였고, 인물 본위에 의한 인재 등용을 실시했다. 노론 우위의 정치 체제를 완전히 타파할 수는 없었지만, 남인과 북인의 관계 진출이 현저하게 증가했다. 또한 왕실은 국가 그 자체라고 하는 정치 이념에 기초하여 왕가인 전주 이씨의 세력을 확대하기 위하여 종실과 선파(璿派, 왕가의 여러 파)의 관계 진출을 추진했다. 또한 한편으로 비변사를 폐지하고, 본래의 정무 중심 기관인 의정부의 권능을 회복하였다. 본래 국방만을 담당하였던 비변사는 임진왜란 이후 정무도 담당하였던 것이다. 국방은 조선 왕조 초기에 있었던 삼군부를 부활시켜 전담 관청으로 삼았다. 말하자면 정군(政軍)을 분리하여 각각의 기능을 높이려 한 것이다. 군사에 대해서는 중국을 통하여 서양의 무기 기술을 도입하려고도 하였다.

대원군의 인재 등용은 그 자신이 시정의 사람들과 어울렸던 인물이라는 점을 반영하여 출신이 분명하지 않은 자에게도 이르렀다. 그러한 인물이 전적으로 담당하였던 업무는 정보 수집과 감시였다. 대원군은 우선 자신이 직접 눈여겨 둔 중인이나 서리를 중앙과 지방의 관청으로 보내 관료에 대한 감시를 강화하였다. 또한 자신의 집에서 부리던 관리(家令)들을 수족처럼 부리면서 시정의 정보를 수집했다. 그 가운데서도 천희연(千喜然), 하정일(河靖一), 장순규(張淳奎), 안필주(安弼周) 네 명이 유명하여 세상에 〈천하장안(千河張安)〉으로 불렸고, 대원군의 신임이 두터웠다. 천하장안의 여동생들은 모두 상궁이 되어 궁중에서 대원군의 눈과 귀가 되었다. 대원군은 환관도 끌어들여 궁중의 동정을 즉각 파악하고자 하였다. 나아가 영세상인인 행상인을 국가적으로 조직하여 보부청(褓負廳)을 설치하고, 그 네트워크를 통하여 지방관이나 재지 양반의 부정을 폭로하도록 했다.

지방 세력의 배제와 세정 개혁

재지 양반 세력 최대의 거점은 서원이었다. 서원은 본래 선현의 덕을 기려 학문을 행하는 숭문(崇文) 실천의 장으로, 유교 국가 조선이 자랑할 만한 것이었다. 그러나 서원은 재지 사족의 붕당의 장이 되어 민중 수탈과 유생들의 주연(酒宴) 자리가 되기도 하였다. 서원은 면세 특권을 행사했을 뿐만 아니라, 독자적으로 제수전(제사 비용) 등을 민중으로부터 징수하였고, 민중 교화를 명목으로 민중에게 사형(私刑)을 행하는 경우도 종종 있었다. 그에 대하여 대원군은 〈백성에 해가 되는 것이라면 공자가 살아 돌아오더라도 나는 이를 용서하지 않겠다〉(朴齊炯, 『近世朝鮮政鑑』)라고 하는 단호한 각오로, 1865년 4월 24일, 노론의 아성이었던 만동묘 철폐를 시작으로 서원에 압력을 가했다. 그리고 재지 사족의 큰 반발을 힘으로 누르고 1871년 5월 7일, 결국 사액 서원(賜額書院, 국왕이 직접 쓴 편액을 받은 서원) 47개만을 남기고 다른 모든 서원을 철폐했다. 또한 민중 수탈을 하는 사족에 대해서는 엄벌에 처하여 재산을 몰수했다.

세제 개혁으로는 우선 양전 사업(量田事業)을 실시하여 양안(量案)에서

누락된 은결(隱結)을 다시 파악하여 세수 증대를 꾀했다. 세수를 부정하게 중간 수탈하는 지방관은 가차 없이 처벌했다. 본보기로 탐관오리 수령을 종로의 길 한편에서 장형에 처했는데, 이후 지방관의 가렴주구가 적어졌다고 한다(黃玹,『梅泉野錄』). 또한 그때까지 양민만이 부담하고 있던 군포를 호포(戶布)나 동포(洞布)란 명칭으로 바꾸어 노비를 소유하고 있던 주인인 사족으로부터도 징수했다. 이것은 조선의 신분제 역사상 획기적인 의미를 가졌다. 군포는 군역(징병)이 인두세화한 것이었지만, 군역을 부담하지 않는 것은 사족의 중요한 특권이었기 때문이다. 이러한 세제 개혁을 통해 국가재정은 비약적으로 증대하였다.

대원군과 민중

당연히 세제 개혁에 대한 재지 사족의 반대는 뿌리 깊은 것이었다. 하지만 대원군은 과감하게 단행했다. 또한 복식 제도를 개혁하여 간소화하고, 양반과 양민의 차이를 완화했다. 이후 갑오농민전쟁의 최고 지도자가 되는 전봉준(全琫準)은 대원군을 〈우리나라가 종래부터 해왔던 양반 상인의 제도를 폐지하였던〉 인물이라고 평가하였는데(「東京朝日新聞」 1895년 3월 5일자 「東學黨大巨魁と其口供」), 그것은 대원군 개혁의 민중성에 주목하였기 때문이다. 민중은 이러한 개혁을 당연한 것으로 여겼고, 그를 〈고무하고 칭찬하는 소리는 지축을 흔들 정도였다〉(『近世朝鮮政鑑』)라고 한다.

실제로 대원군의 개혁은 다양하게 파급되었으며, 관기(官妓)와 창녀를 엄격하게 구분해야 한다는 화류계의 개혁에까지 미쳤다. 대부분은 사족의 반감만을 불러일으키는 듯한 개혁이었지만, 반대로 대원군에 대한 민중의 인기는 절대적이었다. 그것은 민중 동원의 양상을 보더라도 잘 알 수 있다.

대원군은 왕권 강화를 상징적으로도 추진하려 하여 임진왜란 당시 불 탔던 경복궁의 재건 사업에도 착수했다. 이 사업에는 민중의 대규모 부역 동원이 필요했는데, 민중은 자발적으로 부역에 응하였다. 공사는 1865년 5월 7일에 시작하였는데, 불과 20일도 되기 전에 3만 6,000명 정도의 사람들이 동원에 호응하였다. 대원군도 또한 민중의 자발성을 끌어내려고 다양한 수법을 구사하였다. 역에 응한 자에게는 하루에 1전씩 위로금을 지불하여 물품도 지급하였고, 양반, 양민의 구별 없이 주거를 제공하여 그 숙소로 삼게 했다. 부역에 응한 자를 인솔하는 각 마을의 지도자에게는 장려금을 주었다. 또한 공사를 위해 주거를 철거하는 경우에는 엄격한 조사를 실시하고 신속하게 보상금을 지불하였다. 그리고 역에 응한 자에게는 〈어느 지역의 누가 국왕을 위하여 부역하러 왔다(某地人子來赴役)〉라고 쓴 깃발을 내걸도록 하였고, 그 작업을 고무하도록 하기 위해 무동대나 농악대를 편성하여 풍악을 연주하도록 했다. 한성은 들썩거렸고, 사람들은 괴로움을 즐거움으로 바꾸어 노동에 힘을 쏟았다. 대원군의 민중 장악술은 포퓰리즘적 성격을 띠고 있었는데, 한편으로 유교적 민본주의의 성격도 아울러 지니고 있었다.

그러나 경복궁 중건 공사는 상당히 막대한 자금이 필요했다. 재건하였다고 하지만 평상시의 국가재정만으로는 도저히 준공이 어려웠다. 그 때문에 대원군은 재물의 많고 적음을 감안하여 반강제적으로 원납전을 모집하였고, 서울의 도성문에는 문세(門稅)를 부과했다. 그리고 실제 가격의 20분의 1에도 못 미치는 당백전이라는 악화를 유통시켜 자금 조달을 도모했다. 원납전은 특히 양반과 부자들로부터 원성을 불러일으켰다. 또한 당백전은 인플레이션을 초래하였기 때문에 대원군 정권 최대의 지지 기반이었던 민중의 생활까지도 궁핍하게 만들었다. 경복궁 재건 공사는 대원군 실각을 부른 최대의 원인이었다.

2. 대원군의 양이 정책

천주교 탄압

대원군은 대외 정책으로 쇄국양이 정책을 완강하게 관철하였다. 그 시초는 천주교 탄압이었다.

1831년 로마 교황청은 당시까지 베이징(北京) 교구에 속해 있었던 조선 교구를 독립시켜, 파리 외방선교회의 소속으로 하였다. 그 때문에 이후 프랑스인 선교사가 조선 국내에 밀입국하여 비밀리에 포교 활동을 하게 되었다.

이러한 가운데 영-프 연합국이 베이징에 입성하여 조선의 상하가 소란스러웠던 1860년, 청국으로부터 연해주를 할양받은 러시아는 조선과 국경을 접하게 되었다. 두만강 건너편에서는 코사크 기병대가 질주하는 모습이 목격되었고, 또한 러시아 선박도 출몰하였다. 1864년 4월에는 마침내 러시아인 5명이 함경도 경흥에 와서 통상 요구를 하는 사태가 발생했다. 러시아인은 이듬해 12월에도 수십 명이 왔다.

이러한 대외적 위기를 배경으로 이전에 관원이었던 천주교도 남종삼(南鍾三)은 갓 집권한 대원군에게 영-프 양국과 동맹을 맺어 러시아의 남진을 방어해야 한다는 진언을 했다. 사실 대원군의 처 민씨는 천주교에 귀의하였고, 고종의 유모 박씨도 천주교 세례를 받았다. 남종삼의 상신은 위의 두 사람과 통하고 있던 천주교도 홍봉주(洪鳳周)의 제언에 기초한 것이었다. 대원군은 일시적으로 남종삼의 건의에 마음이 움직여 프랑스인 선교사 베르누 주교나 다블뤼 주교 등을 만나려 했으나 곧 마음을 바꾸었다. 오히려 천주교도를 탄압하기로 결심하여 1866년 2월부터 탄압에 착수했다. 프랑스인 선교사 9명이 처형당했고, 조선인 신도의 경우 일설에 따르면 1만 명 가까이 처형되었다고 한다. 이제까지 없었던 조선 역사상 최대의 종교 탄압이었다. 이것을 병인박해라 한다.

병인양요

그런데 프랑스인 선교사 가운데 세 명이 체포를 피했다. 그중 한 명, 신부 리델은 톈진(天津)의 프랑스 공사관으로 도망하여 구원을 요청했다. 이에 응하여 프랑스 공사 벨로네가 프랑스 극동함대 제독 로즈와 협의하여 조선 원정을 결정했다. 벨로네는 청국의 실력자 공친왕에게 조선 정복마저 언급할 정도로 로즈 함대의 임무는 중대한 것이었다. 로즈는 우선 1866년 9월 군함 3척을 이끌고 무력을 동반한 정찰을 실시하였고, 10월 13일 군함 7척을 이끌고 다시 강화도에 나타났다. 그리고 다음 날부터 육전대가 상륙을 개시하여 16일에는 한성의 입구인 강화부를 무난하게 점령하였고, 20일 이상 한강을 봉쇄하였다. 삼남(전라도, 경상도, 충청도)에서 한성으로 올라오는 화물선은 운항이 저지되었고, 한성의 물자는 부족해지기 시작했다. 로즈는 프랑스 선교사에 대한 박해를 문죄함과 동시에, 통상 조약 체결을 군사력에 호소하여 달성하려던 것이었다. 그러나 대원군은 굴복하지 않고, 의용병과 사격술에 능한 포수를 모아 프랑스군에 맞서게 했다. 그 결과 프랑스군은 한때 조선군 이상의 희생자가 나왔다. 26일 문수산 전투에서 조선 측 사상자가 5명이었던 데 비해 프랑스군은 27명의 사상자를 냈다. 조선에 남겨졌던 두 명의 프랑스인 선교사가 자력으로 탈출했다는 정보를 입수하기도 하였으므로 11월 11일 로즈 함대는 조선에서 철수했다.

벨로네의 조선 정복 발언은 프랑스 정부의 의도를 접수했던 것은 아니었고, 프랑스는 다수의 희생자를 내면서 조선에 손을 내밀 의지가 없었던 것으로 보인다. 그러나 로즈 함대는 18상자에 달하는 금은보화와 귀중 도서를 약탈하였고, 강화성 내외의 인가를 불태우고 막대한 손해를 끼쳤다.

1866년은 다사다난한 해였다. 병인양요가 바로 그것이다. 미국의 모험상인 프레스턴이 무장선 제너럴 셔먼호에 승선하여 중국의 톈진을 출발하여 대동강으로 진입하려는 사건도 발생하였다. 셔먼호에는 영국 성공회 선교사 토머스도 승선해 있었고, 그 목적은 통상과 포교에 있었다. 8월, 대동강에 나타난 프레스턴 일행은 대동강을 거슬러 오르면서 조선 병사 1명을 인질로 삼았다. 이에 대하여 평안도 관찰사 박규수는 화공을 명하여 셔먼호를 불태웠다. 그리고 격앙된 군중은 일행 20명을 살해해 버렸다. 9월의 일이었다.

신미양요

이어서 1868년 5월에는 독일인 상인 오페르트와, 1866년에 조선에서 탈출하였던 프랑스인 선교사 페론이 공모하여 대원군의 아버지 남연군(南延君)의 묘를 파헤치는 전대미문의 사건이 일어났다. 통상과 포교를 위하여 남연군의 유골을 정치적으로 이용하려 한 것이었다. 충청도 덕산군 구만포(九萬浦)에 상륙한 일행은 남연군의 묘까지 도착하였는데, 묘가 견고했기 때문에 파헤치지 못하고 철수하였다. 그 후 북상하여 영종진에 출현한 오페르트는 통상을 요청하였으나 전투 상황이 벌어졌고, 필리핀인 선원 2명의 시체를 남긴 채 물러갔다.

아버지의 분묘를 파헤치려 한 양이에 대한 대원군의 분노는 어느 정도였을 것인가? 대원군은 방비를 굳게 하여 더욱더 양이에 대비하였는데, 이어서 도발해 온 것은 미국이었다. 셔먼호 사건의 문죄와, 역시 통상 조약 체결이 목적이었다. 청국 주재 특명전권공사 프레더릭 로는 기함 콜로라도에 승선하여 로저스 해군 소장이 지휘하는 군함 5척, 대포 80문, 병사 1,230명을 이끌고 1871년 5월 23일 경기도 남양부에 나타났다. 신미양요의 시작이었다. 6월 1일 로저스는 군함을 나누어 파견하여 본토와 강화도 해협의 수로로 북상시켰다. 그 때문에 조선군이 포대에서 포격을 가함으로써 포격전이 일어났다. 이어서 10일부터 11일에 걸쳐 미군은 육전대를 동원하여 조선 측의 포대를 차례로 점령하였는데, 최후의 포대였던 광성보에서는 격전을 벌였다. 진무중군(鎭撫中軍) 어재연(魚在淵)이 지휘하는 조선군은 대포의 성능이 압도적인 미군을 상대로 백병전까지 벌여 미군은 사망 3명, 부상자가 10명에 이르렀다.

그러나 조선군은 지휘관 어재연을 비롯하여 사망자 53명, 부상자가 24명이었다. 미국 측의 기록에서는 전사자와 익사자를 합쳐 조선군 측의 피해가 사망자 400명 이상이라고 언급하고 있다. 정확한 피해 상황을 알

수는 없지만 격렬한 싸움이었음은 틀림없고, 이것은 로 공사와 로저스 소장에게도 예상 밖의 사태였다. 그들은 페리 제독의 일본 원정의 선례를 모방할 예정으로 조선에 온 것이었고, 조선 측의 공격이 이와 같이 격렬해지리라고는 예상하지 못했다. 이에 미국 함대는 철수를 결정하고 7월 3일 조선에서 물러났다.

위정척사 사상의 준열함

광성보 전투 직후, 대원군은 〈양이가 침범하는데 싸우지 않으면 화친하는 것이요, 화친을 주장하는 것은 매국이다. 이를 자손에게 만 년에 걸쳐 경계하도록 한다(洋夷侵犯, 非戰則和, 主和賣國)〉라고 쓴 척화비를 한성의 종로와 전국의 도회지에 세우도록 했다. 조선의 양이 정신은 일본과 비교해 볼 때 대단히 흥미로운 것이다. 일본의 경우 사쓰마(薩摩)와 조슈(長州)가 각각 사쓰에이 전쟁(薩英戰爭, 1863년)과 4국 함대의 시모노세키 포격 사건(1864년)으로 허망하게 굴복한 사실과는 대조적이다. 숭문(崇文)의 나라임을 자부하는 조선이 도리어 무위의 나라임을 자부하는 일본 이상으로 완강히 저항했다는 점은 양국 문명 의식의 차이와 크게 관련된다.

대원군의 쇄국양이 정책을 뒷받침한 사상은 위정척사 사상이다. 대원군은 저명한 주자학자를 등용하고, 정책을 제시하도록 하였다. 기정진(奇正鎭)과 이항로(李恒老)가 유명한데, 그들은 병인양요 시기에 각각 상소를 하였다. 기정진은 서구가 조선을 금수와 같은 나라로 만들려 한다고 보아 〈양물(洋物)〉을 단호하게 거부해야 한다고 했다. 또한 이항로도 〈양물〉의 거부를 호소하고, 단호하게 주전론을 주장하였다. 특히 이항로는 성현의

쇄국 정책의 상징으로 대원군이 세운 척화비(1871)

〈도〉를 지키는 것이야말로 〈나라〉의 존망을 뛰어넘는 절대적인 행위라 하여 유교 문명의 절대적인 수호를 준렬하게 설파하였다. 이 점은 현실의 조선 왕조가 존귀한 것은 〈도〉를 실천하고 있기 때문이며, 그 실천을 포기한다면 그러한 왕조는 의미가 없다는 것을 의미하였다.

이러한 사상은 일본의 〈국체〉 사상과는 전혀 달랐다. 일본에서는 〈국체〉 사상의 대두를 통해 〈국가〉가 절대화되었기 때문에 〈도〉는 부차적인 것이었고, 따라서 서구화로의 전환이 용이할 수 있었다. 서구에 대한 철저한 항전은 〈국가〉를 멸망시키는 것일 뿐이다. 서구의 적수가 되지 않는다고 인식하자마자 존양론(尊攘論)이 개국론으로 급격하게 전환하였던 비밀이 여기에 있다. 그에 반해 조선에서는 〈국가〉가 멸망하더라도 〈도〉에 따라 죽는 것이야말로 인륜의 올바른 행위라고 여겼다. 이것이 유교 원리 국가라고도 말할 수 있는 조선의 현실이었고, 프랑스와 미국에 대한 철저한 항전을 가능하게 만든 이유였다.

3. 조일수호조규의 체결

민씨 정권의 성립

고종의 비는 대원군 부인의 본가인 민씨로부터 맞이하였다. 민비(이후의 명성황후)는 민치록(閔致祿)의 딸로, 치록의 후사가 되었던 양자 승호(升鎬)는 대원군 부인의 동생이었다. 여흥 민씨는 세력이 약한 가문이어서 안동 김씨에 의한 세도 정치의 재래를 두려워한 대원군이 이 때문에 선택한 것이었다. 그렇지만 이것은 큰 오산이었다. 총명함과 권세욕, 권모술수에 뛰어났던 민비는 민씨 척족과 손을 잡고 대원군의 실각을 기도했다. 또한 대원군과 고종의 부자 관계도 결코 원만하지 않아, 성인이 된 고종은 친정을 희망하였다.

민비와 민씨 척족이 이용한 자가 이항로의 고제(高弟) 최익현(崔益鉉)이었다. 최익현은 1873년 12월 14일, 상소하여 반(反)대원군의 기치를 선명하게 내걸었기 때문이다. 민비의 뜻을 받아들인 고종은 최익현을 크게 발탁하여 호조참판으로 삼았다. 그런데 최익현은 같은 달 22일 사직을 각오하고 다시 상소하여 대원군의 국정 관여를 비판하면서 하야해야 한다고 주장했다. 이번만은 그 격렬함 때문에 최익현은 제주도로 유배되었다. 그러나 이 상소를 발판으로 민비와 민씨 척족은 대원군을 실각시키는 데 성공했다. 여기에 고종은 1873년 12월 24일, 시원임(時原任, 현임과 전임) 대신을 앞에 두고 서정친재(庶政親裁)를 선언하였다. 대원군은 어쩔 수 없이 은거에 들어갔다.

신정권은 우선 의정부를 쇄신하고, 유력 정치가인 이유원(李裕元)을 영의정으로 삼았다. 그리고 개국파 박규수를 우의정으로 하고, 대원군의 형이면서 사이가 좋지 않았던 이최응(李最應)을 좌의정(이후 영의정)으로 삼았다. 취약한 가문인 민씨 척족은 우선 이러한 인물들을 배경으로 삼을 수밖에 없었지만, 실권은 병조판서 민승호가 장악하였고, 새로운 세도 정치가 시작되었다. 그러나 그 자신은 불과 1년 후인 1875년 1월 5일 가족과 함께 폭살당해 버렸다. 대원군이 벌인 일이라고도, 민씨 척족 내부의 집안싸움이라고도 일컬어졌지만 범인은 밝혀지지 않았고, 민씨 세도 정치는 흔들리지 않았다.

신정권은 만동묘를 부활하는 것을 시작으로 대원군의 정책을 하나하나 부정하였는데, 그 가운데 특히 양이 정책의 전환은 피할 수 없었다. 메이지 신정부가 보낸 서계를 창구 단계에서 거절한 것은 왜학훈도 안동준(安東晙)이었는데, 그는 대원군의 가신과 같은 입장에서 그것을 단행하였다. 신정권은 조일 교섭을 저해하였다고 하여 안동준을 심문하고 효수형에 처했다. 또한 그를 감독하는 입장에 있던 동래부사 정현덕(鄭顯德)과 경상도 관찰사 김세호(金世鎬)도 경질했다.

위정척사 사상은 유교 원리 국가인 조선에서 절대적인 영향력을 가지고 있었지만, 반드시 절대적이지만은 않았던 것이다. 여기에서 현실 노선을 모색해 나갔다.

메이지 신정부와 〈정한〉 논쟁

1871년 11월 12일, 일본에서는 이와쿠라 사절단(岩倉使節團)이 구미로 여행을 떠났다. 유수정부*는 신분제 철폐와 징병제 실시, 학제 반포, 태양력 채용 등 각종 근대적 개혁을 실시하였는데, 외교 면에서도 적극적으로 움직였다. 1872년 9월 그때까지 쓰시마 번 관할 아래에 있던 초량의 왜관을 접수하여 대일본 공관으로 만들고, 이듬해 4월 외무성 7등 출사 히로쓰 히로노부(廣津弘信)를 부임하도록 한 것이 하나의 예이다. 전례가 일방적으로 무시된 이번 사태에 조선 정부는 충격을 받았고, 조일 간에는 이제까지 없던 긴장감이 흘렀다. 그리고 이것이 〈정한〉 논쟁의 계기가 되었다.

유수정부는 같은 해 8월 17일 사태를 타개하기 위해 사이고 다카모리 (西鄕隆盛)를 조선에 파견하기로 결정했다. 사이고는 자신이 사절로 조선에 들어가면 〈폭살〉당할 것은 분명하기 때문에 그것을 명분으로 삼아 〈정한〉의 병력을 일으켜야 한다고 했다. 사이고가 〈정한〉의 급선봉처럼 불리는 이유이다. 그러나 실제로 사이고가 바란 것은 어디까지나 평화적인 견한 사절로서의 임무였고, 〈폭살〉을 운운한 것은 열성적인 〈정한〉론자였던

* 留守政府. 메이지 초기에 메이지 정부 주요 인물들로 조직된 이와쿠라 사절단이 구미를 방문하기 위해 출국하자 그 공백을 지키기 위해 조직된 정부를 가리킨다(1871. 12. 23~1873. 9. 13).

이타가키 다이스케(板垣退助) 등을 설복시키기 위한 수사였던 것 같다.

그 진상은 지금까지도 명확하지 않지만, 어찌 되었든 이번 일로 인해 유수정부 세력과 귀국한 이와쿠라 사절단 사이에 긴장 관계가 형성되었다. 전자가 〈정한〉파, 후자가 내치파가 되어 〈정한〉파는 패배하였고, 10월 24~25일에 일제히 하야했다. 그러나 양자의 대립은 역학의 균형을 상실하였기 때문에 발생한 권력 투쟁 이상의 의미는 없었다. 사절단 집단은 유수정부가 현저한 실적을 올리게 되어 정부 내에서 자신들의 존재감이 옅어질까 봐 두려워한 것이다. 〈정한〉론을 주장한 점에서 양자 간에 차이는 없었다. 무엇보다도 〈정한〉론은 내치파인 기도 다카요시가 막부 말기부터 열심히 주장한 것이었다. 그리고 〈정한〉 논쟁에 승리하여 내무경(內務卿)으로 절대적인 권력을 장악하였던 오쿠보 도시미치(大久保利通)는 조선에 대하여 강경 노선을 추진해 나갔다.

그 시작은 1874년 5월의 타이완 출병이었다. 같은 해 8월에 청국 정부로부터 타이완 사건이 해결된 다음 일본이 조선에도 출병할지 모른다는 소문이 전해졌다. 거기서 조선 정부는 같은 해 9월 3일 안동준을 대신하여 현석운(玄昔運)을 왜학훈도로 삼고, 히로쓰 히로노부의 상사로 6월 구 왜관에 부임해 있던 외무성 6등 출사 모리야마 시게루(森山茂)와 정식 회담을 하도록 했다. 민씨 정권은 이미 개국론의 방향으로 기울기 시작하였다.

강화도 사건

그러나 일본 측은 〈황(皇)〉, 〈칙(勅)〉 등의 자구를 사용한 서계의 형식을 바꾸려는 생각은 전혀 없었다. 더욱이 구례(舊例)와는 달리 모리야마는 양식 대례복을 착용할 것을 고집했다. 여기서 교섭은 난관에 부딪치고 말았다. 모리야마는 히로쓰를 상경하도록 하여 쇄국파가 세력을 늘리지 않는 내에서 교섭을 일거에 유리하게 추진할 수 있도록 군함 파견을 요구했다. 조선을 힘으로 압박하려 했던 것이다. 이에 따라 1875년 5월 25일 이노우에 요시카(井上良馨) 소좌가 이끄는 운요호(雲揚號)가 부산에 파견되었다. 운요호는 갑작스러운 내항을 따지는 현석운과 그 수행원 18명을 승선시키고 그것을 기회로 삼아 늦게 도착하였던 다이니테보호(第二丁卯號)와 함께 포격 연습을 실시하여 부산 관민을 놀라게 하였다. 그러나 조선 측은 서계의 형식을 여전히 고집하였고, 교섭은 진전이 없었다. 그 때문에 9월 20일 결국 모리야마는 공관에서 퇴거하고 다음 날 귀국 길에 올랐다.

하지만 때를 같이하여 큰 사건이 발생하였다. 강화도 사건이었다. 9월 20일, 운요호가 항로 측정을 명목으로 다시 조선으로 향하였고, 강화도에 출몰했다. 함장 이노우에는 보트를 타고 초지진에 접근하려 하던 차에 포대로부터 공격을 받았다. 이노우에는 서둘러 운요호로 돌아갔고, 다음 날 초지진을 공격하여 포대를 불태웠다. 더욱이 22일에는 남하하여 영종진을 점령하고 조선의 군민 35명을 살해하였다. 그리고 관아와 민가를 소각하고 크고 작은 대포 등의 무기류를 전리품으로서 노획한 후 28일 나가사키로 귀항했다.

이 사건은 마실 물을 구하려고 초지진으로 향하던 차에 불의의 공격을 받았다는 식으로 날조되었다. 운요호의 강화도 접근은 명백하게 〈만국공법〉을 위반한 것이었는데, 마실 물의 보급이라면 〈만국공법〉에서 인정되는 경우가 있었기 때문이다. 운요호는 최초부터 조선군을 도발하였고, 반격을 시도하면서 영해를 침범했다. 모리야마의 공관 철수와 아울러 실시

운요호. 1875년 9월 강화도를 공격하고 마음대로 약탈했다

된 이러한 군사 행동은 일본의 야심을 노골적으로 보여 준 것이었다. 이노우에는 운요호 사건에 앞서 타국보다 먼저 조선을 〈우리의 소유〉로 해야 한다고 해군의 중앙부에 청원하고 있었다.

강화도 담판

일본 정부는 강화도 사건을 절호의 구실로 하여 일거에 조선과의 국교 회복을 실현하려 했다. 운요호의 잘못을 인정하지 않고, 도리어 조선 측에 잘못을 덮어씌워 조약을 체결하려는 계산이었다. 일본 정부는 전권대사로 구로다 기요타카(黑田清隆), 부전권에 이노우에 가오루(井上馨)를 임명하여 조선에 파견하기로 했다. 그에 앞서 주일 미국 공사 빙엄도 그 사실에 이해를 보였고, 이노우에 가오루에게 『페리의 일본 원정 소사(小史)』를 보냈다. 또한 일본 정부는 회담이 잘 진행되지 않고 끝날 경우를 대비하여 육군경 야마가타 아리토모(山縣有朋)를 시모노세키에서 대기하도록 하여 언제라도 군대를 조선으로 파견할 수 있는 태세를 갖추었다.

이리하여 1876년 2월 10일, 구로다 일행은 군함 6척을 이끌고 강화도에 나타났고, 병력이 4,000명이라 했다. 마치 페리의 사례를 모방하려 한 위압 외교였다. 회담은 조속히 다음 날부터 진행되었는데, 조선 측의 접견대관 신헌(申櫶)과 부관 윤자승(尹滋承)은 〈만국공법〉에 대하여 아무런 지식을 갖고 있지 않았고, 조약이 무엇인지도 몰랐다.

양이인가 개항인가

이러한 조약 교섭의 상황에 대하여 위정척사파는 불만이었다. 그 대표적 인물이 대원군과 최익현이었다. 대원군은 신헌에게 서한을 보내 경계해야 한다는 뜻을 전달함과 동시에, 정부 대신들의 연약 외교를 비난했다. 하야했다고는 해도 대원군의 영향력은 여전히 정부 요인들에게까지 미치고 있었다. 거기에는 순국하겠다는 각오까지 언급하고 있었다. 또한 전년에 유배가 풀린 최익현도 2월 17일 동지 50명을 이끌고, 도끼를 짊어지고 복합 상소(伏閣上疏, 궁궐 문에서 상소)를 했다. 도끼를 짊어지고 상소한다는 것은 상소가 받아들여지지 않는다면 자신의 목을 쳐 달라는 의미로, 선비로서의 예사롭지 않은 각오를 보여 주었다. 그 상소에서 〈왜양일체〉론을 설명하고 〈주화매국〉하는 자를 처형해야 한다고 주장하였다. 두 사람은 일찍이 적대적이었지만 대외 정책에서는 일치하였다. 최익현은 이 사건으로 재차 죄를 추궁당하여 전라도 흑산도로 유배되었다.

한편 개국파 세력도 확대되고 있었다. 자주개국론을 주장하는 박규수가 그 선두에 있었다. 그는 실학자 박지원의 손자로 개명적이었을 뿐만 아니라, 일찍이 두 차례 청국 사절의 경험을 가지고 세계 대세를 꿰고 있었다. 그는 강화도 사건이 일어나기 1년 전 우의정에서 물러났지만, 오히려 판중추부사(判中樞府事)라는 직책에 있으면서 정부 내에서 무게를 더하고 있었으며 중신 회의에도 참석하였다. 또한 이최응을 필두로 한 반대원군파는 소극적으로 개항론을 지지했다. 더욱이 청국 양무파의 거두 이홍장(李鴻章)과 서한을 주고받던 이유원도 그 시사를 받아 개항론으로 기울고 있었다. 박규수를 포함하여 하나같이 일본의 위압 외교에 분개하고 있었지만 묘의(廟議, 어전 회의)에서는 개항이 불가피하다는 논의가 대세를 이루었다.

조일수호조규

이리하여 고종은 일본과의 조약 체결을 결의하기에 이르렀다. 그러나 〈만국공법〉에 정통해 있지 않았다는 점은 또한 어찌할 수 없었다. 조약은 일본 측이 제시한 초안을 주로 하여 의례적 측면만을 수정한 뒤 2월 26일 조인되었다. 이것이 조일수호조규(강화도조약)이다. 같은 해 8월 24일에는 수호조규부록과 통상잠정협약, 「수호조규부록에 부속하는 왕복문서」 등도 조인되었다.

이러한 조약에서 무엇보다도 중요한 것은 수호조규 제1관에서 〈조선국은 자주의 나라〉라고 당연한 사실을 명기한 점이다. 이것은 조선에 대한 청국의 종주권을 부정하고, 일본의 조선 진출을 원활하게 하기 위한 목적을 가진 것이었다. 이어서 일본의 치외 법권이 인정되었고, 조선의 관세 자주권은 부정되었다는 점이 중요하다. 이와 같은 사실은 이 조약이 구미 각국이 일본과 조인한 불평등 조약을 그대로 조선에 적용하였다는 점을 의미한다. 아니 그 이상으로 가혹한 내용이었다고 평가할 수 있다. 관세 자주권은커녕 관세는 무세(無稅)가 되었고, 더욱이 일본은 일본 화폐의 유통권까지 획득하였다. 그리고 일본은 미곡 무역의 자유, 부산 이외에 원산과 인천을 개항할 것, 개항장 주변 4킬로미터 이내에서의 내지 통행권, 조선 연해의 측량권 등도 획득했다. 이로써 조선은 세계 자본주의 체제로 편입되었다.

다만 조선 측은 일본 이외의 다른 국가와는 조약을 체결할 의지가 없다는 점을 분명히 하였으며, 수호조규의 체결은 근세 조선과 일본 간의 외교를 수복한 것이라는 인식을 갖고 있었다. 치외 법권 등은 근세의 왜관 외교에서 이미 쓰시마 번에게 인정한 것이었기 때문에, 불평등하다는 인식이 조선 측에는 전혀 없었다. 그 때문에 어려움은 있었지만 강제적으로 조약을 체결당했다는 인식도 희박했다고 말할 수 있다. 세계와 조선의 거리는 이처럼 크게 벌어져 있었다.

일본의 여론

일본에서는 〈정한〉 논쟁 이후 〈정한〉론은 서서히 세간에서도 논의될 정도가 되었다. 불평사족만이 아니라, 상인조차도 〈정한〉을 논의하는 풍조였다. 이러한 가운데 강화도 사건이 일어났는데, 국론은 〈정한〉파와 비〈정한〉파로 분열되었다. 그것은 자유 민권 운동 진영에서도 마찬가지였다. 민권파는 당초 모두 일본 군함의 조선 영해 침범의 책임을 묻고 있었다. 하지만 1875년 10월 3일 조선 측이 발포하였기 때문에 어쩔 수 없이 응사했다고 하는 태정관 등의 설명을 접하자 민권파의 논의는 〈정한〉을 둘러싸고 둘로 나뉘었다. 「도쿄 아케보노 신문(東京曙新聞)」과 「요코하마 마이니치 신문(横浜毎日新聞)」은 〈정한〉을 지지, 「초야 신문(朝野新聞)」과 「유빈호치 신문(郵便報知新聞)」은 〈정한〉을 지지하지 않았다.

그러나 그러한 논의는 〈정한〉 그 자체의 도덕성을 물으려는 것이 아니었다. 사족 반란을 방지하는 데 〈정한〉이 유효한가 아닌가를 논하는 것에 지나지 않았다. 후자의 경우 〈정한〉이 도리어 사족 세력의 확대를 초래한다는 관점에 서 있었다. 어찌 되었든 간에 강화도 사건을 통해 국교를 수립하는 길이 열렸고, 수호조규가 체결되었다는 점에 대하여 민권파는 찬성하는 의사를 표시했다. 조약 체결이 페리의 수법과 같다고 하는 점을 인식하고는 있었으나, 그 불법성을 부끄러워하는 논의는 없었다. 근대 문명에서 앞서 있는 일본이 조선을 지도하는 입장에 섰다는 점을 환영하는 논조가 두드러졌다.

일본은 메이지 초기 이후 계속해서 아시아주의를 부르짖었다. 특히 정부와 첨예하게 대립하였던 자유 민권 운동의 진영에서는 민권론이 아시아 연대로 이어진다고 파악하였다. 그러나 거기에는 국권론도 이면에 깔려 있었고, 근대 문명에 앞선 일본이 아시아를 지도하는 국가라고 하는 오만한 의식을 농후하게 수반하고 있었다.

제 3 장

개항과 임오군란

임오군란을 묘사한 니시키에(錦繪)(小林淸親, 「朝鮮大戰爭之圖」, 1882년 8월)

1. 개화와 척사

수신사의 도일

1876년 5월 수신사(修信使) 김기수(金綺秀)가 일본에 파견되었다. 수신사는 일본 측의 요청을 계기로 파견하였는데, 신생 일본의 정보 수집과 군사 기술의 견문을 중요한 임무로 하고 있었다. 근세의 통신사는 쇼군의 교체 때마다 파견되었던 데 비해, 이번 사절은 그와 성격이 달랐기 때문에 수신사라 하였다. 일행의 인원도 적어서 80명 정도였다. 그러나 의식상으로는 통신사와 다르지 않았고, 영기수(令旗手)나 음악대 등의 의장을 맡는 수행원도 30명을 웃돌았다. 수신사 일행은 5월 23일부터 6월 19일에 걸쳐 일본을 견문했다.

조선 사절이 도쿄(에도)까지 오는 일은 제11차 통신사 이후 실로 100년만의 일이었다. 인접한 길에는 사람들이 운집하여 큰 소동을 일으켰는데,

그것은 결코 환영의 의미가 아니라 신기한 조선 풍속을 한번 보고 즐기려는 모멸적 호기심에서 출발한 것이었다. 사람들은 시대착오적인 행렬을 꾸려서 걷는 수신사 행렬을 가리키면서 조소했다. 근세 시기에도 일본 민중 사이에서 조선에 대한 모멸적인 인식이 없지는 않았지만, 조선 물품에 대한 붐을 불러일으키기에 충분한 동경과 같은 감정 또한 뒤지지 않았다. 그러나 메이지 시기에 들어 멸시관이 갑자기 증폭되었다. 문명개화가 진행되는 가운데 이미 근대적 문명인으로서의 우월한 의식이 적어도 〈에도 사람〉 심성을 지배하게 되었다. 오만한 자화상은 정부나 지식인들만의 전유물이 아니었다.

이러한 민중의 반응에 대하여 도리어 민권파는 건전성을 보여 주었다. 예를 들어 「오사카 일보(大阪日報)」(1876년 6월 9일)는 그와 같은 민중에 대하여 실망감을 드러내어 〈일본 인민이 아직 야만스러워 조선에도 미치지 않음을 탄식〉하였다. 또한 「킨지효론(近時評論)」(1876년 6월 16일)도 대중과 사상을 같이할 수 없다고 하며 〈혼자 하늘을 우러러 크게 탄식하며 목소리를 삼키며 통곡〉한다고 했다. 그렇다고 해도 역시 조선을 향한 우월 의식은 농후하였다. 비〈정한〉파의 「유빈호치 신문」(1876년 5월 31일)은 현재 조선에 대하여 일본이 서 있는 위치는 20년 전 일본에 대한 미국의 위치와 유사하며, 〈마음을 매우 기쁘게 만드는 바가 있다〉고 하여 그 우월 의식을 숨기지 않았다.

사실 민중 안에서는 조선이라고 하면 별달리 아는 바 없이, 엿장수 정도를 연상하는 소박한 사람들도 오히려 많았다. 그러나 그러한 사람들의 존재도 문명개화의 거친 파도에 급속하게 씻겨 내려갔다.

요코하마에 도착한 수신사 일행(「일러스트레이티드 런던 뉴스」, 1876년 8월 26일)

제2차 수신사 김홍집과 『조선책략』

김기수 일행은 일본의 문명개화와 마주하면서 놀라움을 금치 못했다. 그러나 근대의 학문과 지식에 그다지 관심이 없던 그들에게 문명개화는 반드시 긍정해야 할 것은 아니었다. 김기수는 일본의 〈부강〉함을 인정하면서도, 물가가 등귀하여 대량의 지폐 발행이 이루어지고 있는 상황을 보고 겉으로 보기에는 〈부강하지 않음이 없〉지만 〈그 제도를 잘 살펴보면 역시 길게 이어질 수 있는 정책이라고는 할 수 없다〉(「日東記游」, 『修信使記錄』)라고 하였다.

김기수는 일본의 현황 시찰이라는 중요한 임무를 지니고 있었는데, 그 임무를 적절하게 담당하였다고는 할 수 없다. 그리하여 재차 수신사를 보낼 것이 제기되었고, 이때 임명된 자가 김홍집(金弘集)이었다. 김홍집 일행은 1880년 7월 31일 부산을 출발하여 9월 8일 귀국했다. 그사이에 정부 요인과 회담을 하기도 했고, 관청 시찰과 여러 제도의 조사 등을 실시했다. 그러한 가운데 특히 중요한 사건은 주일 청국 공사 하여장(何如璋)과의 회담이었다. 하여장은 김홍집에게 러시아의 위협과 구미 각국과의 국교 체결, 그리고 〈자강〉의 중요성 등을 이야기했다. 〈만국공법〉에는 〈균세(均勢)〉의 논리가 있기 때문에 세계에 문호를 개방해야 한다고 하였다. 이때 보낸 책자가 주일 청국 공사관 참찬관 황준헌(黃遵憲)이 집필한 『조선책략(朝鮮策略)』이다. 그 책에는 〈조선의 현재 급무는 러시아의 진출을 막는 것인데, 그 방책이 무엇이냐면 중국에 친하고, 일본과 이어지며, 미국과 연대함으로써 자강을 꾀하는 것이다〉라고 적혀 있었다.

개화파의 형성

김홍집의 일본 방문에서는 뜻하지 않은 만남도 있었다. 김옥균의 명을 받고 일본으로 비밀리에 파견되었던 승려 이동인(李東仁)과의 만남이 바로 그것이다. 김옥균은 말할 것도 없이, 이후 갑신정변을 일으키는 개화파의 거두이다. 그는 개항파 박규수의 제자였다.

박규수는 우의정에서 물러난 이후 한성의 자택에서 김윤식, 김옥균, 박영교(朴泳敎), 홍영식(洪英植), 서광범(徐光範), 유길준(兪吉濬) 등의 영재들을 모아 조부 박지원의 문집 『연암집(燕巖集)』을 강독하는 한편, 세계의 대세나 서구의 사상에 대하여 그 식견을 전하였다. 그가 열어젖히려 했던 평등

사상은 확실히 젊은이들의 마음을 사로잡았다. 김홍집도 그의 집 근처로 옮겨 와 살면서 영향을 받았다. 김홍집은 김옥균과도 죽마고우였다. 그러한 가운데 김옥균은 특출한 행동력을 갖고 있었다. 그는 박규수의 수행원으로 청국에 간 적이 있는 중인 출신의 역관 오경석(吳慶錫)과 그의 친구이면서 마찬가지로 중인 출신인 의사 유대치(劉大致)와도 접촉하면서 영향을 받았다. 박규수와 함께 청국에서 견문을 넓힌 오경석은 한어로 번역된 서양 서적을 다량으로 구입하여 그것을 유대치에게 전달하였고, 유대치는 오경석과 같이 다시 그것을 김옥균에게 전했다. 유대치도, 김옥균도 불교에 관심이 있었고, 그것이 인연이 되었던 것 같다. 그때가 김옥균의 나이 20살(1870년) 무렵이었다.

유교 원리주의인 조선 왕조 시대에 불교는 배격되어 사원 등은 산속으로 쫓겨났다. 승려도 천시하였다. 조선의 개화사상은 예상치 못한 탄생 양상을 취하고 있었던 것이다. 그것은 실학을 기반으로 서구 사상을 수용하였고, 거기에 불교가 그 촉매의 역할을 담당함으로써 내재적으로 생성되었다.

이동인과 일본

이처럼 개화사상은 강화도 사건 이전에 이미 그 싹이 자라나고 있었는데, 강화도 사건은 그 생성을 가속시켰다. 역관으로 신헌과 윤자승의 부하가 되어 일본과의 조약 교섭에 관여했던 오경석은 김옥균에게 일본 사정에 대하여 설명하고, 일본 시찰이 긴요하다는 점을 제기했다. 여기서 김옥균은 유대치의 소개로 알게 된 한성 근교에 있는 봉원사(奉元寺)의 이동인에게 일본 시찰을 요청했다. 이동인은 수호조규 체결 이후 재빠르게 조선에 진출한 혼간지(本願寺)의 부산 별원(別院)을 통하여 세계의 사정을 연구하고 있었다. 일본행은 이동인도 바라던 바였다. 그는 이미 홍문관교리(弘文館校理)의 직책에 있던 김옥균이 천민인 자신을 대등하게 대접해 준 것에 감사해하면서 요청을 흔쾌히 수락했다. 여비와 자금은 김옥균이 사재 일부를 처분하여 마련했다.

이동인은 1879년 6월 교토(京都)의 혼간지에 들어갔고, 이듬해 4월에는 도쿄의 혼간지 소속 아사쿠사 별원(淺草別院)에 체류하면서 일본어를 학습하고 일본 사정을 연구했다. 그리고 후쿠자와 유키치(福澤諭吉)와도 접촉했다. 개화파와 후쿠자와 사이의 최초 만남이었다. 이와 같이 일본 사정에 정통한 인물과 만난 김홍집의 놀라움은 어느 정도였겠는가? 그는 이동인에게 귀국을 촉구하고, 근대적 개혁에 진력해 줄 것을 요청했다.

개혁과 척사 상소

김홍집과 이동인의 보고는 개혁의 기운을 고조시켰다. 정부는 1881년 1월 19일, 삼군부를 폐지하고 통리기무아문(統理機務衙門)을 설치하였다. 이것은 사대, 교린, 군무, 변정(邊情, 이웃 나라의 정탐), 기연(譏沿, 왕래 선박의 조사), 통상(通商), 이용(理用, 재무), 기계, 군물(軍物), 선함(船艦), 전선(典選, 인물과 물자의 조달), 어학(외국 서적의 번역) 등 12사(司)로 이루어졌고, 문자 그대로 군국 기무의 최고 관청이었다. 새 아문의 수장은 총리대신이라고 불렀고, 영의정인 이최응이 취임했다. 이것은 청국의 총리각국사무아문(總理各國事務衙門)을 모방한 것이었는데, 근대 세계 시스템에 대한 조선 나름대로의 포석이었다.

군제 개혁으로는 일본의 권고에 따라 같은 해 5월, 80여 명으로 된 신식 군대 별기군(別技軍)을 창설하였다. 조선 주차 변리공사 하나부사 요시모토(花房義質)의 추천으로 공사관 소속 육군 공병 소위 호리모토 레이조(堀本禮造)가 교관이 되었고, 수신사 김홍집을 수행하였던 윤웅렬(尹雄烈)이 그 지휘를 맡았다. 또한 1882년 2월, 종래의 오군영을 무위영(武衛營)과 장어영(壯禦營)의 두 영으로 통합하여 긴축을 도모했다.

그러나 김홍집이 가져온 『조선책략』은 그 이상의 개혁을 중단시킬 정도의 커다란 파문을 일으켰다. 『조선책략』이 말한 바는 국가의 중대한 정책에 속하는 것이었기 때문에 이 책자는 널리 전파되었는데, 위정척사파는 이것을 간과하지 않았다. 그리하여 1881년 3월 25일, 경상도 예안의 유생 이만손(李晩孫)을 필두로 한 영남 만인소가 이루어졌다. 그 내용은 『조선책략』을 가지고 온 김홍집을 비난함과 동시에, 황준헌을 〈일본의 논객〉이라고 힐책한 것이었다. 척사 상소는 그 후에도 끊이지 않았고, 5월에 들어서자 경상도, 경기도, 충청도에서 상소가 빗발쳤다. 정부는 이에 대하여 격렬한 자에게는 유배 등 엄중하게 대처하였다. 그럼에도 불구하고 그 결사적 상소를 쉽게 그만두도록 할 수 없다고 보아 그것을 달래려고 5월 15일 척사윤음(斥邪綸音)을 발포했다.

이 시기에는 개화를 주장하는 상소도 이루어졌다. 1881년 7월 사헌부 전 장령인 곽기락(郭基洛)이 위정척사론을 비판하면서 일본과의 통상이나 양학의 학습은 금지할 것이 아니라, 오히려 나라를 위해서 서구의 기계나 기술을 도입해야 한다고 한 것이 그 대표적인 사례이다. 그러나 척사 상소 앞에서 그것은 작은 목소리에 지나지 않았다.

이재선 사건

척사 상소는 8월에 들어서도 그치지 않았고, 경기도, 강원도, 충청도, 전라도에서 올라온 유생들의 복합 상소가 연이어 있었다. 그 가운데서도 강원도 홍재학(洪在鶴)의 상소가 격렬하였다. 조선국이 주화하자는 사설(邪說)이 정부에 만연해 있다고 하여 공공연하게 정부 대신을 비방하였고, 이 때문에 능지형에 처해졌다. 당시 33세였다. 또한 그를 사주했다고 하여 이항로의 제자인 김평묵(金平黙)도 유배를 보냈다. 상소를 쓴 자는 사실 김평묵이었다.

이러한 가운데 세력을 키운 자는 은퇴한 대원군이었다. 그는 심복인 안기영(安驥永)과 권정호(權鼎鎬) 등에게 명하여 자신의 서자인 이재선(李載先)을 국왕으로 추대하는 쿠데타를 계획하였다. 당초에는 대규모의 모병도 하려 했으나 잘 되지 않았고, 1881년 9월 13일을 기점으로 하여 거사를 벌이기로 했다. 그날 실시되는 과거 시험에서 응시자에게 척사를 호소하고 일거에 궁중으로 난입하여 고종을 폐위하고, 민비도 처분하려 한 계획이었다. 그러나 거사에는 이르지 못하고 일주일 후인 9월 20일 밀고로 계획이 발각되었다. 안기영과 권정호는 능치형에 처해졌고, 이재선은 자살을 하도록 명령이 내려졌다.

2. 두 번째 개항

영선사의 파견

청국의 이홍장은 이유원과 개인적으로 서한을 주고받으면서 빈번하게 구미 여러 나라에 대한 개항을 권고하였다. 이에 조선 정부는 이홍장의 중개로 미국과 수호 통상 조약의 체결을 추진하기로 결정했다. 조약 교섭의 임무에 나선 이는 박규수의 제자 김윤식이었다. 그는 근대 병기의 제조 학습을 목적으로 한 유학생 38명을 인솔하는 영선사의 임무를 가지고 1881년 11월 17일 이홍장이 있는 톈진으로 향하였다. 그러나 그것은 표면적인 임무였고, 보다 중요한 임무는 미국과의 수호 통상 조약의 체결이었다. 위정척사파가 우세하였던 조선에서는 조약 교섭에 지장을 초래할 가능성이 있었기 때문이다. 톈진에는 미국 정부의 명령을 받은 해군 제독 슈펠트가 기다리고 있었다.

교섭에서 가장 논란이 된 내용은 청국의 종주권을 조약문에 넣을 것인가 말 것인가 하는 문제였다. 이홍장은 〈속방〉 규정을 고집하였는데, 김윤식도 거기에 적극적으로 반대할 의지는 갖고 있지 않았다. 이것은 청국의 〈속방〉이더라도 조선은 내정과 외교에 대해서는 〈자주〉라고 하는 의식을 이홍장과 김윤식이 공유하고 있었기 때문이다. 이홍장은 원리적으로는 어디까지나 근대 서구적인 속국 지배의 방식을 거부하고, 전통적인 종속 관계의 틀을 유지하고자 하였다. 그것은 일본이나 러시아 등 조선을 향한 압력 강화를 견제한다는 현실적 의미에서도 당연한 것이었다. 한편 김윤식의 경우에는 조공 체제와 조약 체제의 균형 공존 아래에 조선의 소국 자립의 길을 구상하였다. 말하자면 이중 체제라고도 할 수 있는 자립 구상인데, 그것은 전통적 〈사대의 의(義)〉에도 배치되지 않았고, 현실 세계의 대세도 거스르지 않았으므로 조선으로서는 〈양득(兩得)〉이라고 이해하였다.

그러나 슈펠트는 이러한 사고를 이해하려 하지 않았고, 〈속방〉 규정은 집어넣지 않기로 했다. 조일수호조규와 같이 조선은 자주의 나라임을 명문화하였다. 또한 조미수호조약에는 관세 조항이 설정되어 일본과의 무관세 규정은 이것을 통하여 철폐되었다. 무엇보다도 치외 법권 규정이 있는 것은 마찬가지였고, 불평등 조약이라는 사실도 변함이 없었다. 조약은 1882년 5월 22일, 인천으로 장소를 옮겨 정식 조인이 이루어졌다.

여러 조약의 체결

조선의 근대 세계로의 개항은 정식으로는 이날로부터 시작되었다고 말할 수 있다. 일본과의 조약 체결은 조선에서 보자면 근세 외교의 수복에 지나지 않았기 때문이다. 이후 조선은 1886년까지 청·영·독·이·러·프와 연달아 조약을 체결했다. 이 가운데 1882년 10월 4일 청국과 체결한 조청상민수륙무역장정은 〈조선은 오랫동안 번방이었다〉라고 하여 청국의 종주권을 명문화한 것이었고, 〈속방〉 규정이 없는 구미와의 조약과는 모순되었다. 그것은 바로 조선이 이중 체제 아래에 놓였다는 점을 시사하였다.

또한 1886년 6월에 체결된 조불수호통상조약에서는 사실상 포교의 자유를 인정하였다. 프랑스인 선교사는 병인박해 이후에도 조선에 밀입국하여 포교 활동을 하고 있었다. 그러나 민씨 정권 아래에서는 이를 묵인하였다. 이것을 다시 기정사실로 만들기 위해서 프랑스는 조약문 안에 〈교회

(敎誨)〉라고 하는 문자를 삽입하는 데 성공하였고, 이것을 사실상의 포교 승인으로 바꾸어 읽었던 것이다. 이후 기독교의 포교 활동이 활발해졌다.

조사시찰단

개국 정책은 착착 추진되었다. 영선사의 파견에 앞서 정부는 일본의 문물, 제도를 자세히 조사할 목적으로 조사시찰단(신사유람단)을 일본으로 파견했다. 이동인의 헌책에 따른 바가 컸던 것 같다. 그러나 일행에 앞서 1881년 3월에 일본으로 갈 예정이었던 이동인은 그 직전에 누군가에게 암살당해 버렸다.

조사시찰단은 박정양(朴定陽), 조준영(趙準永), 엄세영(嚴世永), 강문형(姜文馨), 민종묵(閔種默), 이헌영, 어윤중, 홍영식 등 12명의 조사(朝士)와 27명의 수행원, 기타 23명으로 구성되었다. 그 명칭은 대내적으로는 몰래 동래부 암행어사로 하였다. 영선사의 경우와 마찬가지로 양이(攘夷)의 기운이 살벌하였기 때문에 일본 시찰 등을 공공연하게 말할 수 있는 분위기는 아니었다. 그들은 1881년 5월 24일 도쿄에 도착하였고, 8월 8일까지 조사 임무를 수행하였다. 각자 분담하여 문부, 내무, 농상무, 대장, 외무 등의 각 성이나 세관, 육군 등을 시찰했다. 요코하마(橫濱)나 오사카(大阪), 교토, 고베(神戶), 나가사키(長崎) 등에도 들러 일본의 정치, 산업, 군사, 교육, 문화 등에 대하여 상세하게 조사하였다. 그사이에 정부 수뇌부나 후쿠자와 유키치 등의 저명인사와도 만났다. 이때 수행원 가운데 유길준과 유정수(柳定秀)는 게이오기주쿠(慶應義塾)에, 윤치호(尹致昊)는 도진샤(同人社)에 유학하였다. 조선 최초의 유학생이었다.

조사의 일본관과 김옥균

조사시찰단은 메이지 일본이 실시하였던 이와쿠라 사절단과 성격이 유사했다. 구미로 직접 향하기에는 자금과 시간, 어느 쪽으로도 여유가 없었기 때문에 손쉬운 일본을 선택했다. 조사들은 각각 보고서를 작성하였다. 그러나 그 내용은 이와쿠라 사절단이 서구 지향을 강하게 하고 귀국한 것과는 상당히 달랐다. 조사들은 일본이 〈부국강병〉을 달성해 가고 있다는 점을 인정하였으나, 산업화의 추진 과정에서 누적된 국채 때문에 국가재정이 파탄 났다고 보아 메이지 유신을 반드시 긍정적으로 평가하지는 않았다.

일행 중 어윤중은 가장 개명적인 인사였고, 무엇보다도 메이지 유신을 높이 평가했다. 그러나 그로서도 소국주의적 발상을 명확하게 하고 있었고, 메이지 유신을 무조건 긍정적으로 평가하지는 않았다. 그는 소국인 조선이 서구 대국을 모범으로 삼는다면 〈백성을 피곤하게 하고 재물을 상하게 할 뿐〉이라고 하고 벨기에나 스위스 등의 소국에 주목하였다(「隨聞錄」, 『魚允中全集』). 군대 구상에서는 특히 스위스에 주목하여 국민개병론을 주장하였는데, 그것은 민병 구상이라고도 말할 수 있는 것으로 통상의 상비군 구상과는 약간 다른 것이었다. 거기에는 군사를 통해 민중에게 부담을 지게 해서는 안 된다고 하는, 전통적인 민본주의 사상이 반영되어 있었다고 볼 수 있다.

1881년은 개화파가 일거에 일본에 대한 관심을 심화한 해였다. 이동인이나 어윤중으로부터 왕성하게 일본 사정이나 후쿠자와 유키치에 대하여 전해 들은 김옥균도 드디어 왕명을 받고 같은 해 12월 말, 서광범과 함께 일본 시찰의 여행을 떠났다. 그들은 나가사키와 교토, 오사카 등을 천천히 돌아보고 3월 6일 도쿄에 들어갔다. 도쿄에서는 다양한 근대 문물을 시찰하였고, 또한 후쿠자와를 비롯해 고토 쇼지로(後藤象二郎), 이노우에 가오루, 오쿠마 시게노부(大隈重信), 이토 히로부미(伊藤博文) 등의 정치가들도 만났다. 김옥균은 일본을 모델로 한 조선의 근대화와 대국화를 꿈꾸었고, 이후 동지들에게 〈일본이 동양의 영국이 되고자 한다면 우리는 우리나라를 아시아의 프랑스로 만들어야 한다〉라고 하였다(徐載弼, 「回顧甲申政變」). 같은 개화파였더라도 소국주의적 발상을 한 김윤식이나 어윤중과는 약간 차이가 있었다.

3. 임오군란과 일본

개항의 영향

소농 사회라고는 하지만 기근이나 수탈, 그리고 상품 화폐 경제의 진전 등을 통하여 거기에는 항상 농민층 분해의 위기가 존재했다. 요호, 부민층이라고 불리는 지주나 부농이 새롭게 탄생하는 한편으로, 다수의 농민은 겨우 있는 둥 마는 둥 하는 토지를 손에 넣더라도 그것을 다시 포기해야 하는 위기 상황에 놓이곤 했다. 특히 상품 화폐 경제의 거친 파도는 저항하기 어려웠고, 현금이 즉시 필요한 빈농들은 쌀값이 싼 시기에 미곡을 투매할 수밖에 없었다. 그에 반해 지주나 부농은 여력이 있어 쌀값이 비싼 시기에 파는 것이 가능하였다. 이러한 농촌의 모순은 개항 후 일본과의 미곡 무역이 이루어지게 되자 한층 더 현저해졌다. 무역량은 1890년 이전은 그다지 많지 않았지만, 미곡 거래는 확실히 투기성이 강해져 빈농층을 괴롭혔다.

그 때문에 일본을 향한 민중의 감정은 온건할 수 없었다. 실제로 개항장에서 일본인의 행동은 지극히 오만하였다. 상거래에서는 조선 상인을 폭력으로 위협하여 폭리를 취했다. 흥정도 하지 않고 상품을 싼 가격으로 사 간다거나, 조악한 상품을 속여서 파는 등의 일은 일상적으로 일어났다. 따라서 폭력 사건이 빈번하게 일어났는데, 조선 상인은 울며 겨자 먹기일 수밖에 없었다. 치외 법권이 어떠한 경우에도 일본 상인을 지켜 주고 있었기 때문이다. 이 시기의 일본 상인은 일확천금을 꿈꾸는 한탕주의자가 많았다. 그들은 무리를 지어 조선의 관청으로 몰려가는 등의 일을 마음대로 하였다. 이와 같은 일은 장기간에 걸쳐 조선과 우호 관계에 있었던 쓰시마 상인과 바뀐 점이 없어, 근세의 선린 관계는 어느새 신기루가 되었다. 또한 훈도시 차림으로 나체나 허벅지를 노출한다거나, 여자 앞에서 소변을 본다거나 하는 일본인의 행위는 유교적 규범에서 볼 때 문화적 반감을 샀다.

군란의 발발

이러한 민중의 빈궁화와 반일 기운이 무르익어 가는 가운데 수도 한성을 뒤흔든 사건이 임오군란이었다. 이 반란의 배경에는 민씨 정권에 대한 민중의 증오가 크게 작용하고 있었다. 민씨 정권의 탄생 이후 국비가 낭비되었고, 매관매직의 풍조가 다시 성행하였다. 그 때문에 대원군 시대에는 완화되었던 가렴주구가 다시 심해졌다. 또한 민비는 무당이나 점쟁이들을 중용하여 기도나 점을 치는 데 막대한 포상금을 쏟아부었다. 국가재정은 궁핍해져 갈 뿐이었다.

사건의 발단은 군대에 대한 현물 급여가 13개월분이나 지체되었던 데 있었다. 1882년 7월 19일 그제야 수개월 분의 미곡이 지불되었는데, 거기에는 쌀겨나 썩은 쌀, 모래 등이 섞여 있었고, 실제로 지급액은 반절 정도밖에 되지 않았다. 창고를 관리하는 선혜청의 관리가 횡령을 하였기 때문이다. 무위영 소속의 구 훈련도감 출신 병졸들은 여기에 분노하여 창리(倉吏)나 관리와 싸움을 벌였고, 창리 1명을 살해했다. 이 보고를 접한 선혜청 당상 민겸호(閔謙鎬)는 주모자인 김춘영(金春永)과 유복만(柳卜萬) 등을 체포하도록 하였는데, 이를 묵시할 수 없었던 자가 김춘영의 아버지 장손(長孫)과 유복만의 아우 춘만(春万)이었다. 그들은 구명 운동을 하려고 통문을 작성하여 시위 동원을 꾀하였다. 동원에는 성문 바깥 왕십리나 이태원에 사는 빈민을 비롯하여 다수의 한성민들이 호응했다. 군졸의 대다수는 한성 근교에 사는 용병이었는데, 그들은 한편으로 야채 재배나 소매상, 토목 인부 등까지도 끼어 있는 반병반농(반 상인, 반 노동자)의 도시 빈민이었고, 흉년에는 진휼의 대상이 되는 사람들이었다. 불만이 폭발한 저들 군민들은 무위영 대장 이경하(李景夏)의 지시도 있어서 23일 민겸호의 사택으로 향했는데 부재중임을 알고 집을 파괴하였다.

그 후 처벌을 면할 수 없게 된 저들은 대원군에게 구원을 청하려고 사저인 운현궁으로 향하였고 지시를 기다렸다. 그리고 그 지시에 따라 일본 공사관을 불태웠고, 별기군 교관 호리모토 레이조를 살해했다. 하나부사 요시모토를 비롯한 공사관원들은 다음 날인 24일 한성을 탈출하였는데, 인천에서 6명이 살해당했고, 25일 일본으로 향하였다.

한편 군민은 24일 이최응(李最應)의 사택도 습격하여 그를 살해하였고, 더욱이 창덕궁으로 들어가 민겸호와 경기도 관찰사 김보현(金輔鉉)을 살해하였다. 민비까지도 살해하려 했지만, 민비는 궁녀로 위장하여 가까스로 탈출했다. 이러한 사태로 고종과 정부는 어떻게도 할 수 없게 되었고, 25일 고종은 〈지금부터 크고 작은 공무는 대원군이 결정하도록 명한다〉라고 전교를 내려 대원군에게 정권을 위임하기에 이르렀다. 대원군의 책모가 훌륭하게 성공을 거둔 순간이었다.

청국의 개입과 대원군의 청국 억류

정권을 되찾은 대원군은 당연히 예전의 집권 당시 체제로 되돌아가려 했다. 오군영과 삼군부를 부활하고, 민씨 척족을 정권에서 내쫓았다. 그러나 대원군의 집권은 곧바로 막을 내리게 되었다. 임오군란 당시 톈진에 있던 김윤식과 어윤중은 8월에 들어 청국 요인에게 이번 사건은 이재선 사건의 잔당과 대원군이 일으켰으므로, 이것을 방치한다면 일본 공사가 다시 왔을 때 사단이 나는 것은 필연이기 때문에 청국은 신속하게 군함을 파견하여 〈난당〉을 진압해 달라고 호소하였다.

그에 북양수군의 제독 정여창(丁汝昌)이 이끄는 군함 3척과 북양대신의 고문의 위치에 있었던 마건충(馬建忠)이 파견되었다. 북양대신은 오랫동안 직예총독(直隷總督)을 겸임하였던 이홍장이 그 중책을 맡고 있었고, 청국의 외무부라고 할 수 있는 총리아문에 앞서서 외교 업무를 담당하고 있었다. 당시 이홍장은 모친상 때문에 귀향 중이어서 장수성(張樹聲)이 대리로 근무하고 있었는데, 그는 신속하게 조선에 대한 간섭을 결정하였다. 그리하여 마건충은 대원군 정권을 해체시킬 의도로 8월 26일 대원군을 납치하고, 다음 날 톈진으로 출발하였으며, 이후 바오딩부(保定府)에 유폐시켰다. 또한 이후 파견된 오장경이 이끄는 2,000명을 데리고 28~29일 군란의 중심이 되었던 이태원과 왕십리를 습격하여 170여 명을 체포하고, 그 가운데 11명을 처형했다. 지휘한 사람이 오장경 휘하에 있던 원세개(袁世凱)였고, 이후 원세개는 조선에 대하여 위압적으로 행동하였다.

이리하여 임오군란, 혹은 대원군의 반란이라고 해야 할 한성의 소란은 종료되었다. 그것은 민씨 정권의 횡포와 그에 대한 빈민의 적의, 그리고 대원군의 높은 인기를 새삼스레 내외로 알린 일대 사건이었다. 대원군의 인기는 그 후에도 식지 않아 이후 갑오농민전쟁 때에도 대원군은 중요한 역할을 담당하였다.

개화파의 분열

대원군은 양이주의자라고는 해도 국왕 다음으로 일국을 대표하는 존재였다. 하나부사 요시모토가 탄 배에 승선하여 인천으로 되돌아온 김옥균은 청국에서 귀국한 어윤중과 회담을 하였고, 어윤중과 김윤식의 행동을 〈국권을 중국에 파는 것이다〉라고 하여 비난했다. 그리고 〈조선 자주의 권리는 이미 상실하였다〉라며 비분강개하였다고 한다(『福澤諭吉傳』 제3권). 대원군에게 개화파 영수인 김옥균은 용납하기 어려운 존재였고, 이때에도 김옥균의 귀국 소식을 듣고 그의 체포를 명할 정도였다. 반면 김옥균은 대원군을 원수처럼 여기기는 했으나 여전히 국권을 좌우하는 존재로 인식하였다.

개화파는 여기서 분열하였다. 이른바 김윤식, 어윤중, 김홍집 등의 온건 개화파와, 김옥균, 박영효, 홍영식, 서광범 등의 급진 개화파이다. 김옥균과 어윤중은 절교 상태가 되었다. 온건 개화파는 이중 체제의 균형 위에서 조선의 독립을 모색하며 청국을 적대시하지 않았지만, 급진 개화파는 〈만국공법〉 체제로의 일원적 진입을 의도하였고, 그 때문에 종주권을 주장하는 청국을 적대시하였다. 그 때문에 2년 후 갑신정변은 급진 개화파가 단독으로 추진하게 되었다.

제물포조약

목숨을 겨우 건져 군란을 피해 일본으로 돌아간 하나부사 요시모토는 사건 처리를 위하여 정부의 명령을 받고, 고종 혹은 새롭게 탄생한 신정부와의 교섭에 들어갔다. 군함 4척과 육군 보병 1개 대대가 하나부사를 따라왔다. 하나부사는 8월 12일 인천에 입항하여 16일 한성에 도착하였고, 고종 및 대원군과 회담을 하였다. 24일에는 인천에서 마건충과 회담하고, 마건충이 대원군을 배제하고 실질적인 조일 간 조정을 하게 될 것을 알고 일단 안도하였다. 일본 정부에서는 군란에 개입한 청국이 조선에 대해서만이 아니라 일본에 대해서도 조선에 대한 종주권을 주장할 경우, 청일 개전도 어쩔 수 없다고 각오하고 있었는데, 그것은 기우로 끝났다.

이리하여 대원군을 납치한 다음 날인 28일부터 인천에서 조일 교섭이 시작되었다. 조선 측의 전권은 이유원, 부관은 김홍집이었다. 교섭은 8월 30일에 타결되었고, 즉시 조인하였다. 곧 제물포조약이다. 이 조약에서는 군란 주모자의 체포와 처벌 이외에, 피해자에 대한 배상금 5만 엔, 국가 배상 50만 엔, 일본 공사관의 일본군에 의한 경호 등을 합의하였다. 또한 이 조약과 동시에 조일수호조규속약도 조인되어 부산, 원산, 인천에서 일본 상인의 활동 영역이 50리(20킬로미터)로 확장됨(2년 후에 100리)과 동시에 한성 근교의 양화진 개시와 일본 외교관원의 내지 여행권을 인정하였다.

자유 민권 운동과 임오군란

임오군란에 대한 일본의 여론 동향은 어떠했을까? 우선 정부의 강경한 대조선 정책에 곧바로 응하듯이 관권파 신문인 「도쿄 니치니치 신문(東京 日日新聞)」은 일본의 피해를 크게 부풀려서 조선에 대한 적개심을 부채질 했다. 후쿠자와 유키치가 주재하는 「지지 신보(時事新報)」는 청국에 대한 대항을 의식하여 충분한 육해군 병력의 출병을 호소함과 동시에, 군사적 충돌을 개시할 각오로 배상금을 취해야 한다고 했다. 후쿠자와는 이제까지 동양 맹주론을 주장하여 조선이나 중국을 문명적으로 지도해야 한다고 주장하였는데, 이것은 커다란 변절의 첫걸음이었다. 이 시기, 임오군란과 관련된 니시키에(錦繪)가 매우 많이 팔렸는데, 그것들은 하나부사 공사 일행의 탈출 모습을 극적으로 묘사하여 일본 민중의 조선에 대한 적개심을 한층 더 조장하였다. 그에 따라 헌금이나 종군 청원을 제출하는 사람들도 나타났다.

한편 자유 민권 운동의 각 파는 신중한 논리를 펼쳤다. 자유당 기관지 「지유 신문(自由新聞)」은 개전을 지지하는 자세를 보여 주면서도 배상금은 소액에 그치고 영토의 할양이나 반란 병사의 처벌 등도 요구해서는 안 된다고 하였다. 또한 개진당 계열의 「도쿄 요코하마 마이니치 신문(東京橫浜

每日新聞)」이나 「유빈호치 신문」은 반란 병사의 처벌이나 피해자에 대한 보조금을 요구는 하더라도, 지나치게 많아서는 안 된다고 하였다. 제물포 조약과 조일수호조규속약이 조인되자 자유당 계열도 개진당 계열도 그 과대한 요구에 대하여 모두 비판하였다. 자유당은 구미에 굴종하면서 아시아에 대해 강경한 자세를 취하는 것은 이중적이라는 입장이었다. 그리고 조선에 대한 불평등 조약을 개정하지 않는다면 구미와의 불평등 조약도 개정할 수 없다는 논의도 있었다. 그것은 아시아주의적 관점에 입각한 정부 비판이었다.

이러한 가운데 나카에 조민(中江兆民)이 「지유 신문」(8월 12, 15, 17일)에 기고한 「논외교(論外交)」는 임오군란 그 자체에 대한 논의는 아니지만, 출중한 정부 비판이었다. 〈부국〉과 〈강병〉의 모순을 지적하고, 〈강병〉책을 유예하여 소국의 길을 걸어야 한다고 하였던 것이다. 그것은 〈도의〉와 〈정의〉의 길을 문제로 삼았던 것이다.

이러한 논의에는 강화도 사건 당시의 논의와는 아주 달리, 자유 민권 운동이 전성기에 도달해 있었기 때문에 이루어질 수 있었던 일종의 건전함이 존재하였다. 그러나 일본 우월 의식을 고취하는 점에서는 어떠한 변화도 없었다. 나카에 조민조차도 마치 조선에 대하여 논하였을까 싶을 정도로 〈소약(小弱)한 나라와 같은 것은 적절히 받아들이고 이를 사랑하며, 그 나라로 하여금 서서히 진보의 길을 향하도록 해야 한다〉라고 하였다. 소국주의를 주창하고 있는 듯이 보이면서도, 실제로는 자신들이 바로 소국이라고는 인식하지 않고, 조선에 대하여 어디까지나 일본은 지도적 입장을 취해야 한다고 했던 것이다.

제 4 장
갑신정변과 조선의 중립화

태극기. 고종이 정부 고문으로 삼은 데니에게 하사한 것이다(1890)

1. 민씨 정권과 개화파

청국의 종주권 강화

청국에서는 임오군란 이전부터 조선과의 종속 관계를 전통적인 조공 관계에서 근대적인 제국-속국(식민지) 관계로 바꾸고자 하는 논의가 있었다. 사실 주일 청국 공사 하여장이 대표적이었다. 그러나 이홍장은 그러한 길을 거부하고, 전통적인 종속 관계의 틀을 유지하면서, 그 실질을 바꾸어 간다는 길을 선택하였다. 임오군란 이후 장건(張謇)이나 장패륜(張佩綸) 등이 그러한 의견을 이홍장에게 제안했지만, 이홍장은 이를 긍정하지 않았다.

그럼에도 불구하고 임오군란 이후 청국의 종주권은 착실하게 강화되었다. 앞서 기술하였듯이 1882년 10월 4일에 체결된 조청상민수륙무역장정은 청국의 종주권을 명문화한 것이었다. 이중 체제를 시사한다고 하더라도 이것은 불평등 조약이었다. 이 장정은 종속 관계로 규정되어 체결된 것이라고 하는 인식에서 타국에는 균점(이익의 평등 부여)하지 않는다는 것이 명기되었다. 즉, 타국은 조선에게 최혜국 대우를 인정하도록 하였는데, 이 장정의 내용은 적용되지 않는다는 것이었다. 그러나 열강의 압력으로 실제로는 균점하지 않을 수 없었다. 또한 한성을 개시로 하였고, 청국의 상무총판이 한성에 파견되었다. 그리하여 청국 상인을 관리한다는 명목하에 조선의 통상에 간섭할 수 있었다. 상무위원에게 신청하면 내지 행상도 인정을 받았다. 조선에서 외국인 내지 행상권의 효시였다. 1884년 이후 청국 상인의 조선에서의 활동은 활발해져 갔다. 나아가 당연히 치외 법권이 인정되었지만 피고가 조선인이더라도 원고가 청국인이라면 상무총판이 그 재판에 참여할 수 있었다.

민씨 정권하의 개혁과 청국

장정은 일본이나 구미와의 조약 이상의 불평등 조약이었는데, 조선 측에서 보자면 청국은 결코 조선을 식민지화하지 않고, 오히려 여러 열강의 침략으로부터 방파제가 되어 준다는 인식이었던 것 같다. 조선 정부는 이홍장이나 그 수하인 마건충의 충고에 따라 1882년 12월 말에는 정치 고문으로 마건상(馬建常, 마건충의 형)과 독일인 묄렌도르프의 초빙도 승인하였다. 그리고 양자의 지도하에 1883년 1월 통리교섭통상사무아문(통서 혹은 외아문)과 통리군국사무아문(내아문)을 신설하였다. 전자는 외교 통상 사무를 담당하였고, 후자는 삼군부의 후신이라고 할 만한 것으로 군국(내정 사무)을 관할하였다. 인원으로는 민씨 척족과 수구파 이외에 개화파가 등용되었다. 즉, 외아문에는 조영하, 민영익(閔泳翊), 김홍집, 김만식(金晚植, 김윤식의 종형), 김옥균 등이 등용되었고, 묄렌도르프가 고문이었다. 묄렌도르프는 세관도 감독하였다. 또한 내아문에는 민태호, 김윤식, 홍영식, 어윤중 등이 등용되었고, 마건상이 고문이었다.

또한 군정 개혁도 추진되어 제독 오장경은 3,000명의 청국 병사를 지휘하면서 조선군의 개혁을 원세개에게 위탁했다. 원세개는 병사 1,000명을 선발하여 신건친군영이라 칭하고, 여기에 신식 병기를 주어 조련했다. 이 군대는 좌영과 우영으로 이루어졌는데, 이후 전영과 후영을 증설하여 4영 체제가 되었고, 모두 비개화파가 대장이었다. 그런데 원세개는 조선에서 오장경을 뛰어넘을 정도로 오만방자하여 반감을 샀다. 또한 청국 병사도 규율이 엄정하지 않아 때때로 조선 관민을 약탈하거나 폭행하여 조선인이 원망하는 표적이 되었다.

이홍장이 조선을 근대적인 속국으로 삼으려 하지는 않았다고 해도, 청국의 종주권은 강화되어 갔다. 급진 개화파는 그것을 가장 심각하게 받아들였다. 그러나 이중 체제론에 입각한 온건 개화파는 청국의 행태에 몹시 고통스럽고 때로는 울분을 느끼면서도 오히려 청국과 여러 열강의 세력 균형을 위해 청국의 종주권 강화를 감수했다. 국왕과 민씨 척족도 마찬가지였다.

개화파의 정권 장악 전략

군란 직후인 1882년 9월 유학(幼學) 지석영(池錫永)이 양학의 장려를 호소하는 상소를 하였다. 지석영은 수신사 김홍집의 수행원으로 일본에 갔던 경험이 있고, 종두법의 보급에 힘쓴 인물로 알려져 있다. 그 상소에 따르면 하나의 원(院)을 개설하여 서구의 문물을 수집하고, 전국에서 선발한 학식이 있는 자들을 2개월씩 이곳에서 학습시켜 〈이용후생〉에 도움이 되도록 해야 한다고 했다. 지석영은 『조선책략』만이 아니라, 『만국공법』 등의 서구 서적 학습도 권장하였다. 또한 국내의 서적으로는 김옥균의 『기화근사(箕和近事)』, 박영효의 『지구도경(地球圖經)』 등의 학습도 양서로서 권장하였다. 두 저작은 현존하지 않지만 당시에 이미 김옥균이나 박영효는 주목을 받는 존재였음을 알 수 있다.

두 사람이 바로 개혁의 기수였다. 하지만 그것을 위해서는 민씨 정권의 협력을 얻어야만 했다. 거기에 주목한 자가 민영익이었다. 그는 고종의 친정 선언과 함께 새로운 세도가가 된 민승호가 암살당한 이후 민승호의 양자가 된 인물로, 민비의 가장 가까운 친척으로 신임이 두터웠다. 김옥균의 일본 방문에도 동행할 예정이었으나 사정 때문에 중지되었다. 그 후 민영익은 1883년 7월 보빙사로서 미국에 건너가 아서 대통령을 알현했다. 수행했던 인물은 급진 개화파의 홍영식과 서광범이었다. 귀국하는 길에 유럽의 여러 나라를 방문하여 견문을 넓히고 12월에 귀국했다. 그러나 민영익은 끝내 민씨 중심의 정치를 개혁하고자 하는 의지를 갖고 있지 않았다.

또한 개화파는 별입시(別入侍)로서 국왕을 수행하면서 고종의 개명화에 노력했다. 별입시란 국왕이 있는 내전에 출입을 허락받은 자로 개화파 인사는 비교적 명문 출신이 많았기 때문에 그것이 가능했다. 새로 만든 아문의 유력 관료였다는 점과도 맞물려 개화파의 고종 개명화는 어느 정도 성과가 있었다. 고종은 1883년 2월 5일에 〈관신(官紳)〉의 인물도 〈가재(家財)를 밑천으로 하여 부유하게 되는 것을 허락한다〉라고 윤음을 내렸는데, 이것은 양반 관료의 상업 종사를 허락함을 의미했다. 천리와 인욕의 다툼을 말하는 주자학을 원리로 삼는 조선 왕조에서는 국초 이래로 억말(抑末, 억상) 정책을 채택하여 사족이 상업을 운영하여 사욕을 채우는 등의 일은 할 수 없었다. 이 윤음은 그 정책을 일대 전환하고, 조선의 자본주의 근대화 방향의 기초로 삼으려 한 획기적인 것이었다.

개화 정책

별입시로서 고종의 신뢰를 얻은 개화파는 차차 주도적으로 개화 정책을 추진했다. 1882년 9월 임오군란의 사죄사로 박영효를 정사(正使)로 하는 수신사가 일본에 파견되었다. 국기인 태극기는 이때 배 안에서 제작하여 처음으로 사용하였다. 박영효는 약관 22세의 젊은이였는데, 철종의 사위로 금릉위(錦陵尉)라고 하는 영예로운 작위를 받아 개화파 가운데 가장 지위가 높았다. 여기에는 김옥균도 수행하였고, 그는 고토 쇼지로와 후쿠자와 유키치의 중개로 요코하마 정금 은행(橫浜正金銀行)으로부터 17만 엔의 차관을 받는 데 성공했다. 이 가운데 5만 엔은 대일 배상금 50만 엔의 제1차분으로 사용하였으며, 나머지는 대부분 육군 도야마 학교(陸軍戶山學校)나 게이오기주쿠 등에 유학생 자금으로 전용하였다.

또한 박영효는 1883년 2월에 한성부윤에 임명된 것을 계기로 치도국(治道局)이나 순경국(巡警局)을 설치하여 수도에 근대적 도시를 건설하려 하였다. 김옥균은 박영효와 논의를 거쳐 「치도약론(治道略論)」(1882년 12월)이라는 논문을 썼는데, 치도국은 그것을 기초로 하여 도시 정비를 실시하는 부서로 설치되었다. 박영효의 구상은 개화파 독자의 신식 군대 창설에도 이르러, 육군 도야마 학교의 유학생들은 그 중요한 간부 후보생이었다. 그러나 이러한 정책은 박영효가 겨우 같은 해 4월, 광주유수(廣州留守)로 좌천당했기 때문에 결실을 맺을 수 없었다.

홍영식도 중요한 역할을 맡았다. 그는 조사시찰단의 일원으로 도일했을 때 우편 제도를 연구하였는데, 1883년 4월에 우정국이 창설되자 그곳의 총판이 되었다. 이것은 조선에서 근대적 우편 제도의 선구가 되는 것이었다.

「한성순보」와 「한성주보」

개화파가 중심이 되어 실행에 옮겨진 정책 가운데 가장 중요한 것은 박문국을 통한 근대적 신문 「한성순보」의 발행이었다. 박문국은 개화사상을 유포시키기 위해서 창설된 부서로 김만식이 책임자로 근무했다. 그리고 후쿠자와 유키치의 협력을 얻어 그 문하생인 이노우에 가쿠고로(井上角五郎)와 인쇄공을 일본에서 초빙하였고, 일본의 활자와 인쇄 기기를 도입하여 1883년 10월 31일에 창간하였다.

「한성순보」는 당초에 게이오기주쿠에 유학하고 있던 유길준이 중심이 되어 한성부윤 박영효 아래에서 간행하기로 되어 있었는데, 그의 좌천으로 간행이 늦어졌다. 게다가 당초의 계획으로는 국한문 혼용 간행을 목표로 하였는데, 그것도 한문으로 간행되었다. 더욱이 「한성순보」는 관보적 성격을 아울러 갖고 있어서 배송처는 전국의 관청이 주요 대상이었다. 그러나 그 내용은 계몽주의가 관철되고 있었고 독자층의 근대적 식견을 넓히려 하였다.

그중에서도 주목되는 것이 세계 정세에 대하여 다수의 지면을 할애하고 있다는 점이다. 신문은 아시아, 아프리카의 여러 나라가 서구 열강의 침략 때문에 위기에 빠져 있다는 사실을 누차 호소하였다. 조선 스스로를 향한 경고였다. 「한성순보」는 갑신정변 때문에 폐지되었는데, 그 후 1886년 1월 25일에 「한성주보」로 재간되어 1888년 7월까지 이어졌다. 「주보」에서는 국한문 혼용체를 채택하였고, 근대 한국어의 선구가 되었다.

2. 갑신정변과 일본

초조한 개화파

이상과 같은 개혁은 민씨 정권과 알력을 초래했다. 민씨 정권도 분명하게 근대적 개혁에 반대했던 것은 아니었으나 그것이 개화파 주도로, 게다가 급진적으로 실시되는 것에 대해서는 척족, 문벌 정치를 추진하는 입장에서 몹시 거북한 일이 아닐 수 없었다. 개혁의 추진은 어느 방향이든 자파 세력의 후퇴, 부정을 초래할 수밖에 없었기 때문이다. 여기서 개화파에 대한 반격이 이루어졌다. 박영효가 불과 2개월 만에 광주유수로 좌천된 것은 민씨 정권과의 알력을 잘 말해 준다. 또한 통리교섭통상사무를 맡고 있던 김옥균도 1883년 4월에 동남제도개척사겸포경사(東南諸島開拓使兼捕鯨使)로 좌천되었다.

이와 같은 상황 속에서 김옥균이 생각한 기사회생의 방책은 일본으로부터 외채 300만 엔을 모집하는 것이었다. 당시 재정난을 해소하기 위해서 민씨 정권과 묄렌도르프는 당오전의 발행을 획책하고 있었다. 그러나 대원군 정권 시기에 당백전을 발행하여 인플레이션이 진행되었고, 민중 생활이 곤궁해졌던 사실에 비추어 김옥균은 강하게 반대했다. 대안으로 일본에서 외채 300만 엔 모집을 시도하였고, 고종의 위임장을 가지고 1883년 6월 일본으로 건너갔다.

그러나 주조선 일본 공사 다케조에 신이치로(竹添進一郎)는 김옥균을 적대시하고, 묄렌도르프와 공모하여 외무경 이노우에 가오루에게 국채 모집에 응하지 않도록 책동했다. 1883년 1월에 부임한 다케조에는 전부터 묄렌도르프와 가까운 사이였고, 김옥균의 반청, 반민씨적인 언동에 불신감을 가지고 있었다. 김옥균을 비롯한 급진 개화파의 인사는 모두 젊었다. 일본 편향적임에도 불구하고, 다케조에는 그들을 경박한 인재들이라고 보아 경멸했다. 그 때문에 외채 모집은 제일은행(第一銀行)의 20만 엔조차 실패하고, 프랑스 공사나 미국 공사에게도 요청을 하였지만 모두 뜻을 이루지 못했다. 이렇게 온갖 시도가 실패로 끝난 김옥균은 1884년 5월, 실의에 빠진 가운데 긴 시간에 걸친 활동에 종지부를 찍고 귀국했다. 귀국 당시 이미 당오전은 상당한 경제 문제를 일으켰는데, 김옥균을 적대시하는 묄렌도르프는 도리어 김옥균을 공격하였고, 김옥균은 일시 한성의 동쪽 근교로 피난하기에 이르렀다.

사태는 절박했다. 이대로 수수방관한다면 개화파는 민씨 정권으로부터 완전히 배제될 수밖에 없는 상황이었다. 개화파라고는 해도 세력은 미미하였다. 정부 내에서의 존재는 풍전등화였다.

쿠데타 계획

이리하여 개화파는 민씨 척족을 배제하고 일거에 정권을 탈취하는 쿠데타를 계획하게 된다. 세력이 미약하고 자금도 없는 개화파가 의존한 상대는 또다시 일본이었다. 이노우에의 외교 방침은 임오군란 이후 청국 우위의 조선 정세에 비추어 적극적으로 조선에 관여하지 않는다는 것이었다. 그러나 1884년 8월 청불 전쟁이 발발하고, 한성에 머물던 청국군 1,500명이 철수하자 이노우에는 조선에 대한 적극책을 모색하기 시작했다.

일시 귀국하여 이노우에의 의도를 파악한 다케조에는 1884년 10월 30일에 귀임하자, 곧바로 개화파를 지원하는 자세를 보여 주었다. 다케조에는 고종에게 제물포조약에서 결정된 배상금 잔액 40만 엔을 포기하고, 기선 1척과 산포(山砲) 2문을 기부할 뜻을 밝혔다. 그리고 11월 3일 메이지 천황 천장절(天長節)에 각국 요인을 초대한 연회석 자리에서 청국의 상무총판 진수당이 출석해 있었음에도 불구하고 한국어가 가능한 공사관원에게 〈중국인은 뼈가 없어서 흡사 해삼과 같다〉라고 모멸적인 언사까지 늘어놓았다(『福澤諭吉傳』 제3권). 이러한 다케조에의 태도 변화에 개화파는 크게 놀랐지만, 다케조에에게 지원을 강하게 요청하고 공사관을 경호하는 일본군 1개 중대에게 기대하였다.

한편, 후쿠자와 유키치도 개화파에 대한 지원을 약속하고, 이노우에 가쿠고로에게 그 임무를 맡겼다. 3자 간에는 전신 암호까지도 있었다고 한다. 또한 후쿠자와는 일본도와 권총, 폭약 등을 이노우에 가쿠고로를 통하여 개화파에게 제공하였다.

갑신정변의 전말

개화파가 일거에 대사를 결행한 것은 1884년 12월 4일이었다. 이날 밤 홍영식이 주최하는 우정국 개설 축하연에 민씨 정권의 요인과 외국 요인 들을 초대하였다. 그리고 오후 10시경 이웃한 가옥에 불을 질렀고, 연회 석상에서 탈출하는 우영사 민영익을 베고, 〈여러 민씨〉와 〈간신〉의 퇴치 를 시작했다. 김옥균, 박영효 등은 곧바로 왕궁으로 가서 청국이 병란을 일으켰다고 거짓 상주를 하였다. 이어서 국왕을 넓은 창덕궁에서 방어하 기 쉬운 경우궁으로 이어시키고, 일본군에게 출동을 요청했다. 또 서재필 이 지휘하는 도야마 학교 출신의 사관생도와 전영, 후영 부대의 일부 사관 에게 대소문의 경호를 명하였다. 긴급한 일이라 듣고 입궐하러 왔던 우영 사 민영익 이외 3영의 대장인 좌영사 이조연, 전영사 한규직, 후영사 윤태 준이나, 민태호, 민영목, 조영하 등 민씨 정권의 주요 인물들이 이 호위 부 대에 의해 살해당했다. 앞서 베였던 민영익은 중상을 입었으나 다행히도 목숨은 건졌다.

다음 날 개화파는 바로 신정부의 조직에 착수하여 좌의정 이재원(대원군 의 생질)과 우의정 홍영식을 필두로 하는 대원군파와 개화파를 망라한 정 권 구상을 발표했다. 다시 6일에는 신정강을 발표하여 대청 사대 외교 폐 지, 문벌 타파, 인민 평등, 지조법 개혁, 탐관오리 처벌, 경찰 제도 개혁, 재 정 일원화 등을 제시했다.

갑신정변의 과정이나 내용에 대해서는 사료가 적어서 명확하지 않은 점 이 많다. 기본 사료로 보이는 김옥균의 회고록『갑신일록』조차도 일본인 에 의하여 위조되었을 가능성이 있다. 그 점은 개화파 정권이 기능하지 않

갑신정변의 주동자 김옥균(1851~1894)

는 가운데 갑작스럽게 붕괴한 점과도 무관하지 않다. 경우궁은 방한 준비도 없었고 음식도 불편하였기 때문에 5일 개화파는 국왕, 민비 등을 데리고 이재원의 사저를 거쳐 창덕궁으로 돌아갔다. 그러자 원세개는 청군 출동을 요청하도록 우의정 심순택(沈舜澤)을 강하게 압박하였고, 새 정강이 발표된 6일 군을 움직였다. 원세개가 이끄는 800명과 오조유(吳兆有)가 이끄는 500명의 부대가 둘로 나뉘어 창덕궁을 공격하자 150명 정도에 불과한 일본군은 다케조에의 지시로 즉각 후퇴를 시작하였고, 100명 정도의 개화파 직속 군대도 곧바로 패배를 맛보았다. 홍영식과 박영교(박영효의 형), 그리고 사관생도 7명은 최후까지 고종을 배종하다가 청군에게 살해당했다. 김옥균, 박영효 등 9명은 일본 공사관으로 도피하여 일본인과 함께 인천으로 서둘러 빠져나갔다. 그러나 그전에 조선의 친군 좌영 500명의 병사가 앞길을 가로막았다. 일행은 겨우 인천에 도착하여 일본 선박 센자이마루(千歳丸)를 타고 일본으로 망명할 수 있었다.

개화파 인사들은 여기서 〈모반대역 부도죄인〉이 되었다. 그들의 가족 대다수는 자결하도록 내몰리거나, 체포되어 이후 옥사하거나 하였다. 그 재산은 당연히 몰수되었다. 김옥균이 흠모하였던 유대치(劉大致)는 〈백의 정승〉으로 불리고 있었으나, 정변 이후 산으로 도망쳐 남은 생애 동안 좌선(坐禪)의 길을 홀로 걸었다고 한다.

갑신정변의 사상

갑신정변을 일으킨 급진 개화파가 지향한 것은 서구 근대 문명을 받아들여 〈만국공법〉 체제로의 일원적 진입을 꾀하고, 종주권을 강화한 청국으로부터의 완전 이탈을 도모하는 것이었다. 국민 국가를 건설하기 위해서였다. 이때 단시일 안에 서구화를 달성한 일본의 메이지 유신은 매우 좋은 모델이었다. 거기에는 〈아시아의 프랑스〉를 지향하려 한 김옥균에게서 짐작할 수 있듯이 대국 지향 노선도 일부 보인다. 조사시찰단원의 대부분은 메이지 유신에 대하여 반드시 긍정적으로 평가하지 않았다는 점에서 급진 개화파의 사고는 당시 정치가, 관료 가운데서 이색적이었다.

그러나 김옥균에게는 다른 한편으로 아시아주의적 연대 사상도 있었다. 그가 쓴 『기화근사』는 조선과 일본의 최근 사정을 서술한 다음, 청국까지도 포함하여 3국의 제휴를 제창했던 것으로 추정된다. 그 사상은 이후 삼화주의(三和主義)로 불린다. 김옥균의 사상은 단순히 대국 지향 노선과 확실하게 구분할 수는 없지만, 거기에는 역시 유교적 민본주의의 영향이 인정된다.

애초부터 조선에서는 〈부국강병〉은 권력주의적 패도(覇道)의 이미지를 갖는 것이어서 부정적인 의미로 받아들여지는 전통이 존재하였다. 그것을 대신하여 주창한 것이 〈자강〉이었다. 〈자강〉이란 민본을 기초로 두고 내정과 유교적 교화의 충실을 도모하는 것이다. 그것은 〈부국강병〉이 패도인 데 비하여 왕도라고 할 것이다. 〈자강〉론에서는 군사력 증강의 길은 민본주의에 반하는 것이며, 군사력은 방어에 충분한 최소 한도로 충분하다고 하였다. 개국 이후 〈부국강병〉이나 〈부강〉이라는 말이 긍정적으로 사용되는 경우가 없었던 것은 아니다. 그러나 그 경우에도 그 구체적인 내용은 〈자강〉의 의미였다.

갑신정변 후인 1888년 박영효는 국정 개혁에 관한 건백서(『日本外交文書』 卷21)를 작성하였다. 거기서는 여전히 서구 문명을 향한 신앙과 메이지 일본에 대한 동경을 깊게 토로하고 있다. 그러나 그것의 실제는 내정과 외교에도 〈신의〉가 기본이어야 했고, 〈보민(保民)〉은 〈호국(護國)〉에 앞서야만 한다는 왕도론과 민본주의의 정신이 관철되고 있었다.

민중과 일본

그러나 급진 개화파에게는 우민관도 강한 면모를 드러내고 있었다. 본래 유교적 민본주의라는 것은 민을 위한 정치를 주장하면서도, 민을 정치의 주체로 둔다는 발상을 가지고 있지 않았다. 사민평등의 사상은 개화파의 아버지인 박규수에 의하여 열렸으나, 구체적 실천의 차원이 되면 엘리트적 사(士)의 자각을 가진 개화파에게는 어려운 일이었다. 갑신정변이 왜

혁명이 아니라 쿠데타라는 형태를 취하고, 더욱이 일본에게 전면적으로 의존하려 했는가, 그 본질은 전적으로 개화파의 우민관에서 찾아볼 수 있다.

사실 개화파 정권의 붕괴에는 한성 민중의 공격도 중요한 역할을 하였다. 민중 사이에서는 국왕을 폐위한다는 소문이 순식간에 퍼져 나갔고, 민중은 계속해서 왕궁이나 공사관을 둘러싸고 일본인이나 개화파에게 투석이나 폭행을 가했다. 민중을 신뢰하지 않고 외국을 신뢰한 개화파 정권은 민중에 의해 타도되었던 것이다. 민중의 이반은 개화파 정권 붕괴의 결정적 요인이었다.

그리고 개화파는 신뢰하였던 일본에게도 배신당했다. 인천으로 도망칠 때 다케조에 신이치로는 비열하게도 김옥균 등의 신병 인도를 다그치는 조선 정부의 요구에 응하려 하였다. 넘겨준다면 처형은 확실했다. 전원 자결을 각오했다. 그때 센자이마루 선장 쓰지 가쓰사부로(辻勝三郎)가 〈이 선박의 모든 일은 내가 관리하니 여러분들은 모두 안심하라〉(古筠記念會 編, 『金玉均傳』上卷)라고 말하며 다케조에를 제지하고 김옥균 등의 망명을 도와주었다는 일화는 유명하다.

일본으로 망명한 이후에도 그들은 일본 정부로부터 냉대를 받았다. 민씨 정권은 김옥균, 박영효, 홍영식, 서광범, 서재필 등 5명을 〈5적〉이라고 하여 이미 죽은 홍영식 외 4명에 대한 인도를 요구했으나, 일본 정부는 겨우 그것을 거부했을 뿐이었다. 그들은 재야 일본인 유지의 도움으로 근근히 망명 생활을 보낼 수밖에 없었다. 일본의 냉대에 낙담한 서광범이나 서재필 등은 미국으로 건너갔다. 그 후 민씨 정권이 자객을 보내자 일본 정부는 김옥균의 존재를 드러내고 싶지 않아서 그를 일시적으로 오가사와라 제도(小笠原諸島)나 홋카이도(北海道)로 내쫓았다.

갑신정변과 자유 민권 운동

갑신정변이 일어났던 시기, 일본의 자유 민권 운동은 중대한 위기에 처했다. 급진파는 계속해서 과격 사건을 일으켰고, 그것을 통제할 수 없었던 자유당은 1884년 10월에 해산했다. 갑신정변은 그러한 궁지를 타개할 한 줄기 빛이었다. 민권파의 신문은 들고일어나 대청 강경론을 전개하여 1885년 1월 18일과 30일에는 도쿄와 오사카에서 각각 학생, 청년과 장사 등에 의한 지사 운동회와 반청 데모가 일어났다. 도쿄의 집회에서는 나카에 조민이 격문을 썼다. 어느새 여기에는 소국주의자의 모습이 없었다.

이러한 움직임은 의용군 결성 운동과 연동되었고, 그것은 3부 24현에 파급되었다. 특히 자유당이 해산되고도 오히려 살아남았던 기관지 「지유신문」(1884년 12월 27일)은 청국과의 개전을 주장하여 〈우리나라의 무력을 전 세계에 보여 백색 인종을 크게 한번 놀라게 할 좋은 시기〉라고 하였다. 청국을 깨부수면 조약 개정도 한 번에 이룰 수 있다고 생각하였던 것이다.

1885년 11월 23일 오이 겐타로(大井憲太郎)나 고바야시 구스오(小林樟雄)가 중심이 되어 일으켰던 오사카 사건(大阪事件)은 자유 민권 운동이 국권론으로 크게 선회하였던 내부 사정을 가장 잘 보여 준다. 이 사건은 구 자유당원들이 무력으로 조선을 침공하여 민씨 정권을 타도하려 한 계획이 발각된 것이었다. 그러나 개화파에 대한 연대라고 말하였지만 사실은 침체한 자유 민권 운동의 활기를 살려 내기 위해서 사건을 바깥에서 꾸민 것에 불과했다. 조선 문제를 이용하려 했을 때, 민권론은 국권론으로 쉽게 전환하였던 것이다. 아시아주의는 이미 바닥으로 추락해 버렸다.

이러한 점은 갑신정변에 깊이 관여한 후쿠자와 유키치의 경우 좀 더 노골적이었다. 그는 애초부터 국권주의자였지만, 1885년 3월 16일 「지지 신보」에 게재한 「탈아론(脫亞論)」에서 조선과 청국을 〈악우(惡友)〉라고 하며, 서구 문명국과 같은 태도로 양국을 상대해야 한다고 하였다. 일찍부터 오만하였다 하더라도 동양의 맹주로서 조선과 청국을 문명으로 이끌어야 한다고 했던 아시아주의적 논의는 이미 일말의 자취도 남아 있지 않았다. 청일 전쟁까지는 이미 10년도 남아 있지 않은 시점이었다.

3. 여러 열강과 조선 중립화 구상

한성조약과 톈진조약

갑신정변의 사후 처리를 위하여 1884년 12월 30일, 전권대사 이노우에 가오루가 2개 대대를 이끌고 인천에 상륙하였고, 곧바로 한성에 들어갔다. 그리고 1월 9일 한성조약을 체결하였다. 조선 정부는 일본에게 사죄하고, 살해당한 거류민의 유족과 부상자에게 배상금 10만 엔을 지불하는 것 등이 결정되었다. 갑신정변에 일본이 관여한 바에 대해서는 불문에 부쳤다.

한편 이토 히로부미(伊藤博文)는 1885년 4월 2일에 톈진에 가서 이홍장과 협의를 진행하여 18일에 톈진조약을 체결했다. 그 내용은 ① 청일 양군은 조선에서 철수하고, ② 조선 정부는 외국인 군사 교관을 채용하며, ③ 장래 청일 양국이 조선에 파병할 경우에는 서로 〈행문지조(行文知照, 사전 통지)〉할 것 등이었다.

이후 조선에서는 1893년 7월까지 외국 군대를 찾아볼 수 없었다. 조선이 독립국의 내실을 다지는 데 절호의 기회가 도래한 것이었다. 그러나 조선은 계속해서 조청상민수륙무역장정 체제 아래에 놓여 이대로는 청국의 종주권이 점점 강화될 수밖에 없었다. 이에 러시아를 끌어들여 청국을 견제하려고 하는 움직임이 등장하였다.

제1차 조러밀약 사건

묄렌도르프는 청국의 후원과 압력에 의하여 정부 고문이 되었으나 청국의 조선 간섭을 부당하다고 느꼈다. 또한 김옥균과 대립하였지만 그의 인식에서 조선은 어디까지나 독립국이었다. 청국의 조공국에서 벗어나는 것까지는 생각하지 않았다는 점에서 김옥균과는 달랐으나 조공국이라고 하는 것은 〈만국공법〉상으로는 내정 자주의 독립국이어야만 했다.

여기서 묄렌도르프는 러시아 세력을 불러들여 청국을 견제하려는 획책을 하게 된다. 그 내용은 군사 교관을 러시아에서 초빙하고, 조선을 보호국으로 삼는 대신 러시아에 부동항을 제공한다는 것이었다. 이 밀약은 고종과 민비의 동의를 얻었고, 러시아 주일 공사관 서기관 슈페이에르는 밀약 체결을 위해서 1885년 6월 10일 한성을 방문했다. 이중 체제를 감수하고 있던 고종도 청국의 종주권 강화는 지나치다고 느끼고 있었다. 또한 고종은 국제법적으로 보호국인 것이 외교의 자주권을 상실한 나라를 의미한다는 것을 잘 인식하고 있지 못했던 것 같다. 단순히 러시아를 후견국으로 한다는 정도의 인식이었다. 이후 일본이 조선을 보호국으로 삼을 때 보여 준 고종의 저항을 두고 보더라도 그와 같이 이해된다.

그러나 조선 정부는 독판교섭통상사무 김윤식을 비롯하여 단호하게 이를 거부했다. 러시아와의 국교가 아직 정식으로 비준되기 전의 시점이었다. 슈페이에르는 7월 7일에 단념하고 한성을 떠났다. 고종은 모든 책임을 묄렌도르프에게 떠넘겼고, 그는 8월에 모든 직책에서 해임되었다.

일본의 대청 협조와 청국

한편 영국은 1885년 4월 15일 돌연 한반도 남단 여수의 남쪽에 있는 거문도를 무력으로 점거하였다. 당시 영국은 아프가니스탄 문제를 둘러싸고 러시아와 대립하고 있었다. 그리하여 러시아의 조선 진출을 저지함과 동시에 장래의 대러 개전에 대비하여 블라디보스토크를 선제공격하기 위한 해군 기지로 삼으려는 것이었다. 조선 정부는 당연히 김윤식이 중심이 되어 영국에 항의하였고, 신속한 철수를 요구하였으며, 각국 공사에게도 협력을 요청했다.

이러한 가운데, 일본은 영러의 조선 진출을 저지하기 위해서 청국에 협조를 제의했다. 즉, 외무경 이노우에 가오루는 1885년 7월에 청국 주재 공사 에노모토 다케아키(榎本武揚)를 통하여 이홍장에게 「변법8개조」를 제안했다. 그 내용은 청일 양국이 제휴하여 조선의 개혁을 추진하는데, 그 정책의 주도권은 청국에게 위임한다는 것이었다. 그러나 이홍장은 조선에 대한 청국의 종주권을 일본이 간섭하는 것이라고 보아 이를 거부했다.

이홍장에게 고종이나 민비는 판단하기 어려운 존재였다. 그 결과 저들의 움직임을 견제하기 위하여 대원군의 귀국을 기도하게 된다. 대원군의 귀국은 이노우에 가오루도 권고하던 것이었다. 고종이나 민씨 척족은 경악하였으나 대원군은 마침내 1885년 10월 3일 귀국했다. 귀국에 앞서 민씨 척족은 대원군의 영향 아래 있던 임오군란의 잔당을 체포하고, 주동자 여러 명을 능지형에 처하거나 독살했다.

이홍장은 조선에 대한 개입도 강화하였다. 다케조에 신이치로에게 〈해삼〉이라고까지 모욕을 당한 상무총판 진수당을 경질하고, 원세개에게 새로 총리조선통상교섭사의라고 하는 직책을 부여하여 1885년 11월 한성에 다시 부임하도록 하였다. 이후 중화민국 초대 대총통이 되는 원세개는 약관 27세로 공명심과 혈기가 넘치는 성향이었는데, 임오군란을 과감하게 진압하였던 능력을 높이 평가한 것이었다. 결과적으로 상무만이 아니라 외교에 대한 권한도 부여받은 원세개는 그 후 조선에 대하여 강압적인 태도를 취한다.

제2차 조러밀약 사건

원세개의 과단성과 오만함은 곧바로 1886년 8월에 일어난 제2차 조러밀약 사건에서 발휘되었다. 이 사건은 영국이 거문도에서 일단 철수하지 않는 가운데 고종과 민비, 그리고 그 측근이 기도한 것으로, 밀서가 조선 주재 러시아 대리공사 베베르에게 전달되었다. 그 내용은 러시아의 힘으로 영국을 거문도에서 철수시키고, 더 나아가 러시아의 보호를 통해 청국과의 종속 관계를 해소하며, 다른 나라와 〈일률적으로 평등〉한 관계를 구성하고 싶다는 내용이었다. 정부 내에서도 이것은 주지하는 바였으나 김윤식과 민영익은 여기에 반대하였고, 민영익이 원세개에게 밀고하면서 사건이 드러났다.

원세개는 당연히 밀서의 반환을 베베르에게 요구하였으나 베베르는 수령을 부인했다. 한편으로 원세개는 국왕 고종을 폐위하는 단호한 조치를 내놓았다. 그 경우 대원군의 정권 복귀와 대원군이 아끼는 손자 이준용(李埈鎔, 장남 이재면의 아들)의 즉위가 조건이었다. 그러나 대원군은 현재 그 세력 기반이 축소되었고, 능력에도 한계가 있었다. 또한 무엇보다도 그와 같은 내정 간섭을 일본, 러시아를 비롯한 열강이 묵인할 리도 없었다. 그 때문에 이홍장은 일시적으로는 고종 폐위론으로 기울었으나 결국 거기에 동의하지 않았다.

이홍장에게는 전통적인 조공 체제는 어디까지나 유지해야만 한다고 하는 전통적인 중화 지식인, 관료 정치가로서의 원칙적인 인식이 있었다. 지금까지도 이홍장은 조선을 근대적인 속국, 즉 식민지로 바꾸어 가야 한다는 논의에 대하여 동의하지 않았다. 더욱이 청국 스스로가 조선에 대하여 근대적 속국 지배 관계를 강요한다면, 그것은 서구의 침략 논리를 인정해 버리는 것이 된다. 그렇게 되면 조선은 노골적인 힘의 각축장이 되며, 그것이야말로 조선과의 종속 관계를 폐기하는 결과를 초래하게 될지도 모르는 일이었다. 그뿐만 아니라 다음으로는 청국 스스로가 열강의 세력 각축장이 될 수도 있었다. 청국의 종주권이 임오군란 이후 어느 정도 강대해졌다고는 해도 이홍장은 조선을 근대적 속국으로는 편입하지 않는 한계점에서 더 나아가려 하지 않았다.

데니와 원세개

제2차 조러밀약 사건에 앞서 묄렌도르프나 고종, 민비의 〈인아거청(引俄拒淸)〉책에 화가 난 이홍장은 1886년 5월 미국인 법률가 데니를 외국인 고문으로 조선에 파견하였다. 그러나 데니도 또한 이홍장의 기대를 저버리고, 국제법의 견지에서 청국의 횡포를 억누르려 했다. 1887년 2월 27일 거문도에서 철수한 이후 러시아가 조선의 어떠한 지점도 점령하지 않는다는 언질을 받는 것으로 영국은 거문도에서 철수했다. 이로써 조선의 위기는 일단락되었다. 이를 계기로 데니는 조선 정부에게 자주독립 국가의 체면을 보여 주기 위하여 구미로 전권사절의 파견을 건의했다.

원세개는 이를 방해하였으나 미국이 항의하자 어쩔 수 없이 승인하였다. 그 대신에 전권이라는 말은 자격을 넘는 것이라 하여 공사로 격하하여 파견함과 동시에, 부임하면 청국 사절을 먼저 방문하는 것을 의무로 하였다. 이리하여 1887년 11월 박정양(朴定陽)이 주미 공사, 조신희(趙臣熙)가 주영·독·러·이·프 겸임공사로서 출발하였다. 그러나 박정양은 주미 청국 공사 장음환(張蔭桓)이 선도하여 미국 대통령 클리블랜드에게 국서 봉정하는 것을 거부했다. 원세개는 크게 분노하였고, 그 때문에 홍콩(香港)에 머물고 있던 조신희는 유럽으로 가는 것을 단념하고 그대로 귀국하였다. 박정양도 소환되었다.

이러한 사태에 대하여 데니는 원세개를 대단히 부당하다고 판단하여 1888년 1월 『청한론(淸韓論)』을 저술했다. 거기서 조선은 확실히 〈진공국(進貢國, 조공국)〉이지만 국제법적으로는 어디까지나 〈독립 주권국〉이고, 조청상민수륙무역장정도 단순히 수호 통상에 대하여 체결한 것에 불과하다고 하였다. 또한 국왕의 폐위를 꾀한다거나, 인삼 밀무역을 돕는 원세개의 행동을 〈오만〉하다고 비판했다. 그리고 고종을 일국의 군주로서 부끄럽지 않은 인내와 관용을 갖춘 인물이라고 평가하였다.

이러한 데니의 견제에도 불구하고, 원세개는 그 후에도 조선에서 오만하게 행동했다. 당시 〈왕좌의 배후 권력자〉라고까지 일컬어질 정도였다 (이사벨라 버드 비숍,『朝鮮奧地紀行』, 平凡社). 그러나 조선은 결코 청국의 보호국이 되지 않았고, 아슬아슬하기는 하나 〈속국 자주〉의 권리를 계속 유지하고 있었다.

조선 중립화 구상과 일본

갑신정변부터 청일 전쟁의 발발까지는 청국의 종주권이 강화되면서도 조선의 중립화가 모색되었던 시기였다. 조선의 영세 중립화를 최초로 구체적으로 제기한 자는 조선 주재 독일 총영사 부들러로, 1885년 3월의 일이었다. 이때는 조선 정부 스스로가 이를 거부하였다.

그러나 그 후 조선 중립화 구상은 조선인 사이에서도 다양하게 제기되었다. 김윤식의 이중 체제론은 영세 중립화론이라고는 하지 않았으나 자주적인 중립화 정책이라고 말할 수 없는 것도 아니다. 그는 이중 체제하에서 조선의 자본주의 근대화의 길을 모색하였는데, 그 구상의 바탕에는 국제 신의에 일관하면서 패도적인 〈부강〉이 아니라 왕도적인 〈자강〉의 길을 걸으려 하는 유교적 이상주의가 가로놓여 있었다. 당시 어느 나라도 지키려 하지 않았던 〈만국공법〉을 오직 조선만이 홀로 지킴으로써 세계에 〈신의〉를 묻는 것이 〈소국 자주의 길〉이라고 하였다.

갑신정변 이전 대국 지향적 내셔널리즘을 토로하고 있던 김옥균도 일본 망명 이후에는 소국 구상으로 행로를 바꾸어 조선 중립화의 길을 모색하였다. 청국이 맹주가 되고 구미 열강에게 말하여 조선을 중립화한다는 내용은 조선만이 아니라, 청국으로서도 득책이라는 것이었다. 청국의 종주권 강화에 대응한 현실적인 정책 전환이라고 말할 수 있을 것이다.

조선 중립화론을 가장 체계적으로 설명한 사람은 유길준이었다. 그는 보빙사 일행의 수행원으로 1883년 7월 미국으로 건너가 체류하면서 유학 생활을 하였다. 조선 최초의 구미 유학이었고, 유길준으로서는 게이오 기주쿠에 이은 두 번째 유학이었다. 그는 갑신정변 소식을 들은 후 유럽을 거쳐 1885년 말에 귀국하였다. 곧바로 유폐되었지만, 귀국하여 바로 집필한 것이 「중립론」이다. 거기서는 조공 체제를 〈만국공법〉의 틀 안에서 이해하려 하였고, 현실에서 청국의 힘을 인정하면서 그것을 환골탈태시킴으로써 조선의 소국 중립화 길을 구상하였다. 구체적으로 조선은 유럽의 중립국 벨기에와 터키의 속국 불가리아 양자를 겸하는 것과 같은 존재라고 하였다.

이러한 조선 중립화론은 1890년 3월 야마가타 아리토모(山縣有朋)가 각료에게 제출하였던 의견서 「외교 정략론」에서도 볼 수 있다. 야마가타는 조선을 일본의 이익선으로 삼으면서도, 일본 본토를 지키기 위한 이익선의 중립국화를 제창하였다. 구체적으로는 청국의 우위를 인정하면서, 청일 공동으로 조선의 중립국화를 꾀한다는 구상이었다. 이노우에 가오루의 「변법8개조」를 계승한 것이다.

다만 이 구상은 현실 정치에 비추어 현실적으로 구상된 외교론이었으나 사상의 차원에서는 구별되어야 할 것이다. 사상의 차원에서는 〈정한〉론 이후 조선 진출론은 확고하였다. 그리고 정부 내부는 물론 육해군 내부에서도 대조선 강경파는 뿌리 깊게 존재했고, 상황의 변화에 따라 그것은 일거에 이빨을 드러낼 준비를 하고 있었다. 그렇게 될 때에는 야마가타도, 이토 히로부미도 거기에 이론을 제기할 입장은 아니었다. 〈정한〉 사상은,

요시다 쇼인이나 기도 다카요시의 사상적, 정치적 계보를 계승하였던 그들에게 원래부터 공유되고 있었던 것이다.

제 5 장

갑오농민전쟁과 청일 전쟁

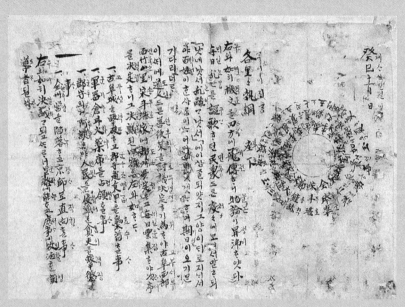

전봉준 등이 기초한 것으로 보이는 격문(1893년 음력 11월).
식민지 시기에 봉기 참가자 중 한 명이 비망록으로 써서 남긴 것으로 사발통문이라고 한다

1. 갑오농민전쟁의 발발

청일의 무역 경쟁

조청상민수륙무역장정 체결 이래로 일본 상인과 청국 상인은 상권을 두고 격렬하게 다투었다. 무역액은 1885년 단계에서 일본이 174만 7,546달러, 청국이 31만 468달러로 일본이 압도하고 있었다. 하지만 1893년 단계가 되면 일본이 349만 2,175달러, 청국이 203만 9,783달러로 일본을 육박하였다. 개항장별로 보더라도 1893년 단계에서 수입량에 한하여 본다면 부산에서는 일본이 압도(82만 9,822달러/1만 5,149달러)하고 있지만, 인천에서는 청국이 압도(83만 5,775달러/158만 5,617달러)하였고, 원산에서는 청국이 약간 상회하였다(28만 3,446달러/30만 4,932달러).

양자는 특히 영국산 면포인 카네킨(金巾) 등의 중개 무역을 둘러싸고 경합하는 관계에 있었고 조선 상인을 압박하였다. 그 때문에 한성에서는

1890년 정월 종로 상인들이 정부에 양국 상인을 다른 지역으로 이전해 줄 것을 요구하면서 일제히 철시하는 사태로까지 발전했다.

그러나 이러한 경제 경쟁은 청일 전쟁의 원인이 될 수 없었다. 당시 일본도, 청국도 조선 시장을 독점해야만 할 정도로 자본주의적 발전을 이루지는 못하고 있었다. 조선을 둘러싼 각축은 정치 군사적 의미가 훨씬 짙은 것이었다.

또한 조선에서 볼 경우 카네킨을 수입하였지만 조선 토포(土布)가 곧바로 구축되었던 것은 아니었다. 상황이 그렇게까지 심각하지는 않았다. 카네킨은 사치품이었고, 상류층의 구입에 한정된 것이었다. 농민은 여전히 자급자족적으로 토포 생산을 하였고, 농촌 시장에서도 토포 판매는 여전히 우세하였다. 토포는 피부에 닿는 감촉이 나쁘기는 했으나 튼튼했기 때문이다. 일본 자본주의의 발전은 결국 조선의 토포 생산에 제동을 걸게 되지만 그것은 청일 전쟁 이후의 일이다.

대일 무역과 방곡령

당시 일본 자본주의의 발전에 기여함과 동시에 조선 사회로서도 한층 심각했던 것은 일본 상인이 주로 보유하고 있었던 금지금(金地金)과 미곡, 대두 등의 대일 수출이었다. 일본 화폐가 유통되는 것에 덧붙여 금은동의 비가(比價)가 국제 기준과 동떨어져 있던 상황을 이용함과 동시에, 사기적인 물물 교환 등을 통해서 이루어진 약탈적인 금 수출은 1897년 일본이 금 본위제로 이행하는 데 지대한 공헌을 했다. 메이지 첫해부터 청일 전쟁 전년까지 여러 외국으로부터 수입한 금의 총액은 1230만 엔 정도였는데,

그 가운데 68퍼센트는 조선에서 수입된 것이었다. 또한 가격이 싼 조선의 미곡이나 대두의 수입은 일본 노동자를 저임금으로 고용하는 데 기여했다. 오사카나 고베의 노동자는 통상적인 쌀값의 3분의 1 정도로 그것들을 손에 넣을 수 있었다.

1885년이 되면서 청국인 이외의 외국인에게도 내지 여행이 허가되었기 때문에 일본 상인은 생산지로 나가서 미곡 수매를 할 수 있게 되었다. 그 결과 봄에 나가서 사들이고, 가을에 손에 넣는다는 입도선매가 횡행했다. 미곡 거래는 점점 투기성이 강해져 갔고, 빈농층을 괴롭혔다. 1885~1889년은 흉작이었기 때문에 수출량이 적었으나, 1890년에는 수출량이 전년 대비 47배 정도로 갑자기 급증했다(표 1). 이후 1893년의 흉작이나 갑오농민전쟁, 청일 전쟁, 러일 전쟁 등으로 수출량이 하락하는 해도 있었으나 증가 경향은 계속되었다.

표 1 쌀의 대일 수출량

연도	수출(엔)	연도	수출(엔)
1885	27,201	1896	2,852,033
1886	10,523	1897	6,009,050
1887	128,948	1898	2,704,887
1888	21,472	1899	1,689,909
1889	54,394	1900	4,694,167
1890	2,540,652	1901	6,009,541
1891	2,225,043	1902	3,961,312
1892	1,348,796	1903	4,781,218
1893	470,208	1904	1,578,629
1894	810,475	1905	1,268,502
1895	888,022		

출전: 吉野誠, 「朝鮮開國後の穀物輸出について」

이러한 가운데 가렴주구를 통하여 부정 축재를 일삼던 지방관은 상인과 결탁하여 투기 행위에 가담했다. 그러나 그러한 지방관조차 구황책(흉년 시의 구명 대책)으로 대일 수출 금지령을 내리지 않으면 안 되는 상황이 때때로 있었다. 그중에서도 1889년 가을 함경도 관찰사 조병식(趙秉式)이 내린 방곡령(防穀令)이 유명하였다. 이것은 원산 일본 거류민의 강경한 항의에 직면하여 이른바 방곡령 사건으로 발전했다. 방곡령의 발포는 실시한 달 전에 사전 통고를 하면 승인되는 것으로, 1883년 7월 25일에 체결된 조일통상장정에서 확인한 내용이었다. 그러나 일본 공사관의 압력을 받은 조선 정부는 방곡령의 해제를 조병식에게 명령하였다. 조병식이 이를 거부하자 징계 처분을 내렸으나 각 군의 방곡령은 곧바로 완전히 해제되지 않았고, 사태는 배상금 문제로 옮겨 갔다. 교섭은 난항을 거듭하였는데, 결국 1893년 5월, 조선 정부는 황해도의 방곡령 등 기타 몇 건을 합쳐서 11만 엔의 배상금을 지불하기로 하였다. 1890년 이후 일본으로의 미곡 수출이 비약적으로 증대한 것은 방곡령을 쉽게 발령할 수 없었던 사태와도 관계가 있었다.

진휼과 민란

개항은 확실히 민중을 빈궁으로 내몰고 있었다. 더욱이 재정은 절박하여 본래 240만 결이 되어야 하는 전결은 1893년 당시 60만 결까지 감소하였다. 지방관이나 서리의 중간 수탈 때문이었지만 믿기 어려울 정도로 갑작스레 줄어든 수치이다. 당시 관찰사가 되는 데는 2~5만 냥, 수령이 되는 데는 1,000~2,000냥이 든다는 말이 있을 정도로 민씨 정권의 매관매직은 심상치 않았다. 게다가 지방관 지원자는 많았고, 지방관은 빈번하게 교체되었다. 새로 채용된 지방관은 부임하자마자 서리와 결탁하여 뇌물로 바친 액수의 돈이나 곡식을 민중으로부터 중간 수탈할 수밖에 없었다.

개항 후 민씨 정권 아래에서 조선 왕조의 진휼 기능이 한층 약화되고 있었던 것은 확실하다. 1888년 당시 경상도 자인현(慈仁縣)에서는 총호수 3,617호 가운데 흉작 시 진휼의 대상이 되는 3등호와 4등호가 62퍼센트, 그 이하의 매년 진휼 대상이 되는 5등호, 호적 외의 호가 27퍼센트였다. 그러한 빈농층은 만족스러운 진휼을 받지 못하였고, 생활 불안이 점차 심각한 수준에 이르렀다. 그리고 머슴이나 인부, 짐꾼, 마부, 목동, 가마꾼, 수부, 광산 노동자, 제염업자, 직공 등 농업 이외의 일을 임시로 병행하면서 겨우 입에 풀칠할 수밖에 없었다.

유교적 민본주의의 근간인 진휼 기능이 상실된 이상, 민란의 격화는 당연했다. 연대기에 드러나는 것만으로도 1880~1893년의 14년간 52건의 민란이 발생하였고, 그 가운데 약 절반인 25건이 1890~1893년의 4년간에 집중되어 있다. 전라도, 충청도, 경상도의 삼남 지방에서는 농민 전쟁까지의 3년 동안 기근이 이어졌다. 당시 〈민요(民擾)〉는 해마다 수십 건씩 일어났다고 하며(『梅泉野錄』), 이 4년간의 민란 발생 횟수는 실제로 이를 훨씬 상회하고 있었을 것이다.

동학의 행방

개항기 민중 세계에 압도적 세력을 과시한 것은 동학이었다. 1864년 4월 15일에 창건자 최제우가 처형된 이후에도 동학은 제2대 교주 최시형

(崔時亨) 아래에서 비합법적으로 경상도에서 삼남 일대로, 더 나아가 강원 도로까지 확대되었다. 그러나 그 때문에 동학교도는 동학 억제라는 구실 아래 실시된 가렴주구와 맞물려 가혹한 탄압을 받았다.

이러한 가운데 1871년 동학은 이필제(李弼濟)의 반란에 말려들었다. 동학교도를 자칭하는 이필제는 몰락 양반으로 역성혁명을 기도하면서 최시형에게 두세 차례 봉기를 제안하였고, 결국 동의를 얻었다. 그리고 봉기군 500명이 교조 순교 기일인 음력 3월 10일에 해당하는 4월 29일 경상도 영해(寧海)에서 봉기하여 무기를 빼앗고 부사를 살해하였지만 곧 진압당했다. 이필제는 9월에 문경에서도 봉기하였으나 이 역시 곧 진압되었고 체포된 후 능지형에 처해졌다.

그 후 동학에 대한 탄압은 더욱 엄혹해졌으나, 그 세력은 오히려 확대되었지 약화되지는 않았다. 1880년과 이듬해에는 교전 『동경대전(東經大全)』(한문)과 『용담유사(龍潭遺詞)』(한글)를 간행하였다. 또 조직을 정비하여 포접제를 두었다. 지역의 작은 조직을 접(接), 그 상위의 큰 조직을 포(包)라고 하여 접의 지도자를 접주, 포의 최고 지도자를 대접주, 부지도자를 수접주라고 하였다. 그리고 접이나 포의 아래에 6임제(교장[敎長], 교수[敎授], 도집[都執], 집강[執綱], 대정[大正], 중정[中正])를 두어 교도의 책임을 명확하게 하였다.

개항 후 민중의 빈곤화와 생활 불안은 만인의 진인화를 말하는 동학으로의 귀의를 빠르게 증가시켰다. 그러나 최시형은 〈수심정기(守心正氣)〉의 내성주의(內省主義)를 추구했을 뿐, 민중의 변혁을 기대하지는 않았다. 민중의 변혁에 기대를 걸었던 것은 이단파였다. 그 지도자는 서장옥(徐璋玉), 전봉준, 김개남(金開南), 손화중(孫化中) 등이었다. 그들은 선약의 복용과 주문의 암송을 통해 쉽게 〈시천주〉, 즉 하늘에 감응할 수 있다고 한 동학의 본래 가르침이 민중 세계로 침투하고 있는 것으로 이해하였고 그것을 장려하는 입장이었다.

교조 신원 운동

이단파가 독자적으로 대담한 행동에 나선 것은 1892년 10월(음력)의 일이다. 서장옥이 중심적 역할을 맡았다. 충청도 공주에서 집회를 열고 당시 충청도 관찰사 조병식에게 각 군에서 가렴주구를 멈추고 동학을 허락해 달라고 호소했다. 방곡령 사건에서는 유교적 민본주의의 입장에서 기개를 보여 주었던 조병식도 여기서는 탐학한 관리로 지탄받았다. 여기에 동학 교단은 상황을 고려하여 전체 교단을 동원하여 교조 신원 운동을 개시하였다. 교조 최제우의 원통한 죄를 씻고 동학을 합법화하려는 운동이었다. 1892년 말 동학교도는 전라도의 수부(首府) 전주 근교에 있는 삼례(參禮)에서 수천 명 규모로 집회를 개최했다.

그러나 지방 집회에서는 일이 순조롭게 진행되지 않았다. 그래서 이듬해인 1893년 3월 28일 공공연하게 복합 상소를 실시하기에 이르렀다. 박광호(朴光浩)를 소두(疏頭)로 하는 상소단 80명은 3일 밤낮으로 경복궁 광화문에서 통곡하였다. 그러한 한편으로 이단파는 교단 중앙 주도의 상소 운동이 미지근하다고 보고 같은 시기에 1만 명 정도의 동학교도가 상경한 것을 배경으로 독자적으로 괘서 사건을 일으켰다. 이단파는 〈척왜양(斥倭洋)〉을 호소하는 괘서를 각국 공사관이나 외국인 학교, 동대문, 남대문 등에 붙여 한성을 공황 상태에 빠뜨렸다. 4월 22일(음력 3월 7일)을 기점으로 양이를 감행하기로 하였던 것이다.

당시 조선에서 민중이 배외주의적인 감정을 가지고 있었음은 분명하다. 1888년 한성에서는 외국인이 어린아이를 유괴·매매하며, 심장과 안구를 파내어 약재나 수프, 혹은 사진의 재료로 쓴다는 등의 소문이 퍼져 있었다. 〈왜양일체〉의 유럽인과 일본인은 조선인에게 그들이 들여온 불가사의한 근대 문명 때문에 정체를 알 수 없는 공포의 존재였다. 당시 이 소문은 미국, 러시아, 프랑스 육전대가 한성에 입성함으로써 겨우 진정되었다. 이단파는 이러한 한성의 대외 불안에 편승하여 정부를 궁지에 몰아넣으려 했던 것이다.

그러나 패서는 어디까지나 전술이었고, 양이를 실행하고자 의도한 것은 결코 아니었다. 이단파는 반일 감정을 강하게 가지면서도 속내로는 외국인 일반에 대하여 배외 의식을 품고 있었던 것인지도 분명하지 않다. 양이를 실행할 것까지도 없이 패서 사건은 종식되었다.

그 후 교단 중앙과 이단파는 지방으로 돌아가 4~5월에 각각 2만 명 정도를 모아 보은(報恩, 충청도)와 금구(金溝, 전라도)에서 다시 집회를 열었다. 두 집회는 모두 〈척왜양〉과 지방관의 가렴주구 반대를 호소하였는데, 보은 집회가 정부에 대하여 타협적이었음에 반해, 금구 집회는 철저히 항전적이었다. 이단파는 교단 중앙을 끌어들여 반정부 운동을 일거에 본격화하려 했는데, 보은 집회는 정부군이 도착하기 전에 선무사 어윤중의 설득에 응하여 해산해 버렸다. 여기서 교단 중앙과 이단파의 분열은 결정적이었다. 이후 전자는 북접, 후자는 남접이라고 불렸다.

고부 봉기

　전라도 고부는 곡창 지대였지만 1892년부터 심한 흉작, 기근 상황에 빠졌다. 그러나 같은 해 5월 고부군수로 임명된 조병갑(趙秉甲)의 학정은 끝이 없었다. 그는 전라도 감영의 면세 조치를 무시하고 가혹하게 세금을 거두었고 수리세(水利稅)를 불법으로 징수하였으며, 부유한 백성에게는 터무니없는 죄명을 붙여서 금전을 갈취하는 등 악랄한 가렴주구를 일삼았다.

　고부에 살고 있던 자가 동학 이단파의 전봉준이다. 금구 집회에서도 서장옥과 함께 중심적인 역할을 맡았던 그는 서당 교사로 생활을 꾸리던 가난한 재지 지식인이었다. 그리고 그의 아버지 전창혁(全彰赫)은 갓 부임한 조병갑의 학정에 항의하다가 장살을 당했다. 그 뜻을 이어받아 전봉준도 두 차례에 걸쳐 상소를 올렸는데 한 번은 체포되었다. 동학 이단파의 지도자로서 일찍부터 대봉기를 기도하고 있던 그는 마침내 1894년 2월 15일 촌민 500명 정도를 이끌고 관아를 습격하여 조병갑을 내쫓았다. 그리고 무기고를 습격하여 죄인을 석방하고, 부당하게 수탈하였던 미곡을 마을 사람들에게 분배하였다. 봉기한 백성들은 금세 1만 명 정도로 늘어났다. 봉기한 백성들은 승리에 취하였고, 봉기는 축제가 되었다. 전봉준은 이윽고 진을 천연의 요새인 백산(白山)으로 옮기고, 〈보국안민창대의(輔國安民倡大義)〉의 큰 깃발을 내걸었다.

　그러나 4월 1일 새 군수로 임명된 박원명(朴源明)이 부임하여 고부민에게 회유책을 쓰자 봉기한 백성들은 해산해 버렸다. 봉기민은 어디까지나 선정만을 기대한 데 불과하였고, 대봉기 같은 것은 생각도 하지 않았던 것이다. 그 직후 고부 민란을 수습하기 위하여 파견된 안핵사(按覈使) 이용태

(李容泰)가 부임하자 박원명의 회유책은 전부 뒤집어졌다. 또한 동학교도로 몰린 민중은 부당하게 수탈을 당하게 되었다. 이에 전봉준은 동학교도를 이끌고 고부를 탈출하여 각지의 동지와 연대를 기도하였다.

제1차 농민 전쟁

전봉준은 금구의 김덕명(金德明)이나 태인의 최경선(崔景善) 등의 협력을 얻어 금세 3,000명 정도의 농민군을 조직하였다. 이단파는 언제라도 봉기할 수 있도록 사전 계획을 어느 정도 추진하고 있었다. 그 후 동학의 대접주로서 전라도에서 최대 세력을 자랑하는 이단파 지도자인 손화중이 있는 무장(茂長)에 농민군을 집결시켰다. 무장에서 4,000명에 달한 농민군은 4월 25일 대회를 열어 〈보국안민으로 죽음의 맹세를 한다〉라고 하는 포고문을 발표했다. 그 내용은 도탄의 괴로움에 빠져 있는 백성을 구제하고, 사리사욕을 채우는 정부 대신이나 지방관 등의 중개 세력을 타도하고, 〈성은을 내려 줄〉 것을 호소하였다.

이리하여 농민 전쟁이 시작되었다. 목표는 한성이었다. 전봉준 등은 무력으로 중개 세력을 배제하고, 국왕 앞에서 직접 자신들의 충정과 폐정 개혁의 실현을 호소하려 했다. 농민군은 4월 28일 고부로 되돌아가 이용태를 몰아내고, 4월 30일에는 백산에서 대회를 열었다. 여기에는 태인의 대접주 김개남도 도착하였고, 총수는 6,000~7,000명이 되었다. 그리고 대장으로 전봉준, 총관령으로 손화중과 김개남 등을 선출하였다. 서장옥은 충청도 농민군을 조직하여 전봉준 부대의 북상을 기다리기로 하였다. 또한 이때 〈① 인명을 살상하지 않고 재물에 손해를 끼치지 않는다. ② 충효 모두 온전하게 하여 세상을 구제할 백성을 편안하게 한다. ③ 왜이(倭夷)를 축멸(逐滅)하여 성도(聖道)를 바르게 한다. ④ 병사를 몰아 수도로 들어가 권귀(權貴, 민씨 정권)를 모두 멸한다〉라고 하는 행동 강령 4개조도 발표했다.

농민군은 죽창 외에 활과 화살, 창, 화승총 등으로 무장하였고, 그 규율은 몹시 엄정했다. 농민군은 홍색 복장을 착용한 군악대를 갖추었고, 병사는 출신 읍명을 적은 깃발을 들고 정연하게 행진하였다. 또한 병사는 어깨에 동학의 선약과 관련된 〈궁을(弓乙)〉의 두 자를 써 붙여서 부적으로 삼았고, 몸에는 〈동심의맹(同心義盟)〉의 네 글자를 감았다. 농민군은 태인(泰仁)→원평(院坪)→태인→부안(扶安)→고부(古阜)→정읍(井邑)→흥덕(興德)→고창(高敞)→무장→영광(靈光)→함평(咸平)→장성(長城)→정읍→원평→금구→전주로 진격해 나갔고, 각지에서는 환호하면서 이들을 맞이하였다. 다만 농민군의 규율은 유교적 교화주의에 기초해 있었다. 농민군에게는 〈① 투항자는 사랑으로 대하라. ② 곤란한 자는 구제하라. ③ 탐학한 관리는 쫓아낸다. ④ 따르는 자에게는 경복(敬服)하라. ⑤ 배고픈 자에게는 음식을 주라. ⑥ 간사함과 교활함은 그만두도록 하라. ⑦ 달아나는 자는 쫓지 말라. ⑧ 가난한 자는 진휼을 하라. ⑨ 불충은 제거한다. ⑩ 거스르는 자는 효유하라. ⑪ 병자에게는 약을 지급하라. ⑫ 불효는 처벌한다〉라고 하는 12개 조항의 군율도 있었지만 엄격한 처벌주의로 뒷받침한 것은 아니었다.

그 때문에 드디어 관군이 온다는 소문이 퍼지자 농민군 사이에서 동요가 일어나 탈락자도 나왔다. 그러나 5월 11일 감영군, 향병, 보부상으로 구성된 2,000명 이상의 관군을 고부 근교의 황토현에서 격파하자 농민군의 사기는 갑자기 높아졌다. 정부에서는 5월 6일 친군장위영 정령관 홍계훈(洪啓薰)을 양호(兩湖, 전라도와 충청도) 초토사로 임명하여 경군 800명을 파견하기로 결정하였다. 국왕 환상을 가진 농민군은 아무래도 국왕이 친임한 경군과의 전투에는 두려움이 있었으나 5월 27일 경군에게 장성의 황룡촌에서 불의의 습격을 받자 거꾸로 이를 격퇴하여 승리를 거두었다. 경군은 신식 무장이었지만 사기가 지극히 낮았다. 이리하여 농민군은 전라도 감영이 있는 전주로 향하였는데, 수성군 역시 전의를 상실하여 5월 31일에 무혈입성하였다.

2. 청일 전쟁과 조선

청국과 일본의 출병

이 무렵 일본 제국 의회에서는 조약 개정 문제를 둘러싸고 대외 강경파의 세력이 강해졌다. 그 대책으로 고심하고 있던 이토 히로부미 내각에게 조선의 농민 전쟁 발발은 낭보였다. 구실이 없는 전쟁을 이토는 싫어하였으나, 거류민 보호를 명분으로 한 출병의 기회가 찾아왔던 것이다. 더구나 1894년 3월 28일 김옥균이 상하이에서 민씨 척족의 뜻을 수용한 홍종우(洪鍾宇)에게 암살당한 일로 대외 강경론은 한층 고조되었다. 김옥균은 당시 세계적인 정치가라고까지 일컬어지며, 일본에서 상당히 유명인이었다. 김옥균은 조선의 개혁을 둘러싸고 이홍장과 담판을 하기 위해서 상하이에 갔는데, 그것은 암살 목적을 위해서 모의된 유괴에 지나지 않았다. 그의 유해는 조선 정부에 인도되었고, 죽은 자에게 다시 한 번 능지처참형을 거행하였다. 참혹한 죽음이었고, 민씨 척족의 증오는 보통이 아니었다.

결국 일본의 조선 출병은 조선 정부의 신중치 못한 청국에 대한 지원 요청 때문에 성사되었다. 그것은 당초 농민군 진압에 자신이 없었던 홍계훈이 5월 23일 정부에 요청한 것이 계기였다. 병조판서 민영준(閔泳駿)은 원세개와 협의하였고 6월 1일 국왕은 이를 인가했다. 청군은 6월 8일 아산만에 상륙하였고, 25일에는 제1차 파병을 완료했다. 그 병력은 2,800명이었고, 아산, 공주 일대에 주둔하였다. 이에 대하여 일본은 7일 주일 청국 공사 왕봉조(汪鳳藻)로부터 조선 출병에 대한 통고를 접수했다. 톈진조약으로 결정된 출병 통지 의무를 이행한 것이었다. 그러나 일본 정부는 조선 국왕이 청국에 출병을 의뢰하기로 결정한 다음 날인 2일에 이미 공사관과 재조선 거류 일본인의 보호를 명목으로 한 조선 파병을 각의에서 결정해 둔 상황이었다.

일본 정부는 출병이 일본 공사관 경호를 규정한 제물포조약에 기초한 것이라고 하였다. 그러나 이것은 톈진조약을 통해 효력이 상실되어 어떠한 명분도 서지 않았다. 일본은 7일 청국에 출병 통지를 하였고, 10일에는 오토리 게이스케(大鳥圭介) 공사가 육전대 420명을 이끌고 한성에 들어갔다. 또한 15~16일에는 혼성 1개 여단이 인천에 상륙하였다. 이 병력은 전시 편제로 이루어진 부대로 8,000명에 달하는 큰 병력이었다. 공사관과 거류민의 보호만이라면 500명 정도로 충분하였다. 출병 의뢰를 받은 청군을 훨씬 상회하는 파병은 처음부터 전쟁을 염두에 둔 것이었다.

전주화약

이야기는 다시 농민군의 동향으로 돌아간다. 전주에 도착했을 때 농민군의 수는 5,000명 정도가 되었다. 정부군은 사기에서 열세였지만 홍계훈은 농민군을 추격하여 하루 늦은 6월 1일 전주에 도착하였고, 곧바로 공격을 개시했다. 이때 관군은 증원된 장위영 병사를 중심으로 한 경군 1,000명과 강화도 병력 400명, 청주 병력 200명으로 총 1,600명 규모였다.

정부군은 성안이 내려다보이는 전주 남쪽의 완산(完山, 표고 183미터)에 진을 치고 포격을 개시했다. 열세였던 농민군도 곧바로 총공격에 나섰지만 수백 명의 희생자를 내었다. 6월 6일에도 두 번째 총공격을 감행하였으나 극복할 수는 없었다.

이에 농민군은 전의를 상실하였고, 서둘러 휴전 교섭을 개시하였다. 농민군은 전봉준이 전사했다고 한 다음, 27개조의 폐정 개혁에 관한 청원을 국왕에게 올려 줄 것을 조건으로, 6월 11일 화약에 응하였다. 이른바 전주화약이다. 화약이 성립한 이유로는 농민군에게도, 정부군에게도 결정적인 승리를 얻을 보장이 없었기 때문인데, 농민군에게는 농번기가 가까워졌다는 점이 컸다. 그러나 그 이상으로 결정적인 이유는 청일 양군의 조선 파병을 알고 농민군, 정부군 모두 전쟁의 위기를 감지했기 때문이다.

조일 전쟁과 개화파 정권의 성립

전주화약 이후 청일 양군은 조선 주차에 대한 명분을 상실하였으므로 철병 교섭에 들어갔다. 처음부터 조선 정부도 양군의 철병을 요구하였다.

그러나 일본은 조선 지배권을 둘러싼 청국과의 다툼에서 단번에 결판을 내려 하였고, 개전의 구실로 청일 양국이 공동으로 조선 내정 개혁안을 만들자고 제시하였다. 종주국을 자인하는 청국은 당연히 이를 거부했다. 조선 정부도 자주적 개혁을 실시하려 하여 7월 13일 교정청을 설치했다.

이에 대하여 일본은 7월 17일 단독으로 내정 개혁을 조선 정부에 통고하였고, 20일에는 최후통첩으로 청국과의 종속 관계 폐기와 청군의 철병을 조선 정부에 요구했다. 그리고 회답 기한이 지난 7월 23일 이른 아침, 일본은 갑자기 강력한 군사력으로 왕궁 점령을 감행하여, 일순간에 민씨 정권을 무너뜨렸다. 이와 동시에 국왕을 연금한 채 대원군을 집정으로 세우고, 국왕으로부터 아산의 청국군을 몰아내 달라고 하는 의뢰를 이끌어 냈다. 이 의뢰를 얻어서 청일 개전의 명분으로 삼기 위해 일본은 우선 조선과 전쟁을 해야만 했던 것이다.

이리하여 일본은 25일 아산만 바깥에 있는 풍도 해상에서 청국 군함을 기습 공격하고, 8월 1일 선전 포고를 시작으로 청일 양국은 전쟁 상태에 돌입하였다. 더욱이 일본은 27일, 대원군 집정 아래에서 개화파 김홍집을 수반으로 한 친일 개화파 정권을 수립하였다. 이 정권은 교정청을 대신하여 군국기무처를 설치하고 이른바 갑오개혁을 추진해 나갔다.

일본의 조선 지배

일본군은 7월 29일, 30일 성환(成歡), 아산 전투에서 청군을 격파하고, 이어서 9월 15~16일 평양 전투에서도 청군을 물리쳤다. 그리고 9월 17일에는 황해 해전에서 청국 북양함대에게 괴멸적인 타격을 가했다. 그 후 일본군이 10월 하순 청국 영내로 진출하면서 청일 전쟁의 승패는 정해졌다.

한편으로 일본은 조선의 이권을 확보하고, 전쟁을 유리하게 끌고 가기 위해 개화파 정권에 대하여 8월 20일 조일잠정합동조관, 26일에 대조선대일본양국맹약을 차례차례 강요하였다. 합동조관에서 일본은 조선에 대한 내정 개혁을 합법화함과 동시에, 경부, 경인 간의 철도와 전신선 이권을 획득하였고, 아울러 전라도 연해의 개항을 허락받았다. 또한 양국맹약에서는 일본군의 양식 확보를 위하여 조선 정부가 최대한 노력할 것을 승인받았다.

그러나 조선은 이러한 일본의 이권 수탈이나 전쟁 협력에 대하여 다양하게 저항하였다. 우선 지배층에서는 반일 상소를 하였고, 아울러 개화파 정권을 비판하는 상소 활동도 있었다. 또 황해도나 평안도에서는 청군과 제휴하여 반일 정책을 취하는 지방관도 나타났다. 민중의 경우 역시 황해도와 평안도에서는 병사 사이에 청군 편을 드는 움직임이 있었고, 대체로 일본군이 진군하는 과정에서 물자나 인부의 징발에 대하여 비협력적이었으며, 도망도 일상적이었다.

또한 농민군은 활발하게 전신선을 절단하여 일본군의 정보 통신을 방해하였다. 이것은 청일 전쟁을 수행하는 데 큰 장해가 되었다. 그리고 무엇보다도 농민군이 전라도 일대에 기반을 두고 자치를 시행한 것은 일본은 물론 개화파 정권으로서도 불안한 사태였다.

도소 체제

전주화약은 농민군에게 본의는 아니었다. 하지만 그 후 농민군은 전라도 각지로 흩어지면서 각 읍에서 자치를 실시했다. 경상도나 충청도에서도 동학 세력이 강한 지역에서는 자치를 실시했다. 도소(都所) 체제이다. 도소란 각 읍에 설치된 농민군 자치 본부를 말하며, 때로 자치 책임자 본인을 의미하는 경우도 있었다. 전봉준은 농민군 자치의 총책임자로서 대도소라는 직명으로 전라도 각지를 순회 지휘하고, 그가 있는 장소를 대도소라고도 하였다. 관찰사의 임무는 한 도를 시찰하여 읍정(邑政)을 관찰하는 데 큰 비중이 있었는데, 전봉준의 역할은 바로 거기에 필적했다. 덧붙여 말하면 남접파 최대의 영수 서장옥은 전주화약 이후 한성으로 올라가서 체포되었고, 고문을 받아 빈사 지경에 이르면서 도소 체제기 이후 표면에 등장하지 못하였다.

도소의 조직은 서기, 성찰(省察), 집사(執事), 동몽(童蒙) 등으로 이루어졌고, 군사 조직으로서는 기포장, 일포, 이포 등의 계급으로 이루어진 총포대가 있었다. 또한 소수의 의사원(議事員)이 있었고, 〈의회〉로 불리는 협의 의결 기구가 있었다. 그 외에 도소와 도소, 동학교도와 일반인 사이의 분쟁을 조정하고, 도소를 감찰하는 역할로 도찰(都察)이라는 것도 있었다. 더욱이 도소는 〈제중의소(濟衆義所)〉라고 하는 인장을 가지고 지령이나 명령을 발포하였는데, 그 자치 운영은 실제로 고도로 조직화된 것이었다.

도소의 개혁과 집강소

도소 체제 아래에서 농민군은 국왕에게 청원한 폐정 개혁안과는 관계없이 국법을 존중하면서도 개혁 정치를 급진적으로 추진하였다. 구체적으로는 평등주의와 평균주의를 실현할 것, 노비·천민의 해방과 잡세의 폐지,

횡포한 양반이나 부민 등의 징벌, 공사채(公私債)의 폐기, 소작료의 납입 정지, 민중 측에 선 각종 소송 처리 등이었다.

도소 체제가 두드러지는 움직임으로는 산송(山訟)이 있다. 조선에서는 지세가 좋은 곳에 조상의 묘를 쓰는 경우 자자손손 번영한다는 풍수설이 널리 퍼져 있었다. 그 때문에 유력 양반이 민중의 묘를 빼앗는 일이 빈번하게 일어났다. 산송은 여기에 수반한 소송인데, 도소 체제기에 민중은 도소에 대하여 산송을 빈번하게 실시함과 동시에, 실력으로 양반의 묘를 빼앗았다.

농민군 중에는 일부 부민이나 일반 소농민이 다수 참가하고 있었는데, 이들 대다수는 농번기였기 때문에 귀향해 버렸다. 그 가운데 농민군의 주체로 빈농층이나 무산자층, 천민 등의 존재가 두드러지게 되었다. 자치의 급진화는 이러한 요소가 원인이었다.

그러한 하층민의 활동으로 인해 농민군과 무뢰배는 종이 한 장 차이였다. 실제로 보신을 위하여 농민군에게 항복한 서리가 부당한 수취를 하게 되는 사태도 일어났다. 농민 전쟁에 모든 책임을 지려는 전봉준에게 이것은 단호히 용납할 수 없는 것이었다. 이것은 다수 재지 사족(향반 출신자)으로 이루어진 다른 지도자에게도 마찬가지였다. 또한 이미 5월 22일에 임명되어 있던 새 전라도 관찰사 김학진(金鶴鎭)도 이 사태를 묵과하지 않았다. 그는 전주화약 이후 곧바로 농민군의 무장 해제를 요구하였다. 하지만 자신은 200명 정도의 군사력만 가지고 있었다. 그렇다면 도리어 〈관민상화(官民相和)〉를 지향하고, 농민군 스스로에게 치안 유지를 위탁하는 편이 득책이었다. 그리하여 7월 7일경 전주에서 김학진-전봉준 회담이 열려 치안 기구로서의 집강소 설치를 정식으로 결정하였다. 그렇기는 해도 농민군의 통제는 용이하지 않았고, 김학진-전봉준 회담은 8월 6일에도 이루어졌다. 그러나 전봉준 다음으로 영향력을 가지고 있던 김개남은 남원에 기반을 두고 〈관민상화〉를 무시하여 집강소 설치를 최후까지 거부했다. 전봉준의 고뇌는 깊어질 뿐이었다.

덧붙여 종래 집강소라고 하면 농민군 자치 기구라고 하여 상당히 유명하였는데, 이것은 착오이다. 식민지 시기에 작성된 오지영(吳知泳)의 『동학사(東學史)』를 통해 일반에게 유포되었는데, 『동학사』는 착오나 허구도 섞인 〈소설〉이란 명목으로 발행된 것이었다. 일반적으로 집강은 촌장(풍헌, 약정, 존위 등)과는 별도로 촌정이나 풍교를 감찰하는 임원을 말했다. 자치 기구는 어디까지나 도소였고, 양자는 원칙적으로 구별되었다. 『동학사』는 귀중한 사료이나 사료 비판이 필요하다. 거기에 쓰여 있는 폐정 개혁안 12개 조목도 가공된 것이다.

3. 제2차 농민 전쟁과 일본

대륙 낭인과 전봉준

갑오농민전쟁이 발발하자 일본인 가운데 전봉준과 만나려 하는 자가 나왔다. 적어도 ① 천우협(天佑俠, 7월 8일), ② 우미우라 도쿠야(海浦篤彌, 7월 20일), ③ 참모본부의 밀정 〈일본인 아무개(某)〉(9월 2일) 등의 세 그룹이 전봉준과 만났다. 전봉준은 〈김봉균(金鳳均)〉 또는 〈김봉균(金奉均)〉이라는 가명을 쓰고 있었는데 이를 통해 그의 신중함을 엿볼 수 있다. 일본인이 전봉준과 만남을 요구한 목적은 두 가지로 시기에 따라 다르다.

천우협과 우미우라 도쿠야가 전봉준과 만난 것은 청일 전쟁 개전 이전으로, 민씨 정권의 타도와 청국의 배척을 호소하였다. 천우협은 우익 결사의 원류라고 할 수 있는 현양사(玄洋社)의 별동대로, 우치다 료헤이(內田良平)와 다케다 한시(武田範之)를 중심으로 한 14명의 단체였다. 그들은 공명심에서, 농민군이 행동에 나서게 하고 그것을 구실로 청국과 전쟁을 시작하고자 했던 것이다. 이후 천우협은 농민군을 지도하였다고 허위 사실을 유포한 것으로 유명해졌는데, 전봉준은 거의 상대하지를 않았다. 그에 반해 우미우라 도쿠야는 1890년 조선으로 건너온 오자키 유키오(尾崎行雄) 문하의 대륙 낭인으로, 전봉준과 가장 친밀하게 논의를 했다. 우미우라는 입헌개진당 측의 의뢰로 움직였던 것 같은데, 그 목적은 천우협과 같았다. 그러나 전봉준은 미곡의 수확이 끝나는 가을에 다시 봉기한다는 판단을 시사하면서 우미우라의 제안을 뿌리쳤다.

마지막으로 참모본부의 밀정 〈일본인 아무개〉라는 인물은 육군 포병 소좌 와타나베 데쓰타로(渡辺鐵太郎)의 지시를 받아 청일 개전 이후 농민군의 동향을 탐색하였던 인물이다. 와타나베는 참모본부 차장 가와카미 소로쿠(川上操六)의 지시로 조선의 정보 수집 임무를 지니고 있었다. 〈일본인 아무개〉는 전봉준에게 조선 왕조 그 자체의 타도를 시사했지만, 전봉준은 분노한 표정을 드러내면서 아무개의 입을 막았다. 전봉준의 국왕 환상은 뿌리가 깊은 것이었다. 아무개는 농민군에게 불경한 반란을 일으키도록 하고, 그것을 구실로 일본군이 출동하여 일거에 농민군을 제압해 버리려는 의도를 가지고 있었던 것으로 생각된다. 그것은 가와카미 소로쿠의 뜻에 의한 것이었다. 이후 가와카미는 진심으로 농민군의 전멸을 기도한

〈토벌〉을 실시하였다.

대원군의 밀사

농민군이 곧바로 재봉기를 하지 않은 것은 가을 추수를 기다려야만 하는 농민군 고유의 이유가 가장 컸는데, 대원군이 집정의 자리를 차지하고 있었다는 것도 거기에 못지않게 중요한 이유였다. 대원군은 여전히 민중에게 절대적인 인기가 있었고, 농민군은 폐정 개혁안 가운데서도 〈국태공(대원군)의 감국(監國)〉을 호소하고 있었다. 그 대원군이 집정이 된 이상 재봉기의 명분은 사라졌다.

그런데 대원군은 자신이 개화파 정권에서 장식적 성격의 자리에 앉아 있는 데 지나지 않고, 개화파 정권 역시 일본의 꼭두각시에 불과하다고 생각하였다. 그는 농민군에게 밀사를 보내어 재봉기를 촉구했다. 대원군의 밀사는 삼남 일대에 이르렀고, 농민군만이 아니라 유생의 봉기도 촉구하고 있었다. 다만 그것은 실패로 끝났다. 경상도 상주에서 거기에 호응하려 하는 움직임이 유일한 사례였고, 결코 봉기는 없었다. 안동에서 서상철(徐相轍)이라는 인물이 일어났지만 대원군의 밀사 파견 이전의 일이었다. 이 것은 근대 조선 최초의 의병이라고도 불리는데 본격화하지는 않았다.

대원군과 농민군의 접촉은 8월 상순경에 시작되었는데, 대원군의 밀서는 농민군의 북상을 촉구하고, 북쪽에 있는 청군과 함께 일본군을 협공하라는 것이었다. 농민군에서는 동요가 있었고 곧바로 봉기하려는 움직임이 나타났다. 대원군은 농민군과 청군의 힘을 빌려 개화파 정권을 타도함과 동시에, 국왕을 폐위하고 손자 이준용을 새 국왕으로 세우려 기도하고 있었다. 전봉준은 이 사실을 간파한 것은 아니었으나 재봉기에는 신중하였고, 농민군의 동요를 진정시켰다.

그러나 평양 전투 이후인 10월 초 전봉준은 대원군이 보낸 국왕의 위조된 밀서를 수령하였다. 대원군은 자신의 밀서로는 농민군이 용이하게 움직이지 않을 것이라고 보아 국왕의 밀서를 위조했던 것이다. 거기에는 〈왜구가 궁궐을 침범하고, 화가 종묘사직에 이르러 목숨이 풍전등화이다〉(「東學黨事件ニ付會審ノ顚末具報」, 『駐韓日本公使館記録』 卷8)라고 적혀 있었다. 전봉준은 이미 사전에 정한 방침대로 가을에 재봉기할 각오였는데, 이를 계기로 재봉기의 지령을 농민군 전체에게 하달했다.

조선 위정자의 청일 전쟁관

덧붙여 대원군은 평양 전투 전인 8월 28일, 평안도 관찰사 민병석(閔丙奭)에게 서한을 보내어 평양 주둔 청군에 대하여 일본군을 격퇴하고, 아울러 〈간사한 당으로 일본에 붙어서 매국하는 무리를 숙청〉할 것을 요청하도록 지시하였다. 또한 국왕과 대원군의 장남인 궁내부대신 이재면(李載冕)도 동시에 같은 취지의 서한을 보냈다. 더욱이 9월 1일에는 총리대신 김홍집도 민병석에게 서한을 보냈다. 김홍집은 거기서 국외 중립의 불가피함을 말하였다. 개화파의 중립화 공작은 청일 전쟁 직전까지 계속되었고, 유길준과 김가진(金嘉鎭)은 6월 6일 일본 공사관원 고쿠부 쇼타로(國分象太郎)에게 조선 중립화에 진력해 줄 것을 의뢰하였다.

국왕이나 이재면, 김홍집 등의 밀사 파견은 청군이 승리할 경우 정치적 알리바이를 만들어 두려는 측면이었다. 그러나 속내도 보여 주었다. 종주권을 강화하는 청국은 조선에게 괴로운 존재였지만, 일본은 그 이상으로 위험한 존재였다. 조선에서 보자면 청일 전쟁은 한편으로는 일본의 조선 침략에 대한 청국의 방위 전쟁으로 이해되고 있었던 것이다.

농민군의 재봉기

전봉준은 전라도 관찰사 김학진의 협조를 얻어 그를 운량관(運糧官)으로 삼고, 일부 반납하였던 무기를 다시 수용하여 11월 상순 남접 농민군이 삼례에서 북상하도록 명하였다. 가을 수확의 완전한 종료와 주도면밀한 준비 때문에 출발이 늦어졌다. 제2차 농민 전쟁의 과제는 반(反)민씨 정권 대신 반일과 반개화파 정권에 두었다. 그리고 전봉준 등 농민군 주력은 스스로를 〈충군애국〉의 의병으로 자부하였다. 근대 조선 최초의 의병이라고 할 수 있을 것이다.

그러나 그러한 농민군에 대하여 역설적이게도 국왕은 10월 24일 〈토벌〉하라는 전교를 내렸다. 일본은 집요하게 농민군 진압을 국왕과 개화파 정권에 강요하였다. 동원된 일본군은 미나미 고시로(南小四郎) 소좌가 이끄는 후비 보병 독립 제19대대를 주력으로 약 2,000명이었다. 일본군은 세 길로 나누어 한성에서 남하했다. 또한 부산으로부터도 전라도 방면으로 부대를 파견하였고, 황해도에도 파병하였다. 조선군은 3,000명 정도로 거기에 지방의 감영군이나 민보군(의용병)이 가담했다. 전봉준과 농민군 주력은 처음부터 일군만민의 이상을 가지고 봉기하였는데, 그것은 보기 좋게 배신당하였다.

제1차 농민 전쟁 이후로 동학교단 중앙은 봉기에 반대하는 자세를 취했는데, 제2차 농민 전쟁에서는 전봉준이 공동 출병을 제안하였다. 일부 북접은 여기에 호응했으나, 남접과 북접의 갈등은 제2차 농민 전쟁 기간 중에도 이어졌다. 그러나 제2차 농민 전쟁에서는 제1차 농민 전쟁과 비교하여 농민군은 비약적으로 증대하였다. 전봉준 부대는 재봉기 당시 4,000명 정도였는데, 공주에 도착했을 무렵에는 4만 명 정도로 늘어나 있었다.

그리고 11월 20일, 일본군과 조선군의 연합군이 전투를 개시하였다. 공주를 수비하는 조일 연합군은 1,000명 정도였다. 전투는 당초 농민군에게 유리했지만, 22일 대격전이 있었고, 농민군은 퇴각하였다. 그 후 농민군은 12월 4일 재차 공격을 개시하였고, 다음 날에는 총공격을 하였다. 전투는 실제로 수일간 50회 정도에 이르렀다. 농민군의 용맹함과 과감함은 연합군을 공포에 떨게 만들었다. 그러나 무기의 질과 양에서의 차이는 인해 전술만으로는 극복할 수 없었고, 농민군은 7일 패퇴하였다.

농민군의 패배

그 후 농민군은 노성(魯城), 논산(論山)으로 급히 쫓겨났고, 12월 11일에는 은진(恩津)에서 크게 패하였다. 21일에는 금구로 재차 수만의 군사를 집결시켜 저항했지만, 역시 패배하였고, 다수가 사방으로 흩어졌다. 8,000명 정도로 줄어든 전봉준 부대는 태인(泰仁)까지 후퇴하였고, 23일에도 격전을 벌였으나 이곳에서 운명을 다하였다. 전봉준 부대는 어쩔 수 없이 해산하였고, 전봉준은 순창(淳昌) 피로리(避老里)에서 28일 체포되었다.

김개남이나 손화중 등의 부대도 전봉준 부대 패배 전후로 패퇴하였다. 김개남은 12월 7일 태인에서 체포되었는데, 대원군과의 관계를 숨기려 하

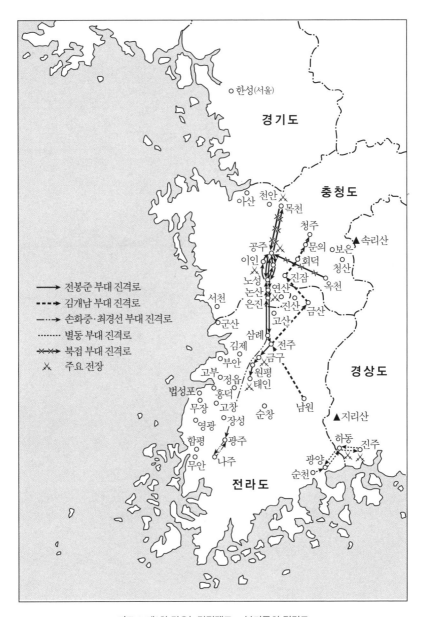

한성(서울)

경기도

충청도

천안
아산
목천
청주
공주
문의   보은   ▲속리산
이인   회덕   청산
노성   진잠
서천   논산 연산   옥천
은진   진산
군산   고산   금산
김제   삼례
부안   전주
고부   정읍   금구
법성포   원평   경상도
흥덕   태인
무장   고창
영광   장성   순창   남원   ▲지리산
함평
무안   광주   하동   진주
나주   광양
순천
전라도

→ 전봉준 부대 진격로
▪▪▶ 김개남 부대 진격로
–·–▶ 손화중·최경선 부대 진격로
······ 별동 부대 진격로
✕✕✕ 복접 부대 진격로
✕ 주요 전장

지도 2 제2차 갑오농민전쟁도 ─ 봉기군의 진격로

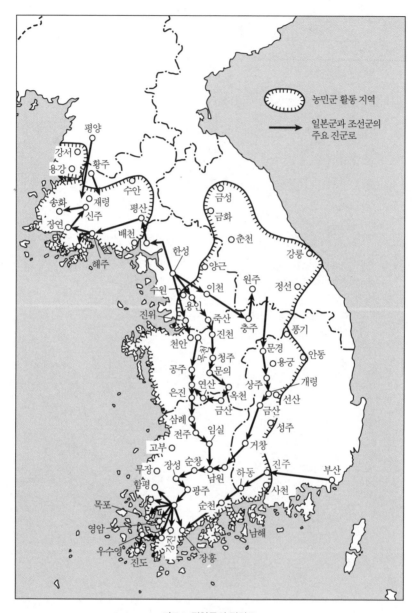

농민군 활동 지역

일본군과 조선군의
주요 진군로

평양
강서
용강 황주
송화 재령 수안
신주 수안
장연 평산 한성
배천
해주
수원 양근
진위 이천 원주
천안 죽산 충주
공주 진천 청주
은진 연산 문의
삼례 금산 옥천
전주 임실 금산
고부
무장 장성 순창 남원 하동 진주 부산
함평 광주 사천
목포 순천
영암 남해
우수영 장흥
진도

금성
금화
춘천
강릉
정선
풍기
문경 안동
용궁
상주 개령
선산
금산 성주
거창

지도 3 진압군의 진격로

146 근대 조선과 일본

지 않았다. 그 때문에 김학진을 대신하여 전라도 관찰사가 된 이도재(李道宰)가 그를 처형하였다. 충청도와 전라도 농민군은 전체적으로 한반도의 서남 도서 방면으로 쫓겨나 섬멸되었다.

제2차 농민 전쟁에서 농민군의 활동은 전국의 절반 정도까지 미칠 정도였고, 삼남 지방에서만이 아니라 강원도나 경기도, 나아가 황해도까지 번졌다. 황해도에서는 〈가짜 동학당〉이 대량으로 봉기하였고, 일시적으로 지방 권력을 장악하였다. 참가한 농민은 수십 만에 달했다는 이야기도 있다. 그 희생자도 방대하여 적어도 5만 명 정도가 사망했다. 가와카미 소로쿠는 동학 농민군을 〈모두 살육하라〉라고 잔혹한 명령을 내렸다. 전신선을 절단하는 농민군은 가와카미에게 용납되지 않는 존재였다. 〈토벌〉에는 조선군도 참가하고 있었지만, 조선군은 일본군의 지휘 아래에서 움직이게 되어 있었다. 제2차 농민 전쟁은 근대 일본이 해외에서 최초로 실시한 민중 대학살 사건이다. 메이지의 〈영광〉은 조선의 〈굴욕〉이었고, 바로 조선 민중의 비극 위에서 구축되었던 것이다.

전봉준과 민중

전봉준은 체포된 이후 일본군에게 인도되었고, 다시 한성으로 보내졌다. 그리고 재판 결과 1895년 4월 23일 사형 판결을 받았고, 손화중, 최경선(崔景善), 김덕명(金德明), 성두한(成斗漢) 등과 함께 즉각 참형에 처해졌다. 전봉준의 인품에 감명을 받은 천우협 등의 일본인은 구명 운동에 나섰고 이노우에 가오루도 조력하였으나 전봉준은 그러한 〈비열한 마음〉은 갖지 않겠다고 하여 이를 거부했다. 죽음은 애초부터 각오한 것이었다. 다

갑오농민전쟁의 주동자 전봉준(가운데, 1856~1895)

만 〈역적〉의 오명을 쓴 것이 전봉준으로서는 유감이었다(「東京朝日新聞」 1895년 5월 7일「東學黨巨魁の裁判」).

　갑오농민전쟁은 근대 조선 역사상 획기적인 민중 운동이었다. 그것은 유교적 민본주의의 정치 문화를 배경으로, 무력적으로 중개 세력을 배제하고, 일군만민의 논리에 호소하여 민중적 요구를 실현하려 한 것이었다. 그리고 반년도 채우지 못한 기간이었지만 민중 자치를 실행하였던 것은 조선 역사상 그때까지 없었던 일이었다.

　그러나 일군의 통치가 미치지 않는 상황이 출현하는 가운데 민중은 농민군 간부의 지도를 이탈하여 급진적인 개혁을 지향하였다. 농민 전쟁의 전 과정에서 책임을 지려 했던 전봉준의 입장에서 볼 때 그것은 도저히 용인할 수 없는 바였다. 그러나 민중은 자신들이 그리던 유토피아를 자율적으로 실현하려 하였다. 그리고 자신들의 개혁이 설령 지나쳤다고 하더라도 국왕은 반드시 그것을 용서해 주리라는 낙관론에 취해 있었다.

예사롭지 않은 〈충군애국〉 사상과 의병 의식을 가지고 궐기했던 전봉준과, 유토피아의 실현을 서두른 민중 사이에는 분명히 의식의 괴리가 있었다. 꽤나 유토피아적이었던 민중에게 〈충군애국〉 사상과 의병 의식은 그다지 강하지 않았다. 갑오농민전쟁이 민중 내셔널리즘의 거대한 발로였다는 사실은 틀림없지만, 그것은 다분히 시원적 성격을 띠고 있었다. 국가의 운명과 자신의 운명을 일체로 보려 하는 근대적 내셔널리즘과는 조금 달랐던 것이었다. 그러나 민중은 체구가 작았던 전봉준을 〈녹두 장군〉이라고 친근감을 담아 불렀고, 그의 죽음을 민요로까지 만들어서 식민지 시기를 거치는 동안 줄곧 애도하였다. 〈녹두 장군〉은 전설이 되었다.

4. 갑오개혁과 일본

갑오개혁

청일 전쟁이 계속되는 가운데 개화파 정권은 갑오개혁을 추진했다. 일본의 내정 개혁 권고는 청국과의 개전 구실에 불과하였고, 더욱이 일본은 청국과의 결전에 힘을 쏟았기 때문에 당초 개혁은 자주적으로 추진되었다. 개혁을 추진한 군국기무처의 총재에는 영의정 김홍집 스스로가 취임하였고, 개화파의 김윤식, 어윤중, 유길준, 김가진, 안경수 등이 의원(議員)

으로서 중심적 역할을 담당했다. 특히 일본과 미국에서 유학하면서 당대 제일의 근대 지식을 쌓은 유길준의 존재는 컸다.

군국기무처는 국정 전반에 걸쳐 심의, 결정하는 강대한 권한을 가지고 설립 직후부터 정력적으로 법령을 제정하였다. 설립부터 3개월 정도 사이에 실제로 208건의 새 법령을 의결, 공포하였다. 우선 첫 번째로는 행정 기구의 개혁으로서 총리대신 아래에 의정부를 두었고, 종래 육조가 내무, 외무, 군무, 법무, 학무, 농상무, 공무, 탁지의 8아문으로 개칭되었고, 궁중, 부중의 분리도 추진하였다. 또한 근대적 경찰 기구로 경무청을 신설하였다. 두 번째로는 인사 개혁으로서 과거 제도를 폐지하였고, 문벌이나 양반, 상민의 차별 없이 널리 인재를 등용할 것을 주창하였다. 세 번째로는 신분 제도나 가족 제도의 개혁으로서 양반, 상민 등의 신분을 폐지하여 노비나 천민을 해방하고, 아울러 과부가 재혼할 자유, 조혼의 금지, 연좌법(친족에게 형벌을 연루시킴)의 폐지 등을 결정하였다. 네 번째로는 재정 개혁으로 재정 기관을 탁지부로 일원화하고, 은 본위의 새 화폐 발행, 복잡한 세목의 지세, 호세로의 통합과 금납화, 도량형의 통일 등을 실시하였다. 그리고 다섯 번째로는 청국 연호를 폐지하여 조선이 건국된 1392년을 원년으로 하는 개국기년(開國紀年)을 채용하였다.

그런데 1894년 10월 25일 오토리 게이스케를 대신하여 이노우에 가오루가 신임 공사로 취임하였고, 다음 달부터 일본인 고문의 채용이 이루어짐으로써 조선 보호국화를 목표로 하는 일본의 간섭이 강화되었다. 일본인 고문은 경찰 고문이 채용된 것을 시작으로 각 아문에 배치되었고, 40명 정도가 채용되었다. 그들은 모두 동일하게 고액 급료를 받았고, 더욱이 그의 〈사열(査閱)〉을 거치지 않고서는 행정 집행을 할 수 없게 되었다.

개혁의 방향

그 이후 〈고문 정치〉로까지 평가받을 정도의 내정 간섭이 이루어졌다. 그러나 개혁 정치의 방향성은 정해져 있었고, 고문의 지도를 받으면서도 개화파 주도의 개혁은 진행되었다. 12월 17일 김홍집 정권은 망명처 일본, 미국에서 각각 귀국한 박영효와 서광범 등 갑신정변의 당사자들도 참여하여 새롭게 발족하였다. 유길준은 내각총서(內閣總書)로서 여전히 개혁의 요직에 있었다.

제2차 김홍집 정권에서는 군국기무처가 폐지되어 중추원이 이를 대체하였는데, 실권은 의정부를 대신하여 신설된 내각으로 이전되었다. 중추원은 내각의 자문 기관이라는 지위를 얻었다. 또한 지방 재판소-고등 재판소(이후 평리원으로 개칭)로 이루어진 이심제의 재판소가 설치되었고, 사법을 행정에서 분리하였다. 능지형 등의 노륙법(拏戮法, 잔혹한 처형법)도 폐지하였다. 징세 기구로 관세사(管稅司), 징세서(徵稅署)가 설치되었고, 행정기구와 분리했다. 그리고 지방 제도로서는 종래 8도제를 23부제로 개편하였으며, 군(책임자는 군수)이 부(책임자는 관찰사)의 아래에 놓였다. 더욱이 군정 개혁으로는 장위영 등의 4영을 폐지하였고, 일본군의 훈련을 받는 훈련대를 신설하였다.

1895년 1월 7일, 국왕은 세자와 왕족, 각 대신을 이끌고 청국과의 종속 관계를 폐기한다고 하는 독립서고문과 홍범14조를 종묘에 고하고, 전국에 선포하였다. 거기서 고종은 〈이후로는 다른 나라에 의지하지 않고, 국보(國步)를 회복하여 융성하게 하며, 생민(生民)의 복지를 꾀하여 자주독립의 기초를 공고히 할〉 것을 맹세했다. 그것은 자신의 부덕 때문에 갑오농민전쟁을 초래하였음을 반성하고 일군만민의 이상에 응하겠다고 하는, 한 나라의 국왕으로서 중책을 맡으려 하는 각오를 표명한 것과 다름없었고, 현군(賢君) 선언이었다고 할 수 있을 것이다.

개혁 정치는 5월 21일 제2차 김홍집 정권이 김홍집과 박영효의 불화 때문에 해산된 이후에도 계속되었다. 5월 31일 박정양 정권이 성립하였고, 실질적으로는 박영효의 실권 아래에서 개혁이 추진되는 가운데, 다시 8월 24일 제3차 김홍집 내각이 수립되었다. 이 내각에서는 이범진(李範晉), 이완용(李完用), 안경수(安駉壽) 등 정동파가 진출했다. 정동파란 한성의 정동에 있던 러시아 공사관, 미국 공사관 등에 출입하고 있던 관료들을 말한다. 그들은 구미 외교관들과 사교를 위해 정동구락부를 결성하고 있었는데, 이 구락부에는 고종이나 민비의 입김도 작용하였다. 새 내각에서는 정동파의 진출이 반영되었고, 일본을 견제하기 위하여 미국인이 훈련하는 시위대를 신설하였다.

갑오개혁은 갑오농민전쟁에서 나타난 농민의 제반 요구를 국정 전반에 걸친 근대적 여러 개혁을 통하여 응하려 한 것이었다. 그러나 정치, 재정 기반이 취약했기 때문에 실현은 부분적으로만 이루어질 수밖에 없었다. 더욱이 급격한 〈위로부터〉의 개혁은 민중의 지지를 얻지 못하였다. 영세한 농업이나 상공업에 대한 개혁, 보호가 이루어지지 않았다는 사실은 도리어 민중의 반발을 불러일으켰다. 무엇보다도 농민은 소농 회귀적인 토지 정책을 바라고 있었는데, 갑오개혁 정권은 지주를 옹호하는 입장에서 거기에 일절 손을 대려 하지 않았다. 또한 조세 금납화는 농민이 더욱더 상품 화폐 경제에 편입되어 몰락의 길을 가속화하는 것을 의미하였기에 농민들로부터 환영받을 수 있는 것이 아니었다. 민중은 갑오개혁 정권과는 반대로 반근대적 지향을 하고 있었다. 그리고 향회조규(1895년 10월 26일 공포)를 제정하여 이회(里會), 면회(面會), 군회(郡會)를 공인하였고, 자치를 촉구하려 하였는데, 재지 사족의 지배를 무너뜨리는 것이었기 때문에 이것도 사문화되었다. 더욱이 개혁이 일본의 간섭 아래에서 이루어졌다는 사실은 근대화와 침략을 겹쳐 보이게 만들어 반일·반개화의 기운을 한층 고조시켰다.

청일강화조약과 탈아 일본

1895년 4월 17일, 청일강화조약(시모노세키 조약)이 체결되었다. 그 결과 조선의 〈독립〉이 확인되었고, 청국과 조선의 종속 관계는 폐기되었다. 그리고 일본은 랴오둥 반도와 타이완, 펑호 열도를 할양받았고, 배상금 2억 냥을 획득했다.

그러나 러시아, 독일, 프랑스가 랴오둥 반도의 차지는 청국의 수도를 위협하고, 또한 조선의 독립을 유명무실한 것으로 만든다고 하여 이른바 삼국 간섭을 제기하였다. 세 강대국을 상대로 전쟁을 할 수 없던 일본은 5월 5일에 이 간섭을 받아들였다. 그 결과 일본은 조선의 보호국화 정책을 근본적으로 수정해야만 했고, 조선 진출은 청일 전쟁 이전보다도 후퇴하게 되었다. 일본을 대신하여 조선을 향한 진출을 가속화한 것은 러시아였다.

이에 일본은 〈와신상담〉을 기치로 러시아를 가상 적국으로 삼았다. 당시 자본주의적 발전이 충분치 않았던 일본은 철도, 전신, 광산, 상업 항구 등의 인프라 부설이나 자원 확보를 조선 지배의 중점에 두고 있었는데, 그것은 장래에 제국주의 국가로 비약하기 위한 포석이었다. 그러한 포석은 저지되었으나, 어찌되었든 청일 전쟁의 승리로 일본 대국화의 방향성은 정해졌다. 본질적으로 국가주의자였던 후쿠자와 유키치가 〈청일 전쟁은 관민일치의 승리, 유쾌하고도 고맙다고 말하지 않을 수 없다〉(『福翁自傳』)라고 천진난만하게 우쭐대면서 말했던 까닭이다.

일본의 탈아는 여기서 선명하게 그 윤곽을 드러낸다. 청일 전쟁은 야만 청국에 대한 〈문명과 야만의 전쟁〉이 되었고, 전쟁 열기는 관민 모두에게서 끓어올랐다. 민간에서는 헌금 운동만이 아니라, 의용군 운동, 군부(軍夫) 운동까지 일어났다. 모멸 감정을 내포한 〈지나〉라는 호칭은 청일 전쟁 무렵에는 일본 국민 사이에서 정착해 있었는데, 이후 그 단어에 〈나약〉, 〈인순고식*〉, 〈교만불손〉, 〈무능〉, 〈불결〉 등의 정형화된 중국 이미지가 더해졌다. 그리고 〈조선〉과 〈조선인〉은 〈지나〉보다도 더 열등한 위치에 놓였고, 〈바보〉의 대명사로까지 되어 갔다. 천우협의 멤버인 스즈키 덴간(鈴木天眼)은 조선인이 〈일종의 짐승에 가까운 놈〉이라든가 〈인간 이외의 인간〉이라고 거침없이 말하였다(「二六新報」 1894년 10월 30일 「サラミ」).

민비 학살 사건

삼국 간섭 이후 일본의 내정 간섭이나 김홍집 정권에 반발하는 세력은 러시아로 접근을 도모하였고, 국왕과 민비도 러시아를 이용하여 일본의 진출을 억제하려 하였다. 이노우에 가오루는 실현 불가능한 3백만 엔이라는 차관 공여와 전신선의 반환 등을 제시함으로써 왕실의 러시아를 향한

---

* 因循姑息. 낡은 습관을 따르며 당장의 편안함만을 취하는 태도를 이른다.

접근을 차단하려 하였는데 실패로 끝났다. 또한 박영효도 러시아 세력 구축을 위해서 책동하였으나, 도리어 민비 암살을 기도했다는 혐의를 받아 1895년 7월 6일 어쩔 수 없이 일본으로 재차 망명하였다.

민비 암살의 기도는 같은 해 9월 1일 부임한 퇴역 육군 중장 일본 공사 미우라 고로(三浦梧樓)를 통하여 구체화되었다. 미우라는 궁내부 고문 오카모토 류노스케(岡本柳之助)에게 지휘를 맡겨 대원군을 끌어들여 10월 8일 날이 밝기 전 일본 수비대, 공사관원, 장사 등으로 이루어진 왕궁 습격 부대와 암살 부대를 왕궁으로 침입시켰다. 주역은 암살 부대의 장사들이 었다. 광화문 부근에서 연대장 홍계훈이 이끄는 훈련대와 충돌하였고, 홍계훈을 죽이고 이들을 격파하였다. 이어서 시위대도 격파하고 궁궐로 침입하여 궁내부대신 이경직(李耕稙) 등을 살해함과 동시에, 공사관 경찰 경부 오기와라 히데지로(荻原秀次郎)의 지휘하에 민비 침실을 습격하여 살해하고 사체를 불태웠다. 목적을 달성한 암살 부대는 여러 사람들이 모여 있는 가운데 의기양양하게 철수하였다.

사실 왕궁 습격 부대에는 일본군의 영향 아래에 있던 우범선(禹範善)이 이끄는 훈련대 제2대대도 동원되었고, 미우라는 당초 민비 암살을 대원군의 지시 아래 일으킨 쿠데타처럼 보이게 하려 했다. 그러나 사건을 미국인 시위대 교관 다이 장군과 러시아인 건축 기사 사바틴이 목격하였다.

미우라의 압력 때문에 제3차 김홍집 정권은 바뀌어 친러파 관료가 해임되었으며, 유길준, 장박(張博) 등의 친일파 관료가 다수 등용되었다. 제4차 김홍집 정권에서는 곧바로 군정 개혁을 실시하여 한성에 친위대, 지방에 진위대를 설치하였다. 또한 관세사와 징세사를 폐지하였고, 관찰사와 군수의 징세권을 부활시켰으며, 그 대신 세무시찰관을 두어 관찰사와 군수의 징세 업무를 사찰하도록 하였다. 개혁이 거의 후퇴하고 있었는데, 급격한 개혁으로 재정도, 인원도, 의식 개혁도 따라가지 못하게 되었기 때문이다. 한편 태양력은 이 내각에서 채용되었고, 음력 1895년 11월 17일을 양력 1896년 1월 1일로 하기로 결정하였다.

김홍집 정권은 개혁의 수정이 있었다고는 해도, 오히려 개혁 의식은 강인하였다. 그러나 이 정권은 이미 완전히 정통성을 상실하였고, 엄청난 곤란에 직면하였다.

사건의 결말과 진상

아무리 민비 사건을 은폐하려 해도 국제 문제로 비화하는 것은 피할 수 없었다. 일본 정부는 어쩔 수 없이 10월 17일 미우라를 소환하였고, 19일에는 관계한 일본인도 퇴거시켰다. 그리고 히로시마(廣島)에서 지방 재판소와 군법 회의에 처분을 맡겼다.

이러한 사태를 배경으로 쿠데타 계획이 일어났다. 11월 28일 전 시종 임최수(林最洙)와 전 시위대 참령 이도철(李道徹)을 중심으로 한 근왕파와 구미파 요인들은 국왕을 궁궐에서 탈출시켜 〈국모〉의 원수를 갚고, 친일파 정권을 타도하려 했다. 배후에는 정동파 이범진, 이완용, 안경수 등과 왕실과 가까운 인물들이 있었다. 그들은 제4차 김홍집 내각에서는 배제되었다. 그러나 춘생문(春生門)으로 입성하여 거사하려던 계획은 안경수의 밀고로 수십 명이 체포되면서 실패로 돌아갔다. 나중에 체포된 자들을 포함하여 관계자는 33명에 이르렀다. 이른바 춘생문 사건이다.

세력을 얻은 김홍집 정권은 민비 학살 사건을 유야무야하기 위하여 전 군부협판 이주회(李周會) 이하 3명을 하수인으로 만들어 올렸고, 12월 28일 처형했다. 이주회는 제2차 농민 전쟁 진압 과정에서 〈공적〉을 세운 인물로, 이후 박영효의 추천으로 군부협판이 되어 출세한 인물이었다. 그 처형에는 김홍집에 의한 박영효파 일소의 의지가 담겨 있었다. 이 처형을 통하여 미우라 등은 완전히 구제받았고, 다음 해 1월에는 48명 전원이 〈증거 불충분〉으로 무죄가 되었다.

일국의 공사가 부임 국가의 왕비를 거의 공공연하게 학살하는 일은 세계사에 유례가 없는 경천동지할 사건이었다. 그러나 이 사건은 미우라의 독단에 의한 것은 결코 아니었다. 이 사건의 배후에는 대본영이 있었다. 참모차장 가와카미 소로쿠는 조선에서 융화책을 구사하던 이노우에 가오루를 대신하여 군사밖에 모를 것 같은 무인 미우라 고로를 신임 공사로 취임시키는 데 성공했다. 미우라의 임무는 전신선의 반환과 일본군의 철병을 바라는 국왕과 왕비의 마음을 번복하게 만드는 것이었는데, 그 최종적인 작전이 민비 학살이었다. 사건 직전인 10월 5일 미우라는 재조선 병참수비대 지휘권을 가와카미로부터 부여받았고, 거기에는 수상 이토 히로부미도 동의하였다. 미우라가 가까운 시일 내에 무언가 중대한 무력 행동을 일으키리라는 것을 그들은 어렴풋이 알고 있었다. 적어도 미우라가 가와카미의 의향을 접수하여 민비 학살을 실행하였음은 분명하다.

의병의 발흥

파렴치하기 짝이 없는 민비 학살 사건을 놓고 위아래로 분노가 고조되었다. 미우라 등을 비호하는 김홍집 정권을 향한 불만은 극에 달하고 있었다. 그러나 김홍집 정권은 오히려 개혁의 추진을 늦추지 않아 1895년 12월 30일에는 단발령을 공포하기에 이르렀다. 단발은 급진적으로 이루어졌고, 사람들은 거리나 성문에서 강제적으로 단발을 당했다. 단발령은 부모로부터 받은 〈신체발부(身體髮膚)〉를 훼손하는 것이었고, 소중화의 예속(禮俗)을 버린 〈왜국(倭國)〉화라고 생각한 위정척사파는 〈중화를 존중하고 이적을 물리친다〉, 〈국모의 복수〉 등을 슬로건으로 하여 반일, 반개화의 의병 투쟁에 나서게 된다.

1896년 1월 강원도 원주에서 이춘영(李春永)을 의병장으로 하여 시작된 봉기는 정부군을 격파하고 2월 강원도 영월로 진출했다. 그리고 원주, 제천, 평창 등에서 모여든 의병을 규합하여 유림계의 중진 유인석(柳麟錫)이 대장으로 추대되었다. 이미 경기도나 충청도에서도 의병 투쟁은 개시되었는데, 유인석이 내외 백관과 전국에 격문을 날리자 의병 투쟁은 전국화 양상을 띠게 된다.

의병은 관료에게 친일 활동을 그만두고 의병 편에 가담하여 국가의 원수를 함께 토벌하자고 하였다. 또한 각지에서 친일적인 〈왜(倭) 관찰사〉나 〈왜(倭) 군수〉를 처단함과 동시에 일본인 관리나 군인, 상인 등을 습격했다. 또한 전신선의 절단이나 전주의 파괴 등을 행하였다. 그 때문에 의병 진압에는 정부군만이 아니라 일본군 수비대도 출동하였다. 의병에는 일부 동학 잔당도 가담하였다. 4월 전라도 나주에서 일어난 개화파 관리, 경관에 대한 살해 사건은 동학 잔당이 읍리나 장교 등과 함께 수백 명 규모로 궐기한 것이었다.

의병은 제창자의 덕망에 따라 집합하였고, 그 구성원의 다수는 농민을 비롯한 하층 민중이었다. 유교적 대의명분론을 민중 또한 공유하고 있었는데, 거기에는 덕망가적 질서관의 논리도 작동하였다. 다만 아무리 열심히 대의명분론을 내걸었더라도, 덕망이 떨어지는 경우에는 민중 규합이 어려웠다. 의병의 세력은 의병장의 덕망과 명성에 비례하였다.

아관파천

정부가 의병 진압으로 내몰리고 있는 틈을 타서 한성에서는 2월 11일 러시아 공사 베베르와 제휴한 정동파 가운데 친러파인 이범진, 이완용 등이 러시아 수병의 호송을 받아 국왕을 러시아 공사관으로 이어시킨다는, 이른바 아관파천을 감행했다. 이범진은 춘생문 사건 때문에 해외로 망명하였는데, 어느 사이엔가 귀국하여 베베르와 몰래 상의하고 파천 계획을 추진하였다. 정동파의 정권 탈취였다.

아관파천과 동시에 개화파 정권에서 대신을 맡았던 인물들에 대한 체포령도 내려졌다. 김홍집은 도망을 권유받았으나, 이를 거절하고 광화문에서 체포되어, 경무청으로 호송되는 도중 순검과 군중에게 살해당하였다. 농상공부대신 정병하(鄭秉夏)도 같은 운명을 맞이하였다. 민중은 그 사체에 돌을 던졌고, 훼손된 사체는 종로 도로변에 방치되었다. 〈죽음은 애초부터 각오하였다〉는 말을 남긴 김홍집의 죽음은 실로 당당하였다(『梅泉野錄』). 신념을 가지고 개화 정책을 추진했다고는 해도, 굳이 굴욕을 감내하여 일본의 위엄을 빌린 자신의 행위가 얼마나 반민중적이었고, 동시에 개화 정책 그 자체가 얼마나 민중을 괴롭게 하였는지를 그는 알고 있었던 것이다.

그 외에도 탁지부대신 어윤중은 한성을 탈출하였으나 역시 민중에게 맞아 죽었다. 내부대신 유길준, 법부대신 장박, 군부대신 조희연 등은 일본으로 망명하였고, 외부대신 김윤식은 제주도로 유배를 갔다. 이리하여 1년 반에 걸친 갑오개혁은 무참하게 종식되었다. 그것은 쿠데타나 다름없는 일이었는데, 그렇다 해도 정권이 외국 공사관을 집정의 장으로 삼는 등의 일은 정상에서 벗어난 사태였다.

친러파 정권에서는 총리대신 겸 내무대신으로 박정양, 법부대신 겸 경무사로 이범진, 외부대신 겸 학무대신으로 이완용 등이 취임하였다. 이 정권은 발족하자마자 곧바로 세무시찰관을 폐지하였고, 관찰사, 군수의 징세권을 완전히 부활시킨 뒤 이를 강화하였다. 또한 지방 재판권도 군수가 다시 장악하도록 하였다. 그리고 23부제를 13도제로 개정하여 지방 관원을 줄였다. 무엇이든 간에 개혁을 역행하는 개정이었는데, 개혁이 현실에 곧바로 호응하지 못하고, 이념적으로만 실시되었던 데 대한 반발의 결과이기도 했다. 다만 1896년 9월 의정부관제(議政府官制)를 공포하였고, 내각이 의정부로 개정되어 수반을 참정(參政)으로 칭하게 된 것에서 보이듯이 명칭의 개정만으로 실질적인 의미를 갖지 않는 듯한 개정도 있었다. 친러파 정권에는 수구적 성격이 수반되었다.

아관파천 이후 국왕은 선유사를 파견하였는데, 의병 투쟁은 쉽게 수습되지 않았다. 의병은 친러파 정권도 개화파이고, 본질은 바뀌지 않는다고 보았다. 의병 투쟁은 5월 유인석 부대가 충청도 충주에서 패배한 이후 퇴조를 보이기 시작하였는데, 10월 무렵까지 산발적으로 이어졌다. 그 후 1897년 8월 12일에 단발령이 취소되었다.

제 6 장

대한제국의 시대

서양식 정장을 입은 고종(1852~1919)

1. 대한제국의 탄생

제국화의 소망

시모노세키 조약 체결 이후 조선에서는 일본이나 청국과 대등함을 드러내고자 하는 제국화의 소망이 싹터 왔다. 그 징후는 이미 1884년 갑신정변 당시 개화파의 거두 김옥균의 구상에서 드러났는데, 정부 차원에서 논의된 것은 청일 전쟁 개전 직후의 일이다. 청국으로부터의 이탈을 명확하게 하기 위해서 우선 일본 공사 오토리 게이스케가 고종의 칭제(稱帝)를 제안했다. 이때는 국왕과 대신들이 모두 반대했기 때문에 논의가 깊이 있게 다루어지지 않았다. 1895년 말 무렵에 〈주상 전하〉의 호칭을 〈대군주 폐하〉로 격상시키는 데 그쳤다. 그사이 1895년 10월에 칭제 계획이 불거졌는데 이것은 일본인 고문들이 획책하였고, 일본 이외의 나라, 특히 러시아로부터의 〈자주독립〉을 명확하게 하기 위하여 추진된 것이었다. 그러나 이것도 미국, 러시아, 프랑스 등의 반대로 유산되어 버렸다.

칭제 문제가 다시 본격적으로 논의된 것은 1897년에 들어서부터였다. 이번에는 조선 정부와 국왕이 주체적으로 추진하였다. 같은 해 2월 20일 국왕이 러시아 공사관에서 경운궁(덕수궁)으로 환궁하자, 봄 무렵부터 칭제를 요청하는 상소가 이어졌다. 국왕은 그것을 〈만만불가(萬萬不可)〉라고 하면서도, 음으로 관민의 상소를 유도하였고, 그 결과 칭제 상소가 운동 양상을 보이게 되었다.

이러한 움직임에 대하여 열강 가운데 러시아는 적극적으로 대응했다. 환궁 후에도 러시아의 영향력은 우월하였다. 러시아는 다른 열강의 조선에 대한 간섭을 방어하기 위해서 칭제가 바람직하다고 생각하였고, 동맹국 프랑스도 이를 승인했다. 영국, 미국, 독일은 러시아가 적극적으로 대응하고 있기 때문에 냉담하였지만, 칭제에 반대할 이유도 없었고 결국 이를 승인했다. 일찍이 칭제 문제에 열심이었던 일본은 이번 칭제에 러시아의 그림자가 어른거리고 있어 옳다고 생각하지 않았지만 반대할 수도 없었다. 종주국이었던 청의 경우에는 〈망령되게 스스로를 존대(妄自尊大)〉한다며 반대하였으나 결국 인정할 수밖에 없었다. 그러나 청국이 조선을 대등한 나라로서 정식으로 인정한 것은 1899년 9월 11일에 조인된 한청통상조약부터였다.

칭제는 조선 왕조의 비원이었다. 여진족인 청에 복속하는 예를 행한 이래로 사대 지향의 한편으로 자립 지향도 끊임없이 존재하였다.

제국화의 정치 문화

칭제는 공론에 기초하여 실시하였다. 고종은 칭제 상소를 받아들이면서 〈6군(천자의 군대)과 만민의 바람〉에 따라 어쩔 수 없이 따른다는 수사를 구사하였다. 공론 중시는 유교적 민본주의의 기본이었고, 고종은 이제까지의 유교적 정치 문화를 존중하면서 칭제를 받아들일 필요가 있었다. 더욱이 고종은 일군만민 사상이 성숙하였고, 갑오농민전쟁에서 정점에 도달하였음을 충분히 인식하고 있었다. 그렇기 때문에 교조 신원 운동이나 갑오농민전쟁에 대한 대처도 당초에는 철저히 탄압하는 것이 아니라, 선무 공작이나 회유 공작을 실시하였다. 철저한 탄압을 강요한 것은 일본이었고, 그것은 본래 고종이 바라는 바가 아니었다.

그렇기 때문에 고종은 홍범14조의 발포 다음 날에 낸 칙령 제14호에서 〈군주가 자주를 하려고 하더라도 백성에게 의지해야만 하며, 나라가 독립하려고 하더라도 백성과 함께해야 한다. 너희 서민들은 마음을 하나로 하여 다만 나라를 사랑하고, 그 기운을 같이하여 오직 군주를 사랑하라〉라고 하여 〈충군애국〉을 당당하게 말할 수 있었다. 칭제는 분명 갑오농민전쟁을 정점으로 고조되어 있던 민중 세계의 일군만민 사상을 지렛대로 삼아 비로소 가능했다.

황제 즉위와 제국의 논리

칭제에 앞서 고종은 1897년 8월, 전년에 갑오개혁 시기 일세일원(一世一元)의 원칙하에 제정되었던 건양(建陽)이라고 하는 연호를 폐지하고 광무

(光武)로 바꾸었다. 이것은 갑오개혁이 일본의 영향 아래에서 추진되었다고 하는 인식과 관련된 것으로 일본으로부터의 자립을 의미하였다. 그리고 같은 해 10월 11일, 국호를 대한제국으로 고쳤으며, 다음 날 황제 즉위식을 거행했다.

즉위식은 천명 계승을 재확인하기 위하여 환구단에서 실시하였다. 제천의식은 조선 왕조 초기 종주국인 명이 꺼려서 중지한 이래로 한 번도 없었다. 이 즉위식은 천명의 계승자인 고종이 상제와의 군신 관계를 맺은 정통 군주임을 국민인 신민에게 보여 준다는 데 의미가 있었다.

그렇다면 왜 〈조선〉이라고 하는 국호를 폐지하여 〈대한〉으로 해야만 했는가? 그것은 〈조선〉이 고조선에서 유래하는 것이지만 국초에 명으로부터 책봉을 받을 때 명명된 국호였기 때문이다. 따라서 〈조선〉은 제국에 어울리는 국호가 아니었다. 제국의 논리로서는 복수의 국가를 복속시킨 결과로서 탄생한 국가라고 하는 명분이 있어야만 했는데, 그 결과 채용된 것이 〈한(韓)〉이었다. 고종의 조칙에 따르면 신화, 전설상의 단군과 기자에 의한 개국 이래로 고조선은 영토가 분할되어 〈서로 다투고(相互爭雄)〉 있었는데, 고(舊)려 당시 마한, 변한, 진한을 통합하여 〈삼한〉으로 삼고, 지금의 조선에 들어와 북쪽으로는 말갈, 남쪽으로는 탐라(제주도)를 정복하여 4,000리에 이르는 〈일통의 업〉을 이룬 것이 된다. 이러한 역사 인식은 잘못된 것이나, 세분화된 〈한〉이 고(舊)려 때를 계기로 서서히 확대하여 제국이 되었고, 그 때문에 〈대한〉이라고 불러야 한다는 논리이다.

대한국국제

이리하여 조선은 대한제국이 되었다. 또한 그 국제가 바로 1899년 8월
에 공포된 대한국국제(大韓國國制)이다. 이것은 겨우 전체 9개 조항으로 이
루어진 문장에 불과하나, 대한제국이 〈자주독립의 제국〉이며, 그 정치는
〈만세불변의 전제 정치〉로, 황제는 〈무한의 군권〉을 갖는다고 선포하였
다. 황제는 통수권, 입법권, 행정권, 관리 임명권, 외교권, 은사권 등 모든
권력을 갖는다고 하였다.

이러한 국제는 결코 헌법이 아니었다. 거기에는 국가의 이념이나 신민의
권리·의무, 끝으로는 관권 등에 대해서도 아무런 언급을 하고 있지 않다.
대한제국은 〈구본신참(舊本新參)〉을 표방하였고, 오히려 유교와 민본주의
는 국가의 원리였다. 이미 신민의 생명 재산에 대한 보호에 대해서는 홍범
14조와 칙령 제14호에 명기되어 있었다. 대한국국제는 단지 민본주의 이
념을 당연하다는 듯이 실천하며, 한없이 자애로워야 하는 황제의 권능을
명시한 것에 지나지 않았다.

고종의 독재

그러나 국제로서 당당하게 그것을 명시할 수 있었다는 사실은 조선 왕
권사의 관점에서 볼 경우, 일군만민 사상의 정점이었고, 군주 독재제의 확
립이라는 점에서 획기적 의의를 가지고 있었다. 고종은 국제를 근거로 하
여 개혁 정치를 추진하기 위해 뜻하는 대로 리더십을 발휘해 나갔다. 민비
가 살해되고 갑오개혁 세력이 일소됨과 동시에, 1898년 2월 22일에는 대

원군도 사망함으로써 이제 강대한 발언력과 의사 결정권을 가진 존재는 고종밖에 없었다. 더욱이 과거가 폐지되었으므로, 관료의 등용에는 고종의 의사가 현격하게 반영되었다.

그 결과 근황 세력을 육성하여 서리나 천민 출신의 인물까지도 대관(大官)에 기용하는 사태가 벌어졌다. 고종의 개인적 신뢰만을 기반으로 삼는 저들의 지위는 부침이 격심하였고, 고종은 그들을 자유롭게 활용했다. 그러한 한편으로 고종은 재야의 상소를 유도하여 공론을 양성하였고, 최익현과 허위(許蔿) 등 덕망이 있는 재야 유생을 등용하여 보수 세력까지도 배려하였다. 그들은 오히려 의연하게 고종의 개화 정책을 비판하였다. 그러나 그 불만을 정권 측에서 흡수한 것은 일군만민 체제의 구축이라고 하는 점에서 교묘한 인사 정책이었다.

2. 독립협회 운동

열강의 경제 진출

청일 전쟁 후 일본과 청국의 경제 진출은 결판이 났다. 1896년 단계에서 조선과의 무역액은 일본이 1547만 3,712엔인 데 비해 청국은 455만 354엔이었고, 그 차이는 3.5배 정도로 벌어졌다(信夫淳平, 『韓半島』, 1901년). 또 일본은 중계 무역에서 벗어나 조선에 대한 수출의 9할 정도가 국내산이었다. 그 가운데 면포와 면사가 차지하는 무역 비중은 4할 정도였다. 더욱이 조선의 외국 상관 총수 258개 가운데 일본의 것은 210개, 청국은

42개로 일본은 청국은 물론이거니와 다른 구미 열강마저 문제로 삼을 필요가 없는 상황이 되었다. 또한 일본인은 내지에 들어가 고리대를 실시하여 조선인 명의로 토지를 입수하기 시작하였다.

청일 전쟁 당시 조선 정부는 신식화폐발행장정(1894년 8월 11일)을 공포하여 신화폐를 발행하기로 선언하였고, 그것이 대량으로 유통될 때까지의 기간 동안 외국 화폐의 유통을 허용했다. 거기에는 물론 일본의 강요가 있었으며, 그 결과 일본 화폐가 대량으로 유통되었다. 일본군은 일본 화폐로 자유롭게 물품을 구입할 수 있었다. 또한 제일은행은 1902년 5월부터 제일은행권을 발행하여 조선에 유통시켰다. 그리고 각국과의 차관 경쟁에서 열세에 있었던 것을 보완하려고 제일은행권을 통한 차관을 공여하였다.

표 2 열강에 양도한 주요 이권(1896~러일 전쟁 직전까지)

국가	연월	양도한 이권
러시아	1896. 4	함경북도 경원과 종성의 금광 채굴권
	1896. 7	함경북도 경성의 석탄 채굴권
	1896. 9	무산, 압록강 지역과 울릉도의 삼림 벌채권
	1897. 10	재정 고문 알렉세예프의 초빙, 해관 관리
	1898. 3	한러은행의 설치
	1899. 3	울산, 성진 등의 지역을 근거로 하는 포경권
미국	1896. 3	한성-인천 간 철도 부설권(이후 일본에 양도)
	1896. 4	운산 금광 채굴권
	1898. 1	한성의 전차, 전등, 수도 경영권
	1899. 9	개성-한성 간 궤도차 부설권

국가	연월	양도한 이권
영국	1896. 4	재정 고문 브라운의 초빙, 해관 관리
	1898. 3	평안남도 은산의 금광 채굴권
	1899. 9	한성-개성 간 마차 철도 부설권
프랑스	1896. 7	한성-의주 간 철도 부설권
	1901. 6	평안북도 창성의 광산 채굴권
독일	1897. 4	강원도 금성의 광산 채굴권
일본	1897. 4	강원도 금성의 금광 채굴권
	1898. 9	한성-부산 간 철도 부설권
	1899. 1	한성-인천 간 철도 부설권을 미국으로부터 양도
	1900. 2	경상, 강원, 함경도 해역의 포경권
	1900. 8	충청남도 직산의 금광 채굴권
	1900. 11	전매 인삼의 위탁 매매권
	1904. 1	장절포, 진도포, 울산포의 포경 기지 계약
영·미·프·독일	1898. 3	절영도 북단의 조계지권

열강 간의 경쟁은 단연 일본이 앞서 있었고, 불안은 없는 것처럼 보였다. 그러나 이권은 〈표 2〉에서 보이듯이 열강 각국에 걸쳐 있었다. 그리고 무엇보다도 고종은 러시아 편향이었으며, 러시아 또한 만주뿐만 아니라 조선에 대한 기반을 다지기 위해 이리저리 책동하고 있었다.

독립협회와 「독립신문」

일군만민 체제를 표방하는 대한제국을 일면 지지하면서, 결국 거기에 맞서 싸우게 된 근대적 정치 결사가 독립협회였다. 독립협회는 갑오개혁이 좌절된 이후 개혁의 정신을 계승하면서, 대한제국의 성립에 앞선 1896년 7월 2일 안경수를 회장으로 하여 설립되었다. 그 목적은 사대 외교의 상징적인 조영물인 모화관(慕華館)에 독립관(獨立館)의 간판을 걸고, 영은문(迎恩門)을 부수어 독립문을 건조하는 것이었다. 그 주도 세력은 정동구락부였고, 독립협회는 당초 정부 익찬(翼贊)적 성격을 가지고 발족하였다.

한편 독립협회의 발족에 앞서 같은 해 4월에 간행된 신문이 순한글로 된 「독립신문」이다. 「독립신문」은 갑신정변의 주모자인 〈5적〉의 한 명으로 망명지 미국에서 귀국한 서재필을 사주 겸 주필로 삼아 발족하였다. 당시 의사가 되어 미국 국적을 소지하고 있던 서재필은 갑오개혁 정권의 요청으로 귀국하였고, 계몽 활동에 종사하게 되었다. 독립협회도 본래는 서재필이 주도하여 만들어진 것인데, 외국 국적이기 때문에 회장에는 취임하지 않고 고문이 되었다. 그는 봉급을 받는 중추원의 고문까지도 겸했다.

「독립신문」은 주 2회 300부 발행으로 출발하여, 단기간 동안 3,000부까지 성장하였다. 신문은 돌려 읽었기 때문에 한성 부민을 중심으로 다수의 독자가 탄생했다. 발족 당초에 「독립신문」도 또한 정부 익찬적 신문이었고, 동시에 독립협회의 기관지적 역할을 담당하였다. 창간호의 논설(1896년 4월 7일)에서 〈우리들은 우선 편향되지 않고, 어느 당에도 관계하지 않으며, 상하귀천을 나누어 접하지 않으며, 모든 조선인과 조선을 위해서만 공평하게 인민에게 말할 예정이다〉라고 말함과 동시에, 말미를 〈대군주 폐하의 성덕에 대하여 만세를 외친다〉라고 끝맺고 있다. 이것은 바로 「독립신문」이 정부 익찬적임과 동시에 군민일체가 되어 국민을 창출하려한 신문이었음을 의미하는 것이었다.

「독립신문」 창간호. 한글판과 영문판이 발행되었다(1896년 4월 7일)

독립협회의 운동

본래 독립협회의 임무는 1897년 11월 20일 독립문 준공으로 끝낼 예정이었다. 그러나 독립협회는 같은 해 8월경부터 독립관에서 주 1회의 토론회를 개최하는 가운데 성격이 바뀌어 갔다. 공개 토론회에서는 매회 정부의 요인이 출석하였고, 토론은 정치, 사회 전반에 관한 논제에 대하여 참가자와 자유롭게 토의하는 형식으로 진행되었다. 그것은 오늘날에도 간단히 볼 수 없는 광경이었고, 조선에서 민주주의의 첫걸음이었다. 그러나 그것은 이의 제기를 인정하는 유교적 민본주의를 내건 조선적 전통 정치의 발전 형태였다. 민주주의는 그것을 수용하는 제도였던 만큼 급진적으로

운영되었다. 그리고 그 과정에서 서서히 반정부적 성격이 강해졌다.

이리하여 충분히 단련된 토론회는 이윽고 가두로 진출하여 민중 대회 형식의 만민 공동회로 발전하였다. 그 때문에 고급 관료들은 빠져나갔고, 이완용에 이르러서는 외국에 대한 이권 양도에 관여하였다고 하여 제명을 당했다. 독립협회의 주도권은 개화파의 흐름을 이어받은 서재필과 윤치호, 이상재(李商在) 등이 완전하게 장악하였다.

독립협회가 정력적으로 조직한 운동은 우선 열강에 대한 이권 양도를 반대하는 운동이었다. 삼국 간섭과 아관파천 이후 일본을 앞질러 조선에서 세력을 신장하고 있던 러시아가 최대의 표적이었다. 1898년 3월 10일과 12일, 각각 1만 명과 수만 명 규모로 만민 공동회를 개최하였고, 러시아 재정, 군사 고문의 해고를 요구하자, 정부는 그러한 열성적인 모습에 굴복하여 이를 승인했다. 또한 러시아는 막 개설한 한러은행을 폐쇄하였고, 구체화되고 있던 부산 절영도의 조차도 단념해야만 했다. 고종 자신은 러시아에 의존하는 마음에 변화가 없었지만, 독립협회의 반대에 굴복할 수밖에 없었다.

활기를 띠고 있던 독립협회에서는 이권 양도 조사를 실시하려는 급진파가 대두하였고, 그들은 미국, 프랑스, 독일, 일본 등의 이권 양도에도 반대하였다. 다만 영국, 독일, 일본에 대한 경계는 약하였고, 독립협회는 독특한 세력 균형관을 가지고 러시아와 그 동맹국인 프랑스를 특히 위험하게 보았다.

독립문. 1897년 11월 20일 준공

헌의6조

그러나 정부가 반격에 나섰다. 중추원 고문 서재필을 해고하고, 5월 14일 국외로 퇴거시켰다. 서재필은 러시아와 일본으로부터도 적대시되었고, 또한 미국도 그의 보호에 자신이 없어서 퇴거를 막을 수 없었다. 「독립신문」은 윤치호가 인수하였다.

독립협회는 이와 같은 사태로 타격을 입었지만 개혁의 속도를 늦추지는 않았다. 독립협회는 이어서 정부 대신에게 비판의 화살을 돌렸다. 당시 왕실 재정을 혼자서 담당하고 있던 궁내부 내장원경 이용익(李容翊)의 민중 수탈을 규탄하여 일시 유배를 가게 하였고, 노륙법이나 연좌법의 부활을 꾀하는 7명의 수구파 정부 대신을 파면으로 내몰았다.

그 후 독립협회는 의회 설립 요구를 포함한 국정 개혁 운동을 전개하였다. 그 절정이 1898년 10월 29일 개최된 관민 공동회였다. 이 대회에는 정부 수구파 대신이 만든 어용 단체인 황국협회를 비롯한 각종 사회단체도 참가하였다. 운집한 사람들은 관료, 신사, 학생, 노동자, 상인, 구 천민 등 실로 다양한 계층을 아우르고 있었고, 참가자는 수만 명에 달했다. 의정부 참정 박정양을 비롯한 정부 대신과 요인도 대부분 출석하였다. 윤치호가 사회를 맡은 가운데 의사를 시작하였다. 최초로 발언한 자는 차별받던 천민인 백정 박성춘(朴成春)이라는 인물로, 〈충군애국〉의 심정을 말했다. 정말로 새로운 시대의 도래를 느끼게 하는 획기적인 순간이었다. 그리고 이 대회에서는 ① 외국에 의존하지 말고 〈전제 황권〉을 강고하게 할 것, ② 외국과의 조약은 정부 각 대신과 중추원 의장이 공동으로 날인할 것, ③ 재정을 탁지부로 일원화하여 예산과 결산을 공표할 것, ④ 공판은 피고가 자백한 다음 실시할 것, ⑤ 칙임관의 임명에는 황제의 자문 후 정부의 과반수 동의를 필요로 할 것, ⑥ 장정(중추원 개조를 통한 의회 설립안)을 실천할 것 등의 헌의6조가 채택되었고, 박정양 내각은 여기에 찬동하여 서명하였다.

독립협회의 위기

그러나 수구파의 조병식은 독립협회가 박정양을 대통령, 윤치호를 부대통령으로 하는 공화 정부의 수립을 획책하고 있다고 거짓말을 퍼뜨렸다. 그 결과 11월 5일 박정양 내각은 무너졌고, 조병식, 민종묵 등의 수구파 내각이 탄생하였다. 신정부는 곧바로 독립협회의 해산을 명하였고, 이상재, 정교(鄭喬), 남궁억(南宮檍) 등 간부 17명을 구속했다.

독립협회 회원 가운데 회장 안경수를 중심으로 몇몇이 일본 망명 중인 갑신정변 주모자였던 박영효를 귀국시켜 정권을 탈취하고, 고종을 양위시키고 황태자를 대리청정시킨다는 모의를 벌인 것은 사실이었다. 그렇지만 그것은 이미 1898년 초에 발각되었고, 안경수는 일본에 망명해 있었다. 11월 당시 회장 직책을 맡았던 자는 온건파 윤치호였다. 그는 이 사태로부터 피해 있었기 때문에 독립협회 회원과 한성 부민은 해산과 구류의 부당함을 호소하기 위하여 곧바로 만민 공동회를 개최하였다. 그리하여 10일에는 구속자가 석방되었고, 고종은 헌의6조의 일부를 실시하겠다고 약속하였다.

그럼에도 불구하고 급진파가 주도하고 있던 만민 공동회는 그 후에도 해산하지 않았다. 여기서 황국협회로 조직되어 있던 보부상은 21일 길영수(吉永洙)와 홍종우의 지도 아래 만민 공동회를 습격하였고 시가전을 벌였다. 길영수는 백정 출신의 점성술사였고, 홍종우는 김옥균을 암살한 인물이었다. 시가전은 다음 날에도 있었고, 만민 공동회 측은 수십 명의 사상자를 냈다. 그러나 조병식이나 민종묵 등의 집도 습격을 받았으며, 사태는 수습되기 어려운 상황이었다.

독립협회의 해산

그리하여 고종은 그날로 수구파 내각을 경질하였고, 신내각에 박정양을 내부대신으로 삼았고, 윤치호 체포 명령을 취소하였으며, 독립협회의 활동을 다시 한 번 허가하기로 하였다. 또한 조병식과 보부상을 지휘한 홍종우, 길영수 등을 유배 처분하였다. 한성 부민의 지지는 압도적으로 만민 공동회 측에 있었기 때문이다. 더욱이 고종은 26일 인화문에 직접 나와 양

진영에게 친유를 내렸고, 자신의 말로 독립협회의 활동을 허가함과 동시에, 헌의6조의 실시를 약속하였다.

황제 자신이 사태를 수습하기 위해 신민 앞에 직접 등장하여 연설을 한다는 것이야말로 조선적인 것이었다. 일군만민의 이념을 실천하는 것이었다고 말할 수 있을 것이다. 독립협회 회원은 〈성은〉에 감격하였고, 큰 소리를 지르며 감격하였다고 한다(鄭喬, 『大韓季年史』 上; 菊池謙讓, 『近代朝鮮史』 上). 이러한 사태는 일본은 말할 것도 없이, 중국에서도 있을 수 없는 일로 조선 왕권과 신민의 거리가 대단히 가깝다는 것을 보여 주는 사례라 할 수 있다.

그런데 사태가 일순간에 바뀌었다. 독립협회의 급진파는 여전히 만민 공동회를 계속 개최하였고, 또한 의관을 다시 선출한 중추원에서는 11명의 대신 후보 가운데 한 명으로 박영효를 추천하였다. 이에 위기감이 고조된 고종은 12월 23일 만민 공동회에 군대를 투입하여 강제로 해산시켰고, 25일에는 〈민회〉 금압령을 내렸다. 독립협회는 여전히 존속하였으나 다음해 1월 소멸하였다. 급진파 일부는 반격에 나서려고 폭탄 테러까지 일으키려 하였으나 발각되어 일본으로 망명했다.

독립협회의 사상

이리하여 독립협회의 운동은 종언을 고했고, 의회 설립 운동도 실패로 돌아갔다. 이 운동은 대한제국 정부가 추진하려 한 〈구본신참〉 노선 이상으로 강고한 통합 시스템, 즉 국민 국가 시스템을 구축하려 한 것이었다. 헌의6조의 제1조에서는 〈전제 황권을 공고히 할 것〉을 부르짖었는데, 그것은 사실상 〈황제 대권〉을 의미하였던 것이지, 문자 그대로 황제 전제 정치를 표방하였던 것은 아니었다. 대한국국제에서 표방하였던 〈무한한 군권〉과는 차이가 있었고, 독립협회는 민권 신장에 크게 관심을 보여 주었던 것이다.

그러나 독립협회는 우민관에 강하게 사로잡혀 있었다. 확실히 독립협회 운동은 입헌 대의 정체를 표방하였으나, 그 의회 구상은 중추원을 개혁하여 50명으로 된 의관을 관선과 독립협회 회원으로 절반씩 구성한다는 엘리트적 발상에 입각한 것이었다. 독립협회는 곧바로 민중에게 참정권을 부여할 수 없다고 생각하였다. 동학이나 의병 등에 대해서도 강하게 경계하고 있었다. 우민관 또한 유교적 민본주의의 특징이었다.

그리고 독립협회는 근대 문명 지상주의의 입장에서 약육강식의 현실을 긍정하였고, 경쟁의 결과로서 열강에 대한 종속을 문명의 진보라고 생각하였다. 구체적으로는 자원 개발의 명분에서 서구 열강의 식민지 지배를 합리화하였고, 그에 대한 반제 민족 운동을 〈야만스러운 백성(蠻民)〉의 행위라고 비난하였다. 그 점은 사실 최고 지도자 윤치호의 사상에서 단적으로 드러난다. 그는 영국의 인도 지배를 긍정함과 동시에, 문명국의 지배 아래에서 조선 개혁론의 가능성을 염두에 두었으며, 게다가 진정으로 조선이 〈독립〉할 때까지는 40~50년에서 100~200년까지 걸릴지도 모른다고 생각하였다. 그것은 실질적으로 조선의 〈독립〉을 포기한 것과 같았다.

다시 한 번 마지막으로 지적해 두고 싶은 점은 대한제국과 독립협회의 유사성이다. 양자 모두 지주제의 재편 강화와 상공업의 발달에 의거하면서 황제-관료, 또는 황제-중추원(관료+독립협회) 주도로 강력한 중앙 집권 국가를 만들려고 하였다. 다만 양자의 대립은 ① 열강에 대한 이권 양도의 여부, ② 광무개혁파의 정권 강화에 수반한 독립협회에 대한 위기감, ③ 독립협회의 일부 세력과 민중의 급진화에 따른 광무개혁파의 독립협회에 대한 반발 등 때문에 야기된 것이었다.

3. 대한제국의 정책

황실 재정의 강화

갑오개혁에서는 신설한 탁지부가 재원을 일원적으로 장악하게 되었는데, 실제로는 그렇지 않았다. 탁지부가 장악한 것은 지세(地稅), 호세(戶稅) 뿐이었고, 제반 상업세나 기타 잡다한 세금은 농상공부와 궁내부 내장원이 장악하였다. 바뀐 점은 현물납에서 화폐납으로 변경된 정도였다. 황실비는 정부 예산으로 계상되었는데, 내장원이 수세하는 황실 재원은 그것과는 별도였다. 내장원에서는 독자적으로 징세원을 파견하여 징세하였는데, 그 권한은 서서히 강화되어 갔다. 어염선세, 객주(금융, 물자 중개업자) 과세, 광산세, 철점세(鐵店稅) 등 이외에 각종 상행위에도 과세를 하였고, 홍삼의 경우에는 전매제로 하였다. 요컨대 대한제국기의 징세는 탁지부, 농상공부의 정부 계통과 황제 계통 두 가지로 이루어졌다.

더욱이 내장원은 역토, 둔토, 목장토 등의 공전(公田) 관리도 시행하였고, 황실 재정은 계속해서 늘어났다. 반대로 재정을 압박받던 정부의 탁지부 전환국에서는 어쩔 수 없이 보조 화폐인 백동화 발행을 증가시켰다. 그러나 본위 화폐를 갖고 있지 않았기 때문에 법화(法貨)로서 가치가 낮았고,

그 가치가 계속 하락하면서 인플레이션이 진행되었다. 거기서 내장원은 탁지부에 잉여 자금을 대출해 주었는데, 그 부채에 대한 보상으로 내장원은 지세의 직접 징수권까지도 부분적으로 장악하기에 이르렀다.

광무개혁

대한제국이 추진한 광무개혁은 무엇보다도 이와 같이 강대한 재정 권한을 가진 황실이 주도하였다. 실제로 궁내부에는 황실 행정과 관계가 없는 관청이 다수 존재하였다. 통신사(通信司), 철도원(鐵道院), 서북철도국, 광학국(鑛學局, 광산에 관한 현장 교육 사무), 관리서(管理署, 산림·성곽·보·사찰의 관리), 수민원(綏民院, 여권 발행과 출입국 관리), 평식원(平式院, 도량형의 통제 관리), 박문원(博文院, 서적·신문 등의 보관 정리) 등이 있었다. 수민원의 경우 무슨 까닭으로 출입국 관리를 궁내부에서 해야만 했는지 이해하기 어려운 것이었다. 출입국 관리를 국가가 일원적으로 시행하는 것은 국민 국가의 원칙에 속하나, 이것을 황실 직할로 삼았다는 점이야말로 대한제국의 성격을 잘 보여 준다. 신민의 출입국은 일군만민의 이념 아래에서는 황실 스스로가 파악해야 하는 것이었다. 광무개혁은 바로 궁부(宮府) 일체의 체제 아래에서 추진되었다.

근대적 개혁을 추진하기 위해서는 무엇보다도 재정적 뒷받침이 있어야만 한다. 황실 재정이 어느 정도 늘어났지만, 그것이 개혁 사업에 투자된 이상 자금 부족을 피할 수는 없었다. 그래서 우선 추진되었던 중요 사업이 양전 지계 사업이다. 사업은 1898년 7월부터 시작되어 전국의 토지를 측량하고, 토지의 소유자에게 지계를 발행하였으며, 지세의 안정적 확보를 노렸다. 이 사업은 근대적 소유권을 창출하려는 성격도 갖고 있었는데, 러일 전쟁의 발발 때문에 전국 3분의 2 정도 조사가 끝났을 무렵 좌절되어 버렸다. 일본이 한국 병합 직후 곧바로 실시한 토지 조사 사업은 이것을 계승한 것이었다.

다음으로 중요한 사업은 금 본위제에 기초한 화폐 개혁과 중앙은행의 설립 계획이었다. 이것은 1898년 무렵부터 계획이 있었는데, 금 보유량이 절대적으로 부족하였고, 더욱이 1897년 금 본위제로 이행한 일본으로의 금 수출을 저지할 수 없었다. 이에 고종과 내장원경 이용익은 여러 열강을 향하여 차관을 무차별적으로 시도하였는데, 차관을 이권 획득의 좋은 기회로 삼으려 한 열강 간의 상호 방해 때문에 실패로 돌아갔다. 특히 일본의 차관 방해는 노골적이었다. 일본은 단독으로 조선을 경제적으로 종속시켜 이권을 독점하려 했다. 그 때문에 대한제국 정부는 재정난을 극복하려고 악화인 백동화를 구축하려 했음에도 불구하고, 도리어 백동화를 남발하지 않을 수 없는 악순환에 빠졌다. 그러나 1901년 2월 12일 신화폐조례를 공포하여 금 본위제를 채택하고, 1903년 3월 24일에는 중앙은행조례를 공포하여 중앙은행 설립을 실현하려 하였다. 그러나 러일 전쟁의 발발 때문에 그 실현은 모두 수포로 돌아갔다.

군대와 군사비

광무개혁은 이러한 재정적 뒷받침이 없는 가운데 추진되었는데, 재정 지출이 가장 많이 이루어진 곳은 의외로 군사 부문이었다. 대한제국기에는 군제 개혁을 통해 근대적 육군을 창설하였고, 원수부(대원수-황제, 원수-황태자) 아래에 중앙군으로서 시위대(侍衛隊)와 친위대(親衛隊)가 있었으며, 지방군으로서는 진위대(鎭衛隊)가 있었다. 러일 전쟁 당시에는 1만 5,440명, 1907년 8월 군대 해산 당시에는 8,426명의 군대가 존재하였다(『朝鮮駐箚軍歷史』).

1896~1904년 사이에 정부 총예산 가운데 군사비가 차지하는 비율을 살펴보자. 1896년 16.28퍼센트, 1897년 23.38퍼센트, 1898년 27.66퍼센트, 1899년 22.37퍼센트, 1900년 28.13퍼센트, 1901년 41.02퍼센트, 1902년 38.33퍼센트, 1903년 39.46퍼센트, 1904년 37.63퍼센트였다. 상당히 높은 비율이다. 이것은 일견, 민본주의에 반하는 군비 확장 노선이라고 말할 수 있을지도 모른다. 그러나 러일 전쟁에 말려들었을 당시에도 기껏해야 1만 5,000명 정도의 군대밖에 갖고 있지 않았다는 사실은 그 이전의 군대가 대단히 취약했음을 잘 보여 준다. 러일 전쟁을 목전에 두고, 군사비 증대는 어쩔 수 없는 지출이었다.

대한제국은 여전히 유교적 민본주의를 표방하는 국가였다. 징병제 시행의 논의는 있었으나, 재원 문제나 상공업 육성에 대한 방해를 두려워하여 끝내 시행되지 않았다. 민본주의에 기초한 왕도론적 〈자강〉 사상은 대한제국기에 이르러서도 아무런 변화가 없었다.

상공업 정책

재원이 없는 가운데 상공업 육성 정책은 많은 곤란을 수반하였지만 내장원 주도로 이루어졌다. 내장원은 회사에 독점적 특권을 부여하는 대신 상납금을 납부하도록 하였다. 그리고 관료가 임원으로 이름을 내건 관료

주도의 기업을 육성했다. 대한천일은행, 대한직조공장, 저마제사회사, 부산철도회사, 대한철도회사 등이 알려져 있다. 내장원의 한 부국(部局)인 서북철도국은 이용익이 총재로 황실 관청이면서 기업 활동도 하는 관료 자본주의적 성격을 지니고 있었다. 또한 관료를 낙하산식으로 상인 단체의 임원으로 받아들여 내장원의 통제를 받으면서 독점적 특권을 행사하는 기업 활동도 나타났다.

이상과 같은 기업 활동 가운데 이용익이 가장 심혈을 기울인 것은 경의(한성-의주) 철도의 부설이었다. 경의선 부설권은 프랑스에게 양도하였는데 착공 기한을 넘겼기 때문에 1899년 6월 한국 정부로 반환되었다. 이용익은 서북철도국을 통하여 자력으로 부설할 것을 고집했다. 그 결과 결국 1902년 5월 착공하였는데, 자금난 때문에 공사는 때때로 중단되었다. 이 상황을 보고 일본이 독점적인 부설권의 획득에 나섰다. 그러나 이용익의 저항과 러시아의 방해를 만나 쉽게 획득할 수는 없었다. 결국 일본은 1903년 8월 일본의 영향 아래에 있던 대한철도회사가 서북철도국과 부설 계약을 체결하는 간접적인 방법으로 부설권을 획득했다. 이것을 대한제국 측에서 보자면 가장 중요한 이권을 양도한 것이나 마찬가지로 일본의 압력이 강했다고 인식되었다.

전체적으로 광무개혁은 자금 부족과 그것을 보충해야 하는 차관의 실패 때문에 가시적인 성과를 낼 수 없었다. 또한 개혁 주체 세력이 위약했다는 점도 문제였다. 고종은 여러 정치 세력을 견제하면서 강력한 주도권을 견지했으나, 그것은 근황 세력의 이합집산을 초래하였고, 강인한 개혁 주체 세력을 만들어 내지 못했음을 의미한다. 일군만민의 이상은 황제 독재를 강화하여 신권을 약체화시켰기 때문에 도리어 개혁 정치의 족쇄가 되었다.

문명개화 정책

광무개혁에서는 신민화 정책도 실시되었다. 그러나 이것도 국민화, 혹은 근대 문명화라고 하는 것과는 오히려 거리가 있었다.

확실히 국기, 국가, 훈장 제도를 창설하고, 갑오농민전쟁 이후 전사한 장졸(將卒)을 기리는 장충단(獎忠壇)의 조성 등을 통하여 〈충군애국〉 사상을 고취하였다. 소학교나 중학교를 설치했을 뿐만 아니라, 외국어 학교, 상공업 학교, 의학교, 공업 전습소, 모범 양잠소, 기예 학교 등을 설치하였고, 일본으로 유학생도 파견하여 교육 사업을 추진하였다. 재판소를 근대적으로 운영하고, 국립 병원 등의 사회 자본도 정비하려 했다. 또한 수도 한성에서는 서양식의 궁전이나 관청을 세워 신민에게 국가의 위용을 보여 주고, 근대적 시민 공원으로서 파고다 공원(현 탑골 공원)을 조성하였다. 가로등, 전화, 전차, 영화, 극장 등이 출현하여 사람들에게 근대 문명을 보여 주었고, 그것을 체현해 가는 황제와 국가에 대한 일체감을 양성하려 하였다. 그러나 이 모든 노력들이 역시 재원 부족으로 인해 한정적으로 설치, 조성되었을 뿐이다. 무엇보다도 〈충군애국〉 사상 함양의 시스템인 의무 교육 제도를 시행할 수 없었다는 사실은 신민화 정책으로서는 치명적 결함이었다.

민중은 근대 문명에 흥미를 보였고, 전차 등에는 의미 없이 몇 번이고 승차하려는 광경도 목격되었다. 그러나 그 반동도 컸다. 1899년 5월 26일 한 아동이 깔려 죽은 사건을 계기로 그의 아버지가 격앙하였고, 군중과 함께 전차를 파괴하고 소각하였으며, 더 나아가 발전소까지도 파괴하려 하는 사건이 일어났다. 당시 가뭄이 이어지고 있었는데, 이윽고 그 원인으로 전차가 공중의 습기를 흡수하고 있기 때문이라는 소문까지 돌아 전차에 대해 한성 민중이 가졌던 순진한 흥미는 적의로 바뀌었다. 전차 파괴 사건은 그 후 1900년 5월 18일과 1903년 9월 30일에도 일어났다. 후자의 경우 군인도 참가하였고, 일본인 상점을 파괴하는 사태로까지 발전하였다. 민중은 근대 문명에 대한 위화감을 계속 갖고 있었다.

세력 균형 정책

이상과 같이 광무개혁은 결코 성공하였다고 평가할 수 없는 사업이었지만, 동시에 실시되었던 외교 정책 역시 줄타기와 같은 세력 균형 정책으로 일관하였다. 차관이 여러 열강에 대하여 무차별하게 이루어졌던 것도 그 결과였다. 고종은 청국에서 여러 열강이 대규모 조차지를 특정적으로 독점하는 움직임을 보고, 그것을 저지하려고 거꾸로 적극적으로 목포, 진남포, 마산, 군산, 성진 등에서 개항 정책을 추진하였다. 개항장을 늘려 그곳을 각국의 공동 거류지로 삼음으로써 상호 견제 시스템을 만들려 하였던 것이다.

이러한 세력 균형 정책은 일면 여러 열강의 압력을 받아 왔던 고종의 독특한 후각에 따른 것이었지만, 다른 한편으로는 열강의 조선에서의 행동 준칙이 세력 균형이었다는 점으로부터도 규정되었던 것이다. 영국은 조정 역할을 맡았다.

원래 조선에서 두드러진 세력을 자랑하고 있었던 것은 역시 일본과 러시아였다. 양국은 1896년 5월 14일과 6월 9일 고무라-베베르 각서와 야마가타-로바노프 협정을 체결하였다. 이것은 아관파천 상황을 반영하여 러시아의 정치적 우위를 확인하는 것이었다. 일본이 계속 가지고 있었던 전신선 관리권만은 인정하면서도, 조선에서 양국의 정치적 군사적 입장은 거의 대등하다고 하였다. 이것은 조선 보호국화를 추진하려고 하였던 일본에서 보자면 큰 폭의 양보였다.

그러나 1898년 4월 25일에 체결된 니시-로젠 협정에서는 일본의 경제적 우위를 확인하였다. 러시아는 같은 해 3월 27일 청국으로부터 뤼순(旅順), 다롄(大連)의 조차를 결정하였고, 일본의 항의를 미연에 방지하기 위해서 양보한 것이었다. 독립협회의 요구가 있었다고는 해도, 러시아인 재정, 군사 고문의 철퇴와 한러은행 폐쇄 등은 사실 니시-로젠 협정의 포석이라는 의미도 가지고 있었다.

고종은 현명한 군주인가?

대한제국기 고종과 비교될 만한 인물은 한 사람도 없었다. 그때까지 대원군과 민비의 안색을 살피면서 실시해 왔던 정치를, 그는 자신의 의지만으로 할 수 있게 되었고, 또한 그러한 체제도 만들어 나갔다. 그것은 영조나 정조가 실시하려 했던 일군만민의 정치를 정말로 실현하려 하는 이념이 있었기 때문이었다. 고종은 자기비판도 하고, 주관적으로는 현명한 군주가 되려 하였다.

당시 외국 사신들 사이에서는 고종을 어리석은 군주라고 보는 것이 일반적이었던 와중에도 데니처럼 강인함, 인내, 관용을 구비한 현명한 군주라고 보는 견해도 존재하였다. 그러나 데니의 논의는 고종을 폐위시키려 하는 원세개에 대항해서 나온 하나의 언설이었다. 독립협회에 대한 조삼

모사식의 대응에서도 볼 수 있듯이 고종은 대원군에게서 물려받은 책사적 일면을 갖고 있으면서도 사실은 매우 경솔하고 사려가 부족하였고 주위를 돌아보지 않았다. 또한 너무나 정실(情實)적인 인사는 총애와 경질을 반복하였고, 때로 믿기 어려운 사건까지도 일으켰다. 러시아 공사 베베르의 이권을 도모한다고 하여 그때까지 총애하고 있던 전 역관 김홍륙(金鴻陸)을 유배에 처하자 원한을 사 1898년 9월 11일 만수성절(황제의 탄생일)의 커피에 아편이 들어갔던 것이다. 이때 고종은 무사하였으나, 황태자 척(坧)은 이변을 일으켰고, 그 후 평생 병약한 상태가 되고 말았다.

일군만민의 정치라고 하는 것은 현명한 군주를 전제로 하는데, 그것은 부단한 인격적 도야와 신하와 변함없는 신뢰 관계를 구축한 위에서 비로소 성립한다. 그것은 단순한 독재와는 구별되는 이상주의적 군주 정치이다. 고종이라고 하는 인물에게 군주라는 자리는 아무래도 짐이 지나치게 무거운 것이었다. 그 점은 이윽고 노회한 정치가 이토 히로부미와의 대치 속에서 분명해졌다.

4. 대한제국기의 민중 운동

대한제국의 민중 수탈

차관이 잘 추진되지 않는 가운데 대한제국은 광무개혁 추진을 위해서 자연스레 민중 수탈을 강화할 수밖에 없었다. 그리고 이 정책 역시 내장원 주도로 실시되었다.

농민에게 가장 원망의 대상이 된 것은 둔토나 역토, 목장토 등 공전(公田)이 내장원 관할로 편입되는 것이었다. 이것은 황실에 의한 지주적 수탈의 강화를 의미하였고, 소작인으로서 책정된 농민의 지대 부담을 인상시킴과 동시에, 그들에 대한 관리도 강화하였다. 또한 그 과정에서 일반 농민의 민전이 편입되는 일도 있었고 소유권 분쟁도 많이 야기하였다. 그것은 갑오농민전쟁에서 내세워졌던, 소농 보호적인 아래로부터의 제반 요구를 압살하는 것을 의미했을 뿐만 아니라, 농민군의 요구를 일면 받아들이려 한 갑오개혁의 정책에서도 후퇴한 것이었다.

민중 수탈의 강화는 재정이 궁박하였던 탁지부가 관할하고 있던 군(郡)에서도 마찬가지였다. 1900년과 1902년 두 차례에 걸쳐 증세가 이루어졌는데, 지세 대장이 갖추어지지 않아 실제로는 수입이 증가하지 않았다. 거기에는 당연히 이전과 변함이 없는 악덕 지방관의 가렴주구와 중간 수탈이 있었다. 1901년 8월 탁지부가 조사한 바에 따르면 공전(公錢)을 착복한 군은 110개에 이르렀고, 부정한 군수는 신구를 합쳐 200명 정도였다. 그들은 앞다투어 죄를 면하려 공전을 반납했고, 그 액수는 이틀 만에 27만 원에 이르렀지만 그 가운데 면죄받을 수 있는 자는 불과 십수 명에 불과하였다(『大韓季年史』下).

공론의 방향

독립협회는 정부 대신을 고소하여 처벌받게 하는 등의 승리를 몇 차례 얻어 내었지만, 이것은 점차 민간에서도 군수를 고발하는 분위기를 만들어 냈다. 물론 유교적 민본주의를 기초로 하는 일군만민의 이념 아래에서 민소(民訴)나 직소(直訴)는 쉽게 실시할 수 있었지만, 독립협회 운동이 만들어 낸 고발 문화는 고발을 신문이라고 하는 공기(公器)를 통하여 한다는 점에서 획기적이었다. 민중은 관찰부나 재판소, 법부 등에 고소하더라도, 고소당한 자가 집권가이거나, 권세와 결부된 경우에는 반대로 무고죄로 처벌되는 경우가 있었다. 그러나 그러한 경우에도 최종적으로 익명을 통해 신문사로 고소할 수 있는 수단을 확보하고 있었다.

한편 당시 「독립신문」 이외에 「황성신문」 같은 유력지가 있었다고는 하지만, 근대적 공론 방식이 전국적으로 영향을 미치는 데는 한계가 있었다. 민중은 여전히 그때까지 익숙해 있던 이의 제기의 정치 문화에 다수 의거하였다.

당시 그러한 정치 문화를 여실히 반영하는, 어떤 사소한 사건이 일어났다. 1900년 8월 무렵, 전라도 정읍의 한 시장에 400명 정도 정체를 알 수 없는 집단이 나타났다. 당국이 그 목적을 조사해 보니 〈만민을 대신하여 어떤 일이든 따지지 않고 군아(郡衙)에 호소함을 주의 목적으로 하는 자〉라고 하였다(「全羅道活貧黨狀況復命書」, 『韓日外交未刊極秘史料叢書』 9). 만민의 의지를 관청에 상달하는 것을 오히려 당연한 요청 행위로 생각하고 있었던 것이다.

그러나 민소나 직소가 주효하지 않는 경우에는 민란을 일으킬 수밖에 없었다. 민란도 또한 유교적 민본주의를 기초로 하는 일군만민하의 정치 문화였다. 일군만민의 이상은 현실적으로 환상일 수밖에 없고, 오히려 반대로 민중의 소망을 짓밟고 있었는데, 이념상으로는 집요하게 존속하였다. 이리하여 대한제국기에는 다채로운 농민 항쟁이 전개되어 항조(抗租), 항량(抗糧) 운동이 각지에서 일어났다.

민란의 속출

특히 주목되는 것은 동학 잔당의 움직임이었다. 대한제국 정부는 동약 (洞約)이나 오가통제 등의 향촌 통제책을 강화하여 밀고를 장려하였고, 〈동학 잔당〉 토벌을 집요하게 실행하였다. 그러한 가운데 제2대 교주 최 시형도 1898년 5월 원주에서 결국 체포되어 7월 20일에 처형되었다. 그렇 지만 이단적인 동학교도들은 1900년에는 황해도의 해주, 재령이나 충청 도 속리산, 전라도 덕유산 등에서 활발하게 재조직화하는 움직임을 보였 고, 러일 전쟁 무렵까지 완전하게 없어지지는 않았다.

그 가운데 대규모로 전개되었던 운동이 최영두(崔永斗), 익서(益西) 부자 를 지도자로 하여 1899년 전라도 북부 지방에서 일어났던 영학(英學) 반란 이었다. 영학은 동학을 위장한 명칭으로, 기독교에 가탁하여 포교 활동을 하고 있었다. 그리고 5월 27일 〈벌왜벌양 보국안민(伐倭伐洋 輔國安民)〉을 슬로건으로 내걸고 고부, 정읍, 흥덕, 무장, 고창 등지에서 봉기하였고, 광 주로부터 전주, 더 나아가서는 한성으로의 진격을 기도하였다. 흥덕에서 는 전년 2월 급진적인 독립협회 회원으로 비친, 자칭 영학회 회장 이화삼 (李化三)을 지도자로 하여 민란을 일으켰는데, 영학의 반란은 이 민란과도 관계가 있었다.

영학 이외에 서학이라고 하는 것도 있었는데, 이것도 기독교에 가탁한 동학 잔당이었다. 서학교도들은 기독교에 가탁하여 서구 각국 공사관의 비호를 받으면서, 부유한 자에 대하여 재산 수탈, 굴총(掘塚, 무덤 파헤치기), 부녀 탈취, 사채늑봉(私債勒捧, 채권 문서의 강탈), 사족 능욕 등의 행위를 하 였다.

대한제국기에는 동학 잔당 이외에도 큰 민중 반란이 여러 차례 기도되었다. 1898년 2월과 1901년 5월 제주도에서 방성칠(房星七)의 반란과 이재수(李在守)의 난이 연이어 발생하였다. 둘 다 대한제국의 징세 강화에 반발하여 일어난 항쟁이었다. 방성칠의 반란은 갑오농민전쟁 이후 제주도로 건너간 방성칠이 동학과 유사한 〈후천세계의 무량낙원 전개〉를 설파했던 신흥 종교 남학(南學) 조직을 중심으로 일으킨 것이었고, 분리주의적 성격을 아울러 갖고 있었다. 또한 이재수의 난은 기독교에 대해 적대적인 운동의 성격을 아울러 가지고 있었는데, 방성칠의 반란과는 달리 황제 환상을 농후하게 지니고 있었다는 점이 특징이다.

의적의 시대

이 외에 의적 집단 활빈당의 활동이 주목할 만하다. 활빈당은 본래 단순한 화적 집단이었는데, 19세기 말에 몇몇 화적이 모여 의적화한 것이다. 그들은 충청, 경상, 전라 각 도의 광범한 지역에서 양반 부호나 부민으로부터 재산을 탈취하였다. 그들은 본질적으로 어디까지나 도적이었지만 때로는 태도를 바꾸어 탈취한 금품을 빈민에게 나누어 주었다. 그 조직은 비밀 유지를 중요시하여 알려진 바가 별로 없으나, 사회 정의를 거짓으로라도 표방하였다는 점에서 해방을 바라는 민중의 마음이 반영되어 있었다.

실제로 그들은 곧잘 군복이나 경관 복장을 하고, 또 거짓으로 관직명을 사칭하기도 했다. 거기에는 도착된 국가 권력 지향이 있었고, 민중 보호 의식이 있었다. 유교적 민본주의는 의적마저도 공유하고 있었다고 말할 수 있다. 활빈당은 「13개조 대한사민논설(大韓士民論說)」이라고 하는 강령적 성격의 문서를 공표하였는데, 그 내용은 소생산자와 소상인의 입장에서 반개화와 반침략을 주장하였고, 주관적으로는 사회 정의의 실현과 왕도 정치로의 회귀를 지향하고자 했던 것이었다. 대한제국기에는 활빈당 이외에도 다수의 의적 집단이 있었는데, 그들의 일부는 결국 의병 운동에 합류하였다.

유교적 근대 국가의 좌절

대한제국기 조선의 지역 사회는 정말로 혼란스러운 상황이었다. 단적으로 말해 유교적 민본주의의 논리는 교화 중심이었고, 근대적 국민주의의 논리는 규율 중심이었다. 그 때문에 국민화를 기도하려 하는 근대 이행기에는 민중 운동에 대한 단호한 탄압이 필요해진다. 그 점은 프랑스 혁명 때 민중 운동 탄압이나 일본의 신정(新政)을 반대하는 소요(一揆)에 대한 탄압을 보더라도 명확하다. 그러나 오히려 유교적 민본주의를 국가 원리로 삼고, 교화를 중시하려는 대한제국은 반드시 단호하게 철저한 탄압을 표방하지 않았다. 그렇게 하기에 충분한 경찰력과 군사력도 없었으며, 또한 그렇게 하려는 강고한 의지도 없었다.

대한제국은 어디까지나 〈구본신참〉을 고집하였고, 유교적인 근대 국가를 창설하려 하였다. 일반적으로 근대 국가는 정교 분리를 원칙으로 하는데, 대한제국은 도리어 그에 반하는 근대 국가 만들기를 선택하였다. 고종은 유교적 민본주의를 회로(回路)로 하여 근대화와 신민화(국민화)를 추진하려 하였는데 그것은 상당한 어려움을 수반하였다. 심각한 재원 부족과도 맞물려 조선에서는 유교적 민본주의의 관념이 지역 사회나 민중 세계에서 상당히 두텁게 존재하였고, 고종 또한 그것을 최후까지 포기하려 하지 않았다. 근대 국가들이 격렬하게 싸우는 국제 정치 안에서, 어떤 의미에서 그것은 자신들의 전통·원리·이상을 고집한, 장대하고 위험한 실험이자 도전이었다고 말할 수 있다.

제 7 장

러일 전쟁하의 조선

의병에 참가한 어린 소년들

1. 일본의 조선 점령

고종의 중립화 정책

1900년 의화단 전쟁의 진압으로 열강의 세계 분할은 일단 종료되었다. 그러나 러시아는 의화단 전쟁에서 파병한 군대를 철수하지 않고, 만주에 주둔시켰다. 1894년 1월 러불 동맹의 체결 이래로 독일은 극동 문제가 격화되고 러시아가 만주에 발목이 잡히기를 기대하고 있었다. 그에 대하여 조선과 청국에서의 상호 이익을 위하여 일본과 영국은 1902년 1월 영일 동맹을 체결하여 대항하였다. 러시아에게 이것은 충격이었고, 10월부터 러시아는 만주 철병을 개시하였다.

이 시기를 전후한 무렵, 러일 대립에 위기의식을 느낀 고종은 중립화 정책을 본격적으로 추진하였다. 고종의 지시에 따라 1900년 8월 주일 공사로 부임한 조병식은 일본에 중립화 정책을 제안하였다. 그러나 일본의 반대에 더하여 러시아와 미국도 소극적이었기 때문에 이러한 시도는 실패하였다. 그 후 10~11월경 러시아 재무상 비테가 의외로 열국 공동 보장에 의한 조선 중립화안을 일본에 제안하였다. 그러나 일본은 역시 이를 거부했다.

고종은 1901년 10월에도 집요하게 외부대신 박제순을 통해 재차 중립화안을 일본에 제안하였다. 그러나 일본이 바라는 바는 어디까지나 한일 국방 동맹안이었으므로 중립화안은 일축해 버렸다. 어느덧 평시의 중립화안 승인은 불가능해졌다. 이에 고종은 1903년 8월 러일 쌍방에 사신을 보내어 전시 중립화안을 제안하였다. 러일 개전의 위기는 목전에 이르렀고, 이대로 조선은 전화에 휩싸일 가능성이 있었다. 일본이 이를 거부하였음은 말할 것도 없거니와, 러시아도 일본과 전쟁을 할 생각은 없다는 이유로 이를 승인하지 않았다.

토지 매수와 러일 교섭

일본과 러시아의 대립은 조선의 토지 매수를 둘러싸고 더욱더 격렬해졌다. 양자의 토지 매수는 20세기 초부터 본격화하였다. 러시아는 부동항을 획득하고 만주 경영의 부진을 만회하기 위해 조선에서 토지 매수를 추진하였고, 일본은 오직 군사적 목적에서 토지 매수에 착수하였다. 그리고 토지 매수를 지속적으로 실행해 가고 있던 양국은 1899년부터 1900년에 걸쳐 마산포(馬山浦) 주변의 매수를 둘러싸고 첨예하게 대립하였다. 그러나 이 당시에는 러시아가 양보하여 전쟁에는 이르지 않았다. 일본은 마산포에 군대 상륙 용지를 확보하였다.

양국이 결정적 대립을 맞이한 것은 1903년에 들어가면서부터이다. 러시아는 같은 해 4월 이행하기로 되어 있던 만주로부터의 제2기 철수를 실행하지 않고, 도리어 만주 지배를 강화하려 하였다. 더욱이 5월경부터 압록강 조선 측 하구에 있는 용암포(龍岩浦)의 토지를 매수하여 건물들을 건축하고, 삼림 사업을 개시하려 하였다. 러시아가 결코 조선 전역으로의 본격적인 진출을 노리고 있었던 것은 아니지만, 용암포로의 진출은 일본의 만주 진출에 대한 방어선의 의미를 갖고 있었다.

양자의 대립은 이미 어찌할 수 없는 상황에 이르렀다. 러일 교섭이 1903년 8월부터 개시되었으나 순탄하지 않았다. 최종 국면에서 러시아는 상당히 양보하였고, 일본이 바라는 만한 교환론에 근접한 제안을 하였다. 비록 조건부이기는 하지만 39도선 이북을 중립 지대로 한다는 스스로의 제안을 포기하였던 것이다. 그러나 그 안이 통지되기 직전인 1904년 2월 4일 일본은 어전 회의에서 개전을 결정해 버렸다. 비록 개전 결정 전에 통보되었다고 해도 일본의 개전 결정은 뒤집어지지 않았을 것이다. 일본은 한국 영토를 군사 전략상의 목적으로 사용하는 것을 금지하려 한 러시아 측의 제안 철회도 요구하고 있었기 때문에 이 정도의 양보로 개전을 뒤집기란 도저히 불가능했다. 일본에서는 이미 개전론이 억제할 수 없이 고조되어 있었다. 삼국 간섭 이후 〈와신상담〉을 구호로 삼아 온 일본에서는 관민 모두에게 개전의 열기가 비등해 있었고, 조선에 대한 군사적 지배의 달성을 열망하고 있었다. 러일 교섭 이전인 1903년 6월 24일 발표된 「7박사 의견서」는 일본의 러일 전쟁 개전 열기를 상징하는 것이었다.

러일 개전

이러한 와중에 러일 전쟁에 말려들지 않으려 했던 대한제국은 최후의 필사적인 승부수를 던졌다. 1904년 1월 21일 대한제국은 러일의 승낙 없이 전시 중립화 정책을 실행하려는 국외 중립을 선언했다. 영·독·프·이·덴마크·청국 등이 이를 승인했다. 또 러시아는 일본과의 전쟁을 최후까지 바라지 않았던 만큼 궁지에 몰려 있던 이 단계에서 승인으로 기울었다. 러시아는 조선의 전시 중립화 선언을 방패로 삼아 고종을 협박하여 군사 행동을 취하려 하는 일본의 부도덕을 견제할 수 있다고 생각하였던 것이다. 전시 중립화책은 비록 한순간이었지만 성공한 것처럼 보였다.

그러나 또다시 일본은 이를 무시했다. 일본은 2월 4일 어전 회의에서 개전을 결정하자, 8일 연합 함대가 뤼순 항 바깥의 러시아 함대에 선제공격을 가했다. 이로써 전쟁이 시작되었다. 그러나 그보다 앞선 6일, 일본은 조선의 진해만과 부산, 마산의 전신국을 군사 점령하였다. 러일 전쟁도 청일 전쟁과 마찬가지로 조선에 대한 군사 행동이 선행되었던 것이다. 그리고 일본은 2월 10일 〈한국의 보전〉을 대의로 삼아 러시아에게 선전 포고를 하였고, 이어서 23일 한국 정부에 한일협정서를 강요하기에 이르렀다. 의정서 조인 후 일본은 조인에 끝까지 반대하고, 열성적인 중립론자였던 이용익을 일본으로 납치했다.

이 점이 보여 주는 것은 명료하다. 일본이 바라는 만한 교환론의 내용은 한반도에서 독점적 이권과 내정 지도권의 장악뿐만 아니라, 한반도를 통째로 군사 점령하는 것이었다. 일본의 바람이 독점적 이권과 내정 지도권의 장악뿐이었다고 한다면, 러일 전쟁은 결코 일어나지 않았을 것이다. 이러한 동기를 가진 전쟁은 결코 방위 전쟁 같은 것이 아니었다.

한일의정서

한일의정서는 6개 조항으로 이루어져 있으며, 한국 정부는 일본의 〈시정 개선〉을 받아들이는(제1조) 대신, 일본은 한국 황제의 〈안전 강녕〉을 도모(제2조)함과 동시에 한국의 〈독립과 영토 보전〉을 보증(제3조)할 것을 말하고 있다. 그리고 중요한 것은 제4조이다. 일본은 제3국의 침해나 내란으로부터 한국의 황실과 영토를 보전하기 위해서 〈임기 필요의 조치〉를 취하며, 한국은 〈일본의 행동을 용이하게 하기 위해서 충분히 편의를 제공한다〉라고 하였다. 이것은 구체적으로 일본이 〈군사 전략상 필요한 지점을 임기 수용〉하는 것을 의미하며, 러일 전쟁에서 한국이 전면적으로 협력할 것을 강요한 것이었다. 이미 대한제국은 독립의 실체를 잃어버렸다.

그 결과 한국은 ① 전신 통신 기관이 점령됨과 동시에, ② 방대한 철도 부설지와 군용지를 강제 수용당하였고, ③ 군용 일꾼도 강제 징용을 당하여 전 국토가 병참 기지로 변하게 되었다. 러일 전쟁 당초부터 한국은 일본에 대한 종속이 결정되었던 것이다. 일본은 5월 31일 〈제국의 대한 방침〉으로서 〈정사(政事)상 그리고 군사상으로 보호의 실권을 거두고, 경제상으로 점차 우리의 이권 발전을 도모〉할 것을 각의로 결정하였고, 아울러 군사, 외교, 재정, 교통, 통신, 척식의 6대 강령도 결정하였다. 이는 이후 조선 식민지화의 기본 정책이 되었다. 그리고 8월 22일에는 제1차 한일협약을 체결하여 재정 고문과 외교 고문으로 각각 메가타 다네타로(目賀田種太郎)와 미국인 D. W. 스티븐스를 지명하였다. 일본인 고문과 참여관은 경찰과 교육, 법률 등 각 부분에도 배치되었고, 보호국으로의 길을 열었다. 1905년 11월에는 용빙 일본인이 188명으로 증가하였다.

한편 조선 종속화의 길을 폭력적으로 보증하는 기관이 필요하게 되어 3월 10일에 이제까지의 한국 주차대가 한국 주차군으로 교체 편성되었다. 조선 점령 당초 주차군은 대본영 직속이었고, 주한 일본 공사나 공사관 부무관(公使館附武官)과의 사이에서 지휘권을 둘러싸고 대립하는 일이 종종 있었다. 말하자면 근대 일본 특유의 이중 외교이다. 거기서 일본 정부는 8월 21일 주차군을 확대 개편하여 공사관부무관을 폐지하였다. 그리고 9월 5일에는 하세가와 요시미치(長谷川好道)를 대장으로 승진시켜 주차군 사령관으로 삼았고, 그 지위는 천황 직속으로 하였다. 주차군 사령관은 공사를 초월하여 조선 지배의 권한을 한 손에 장악하였고, 조선은 한국 병합에 앞서 무단 통치하에 놓이게 되었다. 주차군은 당초 9,000명 정도였는데, 전쟁 종결 시에는 2만 8,000명 정도로 늘어났다. 이후 일본의 조선에 대한 군사 지배는 1945년 일본이 패전할 때까지 이어졌다. 한국 병합에 앞서 조선은 실질적으로 일본의 식민지가 되었던 것이다.

조선인의 일본관

일반적으로 러일이 개전하기 이전 조선은 러일 양쪽을 모두 경계하고 있었지만 러시아에 대한 경계심이 좀 더 강했다. 세계적으로 제국주의 정책을 노골적으로 추진하였던 러시아의 침략성을 충분히 파악하고 있었기 때문이다. 그리고 또한 인종이 다르다는 점 역시 러시아 위협론을 증폭시켰다.

한편 일본에 대해서는 경계하면서도, 동문동종(同文同種)의 나라라고 하는 인식에서 기대하는 경향도 있었다. 예를 들어 대표적인 한말 내셔널리스트의 한 사람인 이기(李沂)가 「황성신문」(1903년 9월 19일)에 쓴 「일패론(日覇論)」이 바로 그것이다. 그는 아시아에서 패권을 주장하면서 조선에 대한 침략을 강화하고 있던 일본을 비판하지만, 다른 한편에서 일본을 맹주로 하는 아시아주의에 기대를 걸고도 있었다. 또한 〈만국공법〉이 일본의 대한 침략을 억제하는 힘이라고 생각하고 있었고, 이토 히로부미는 물론이거니와 대외 강경파인 고노에 아쓰마로(近衛篤麿)조차 양식 있는 인물이라고 평가하였다.

이러한 인식은 한일협정서 체결 후에도 바뀌지 않았다. 「황성신문」은 〈개한(慨恨)의 절박함〉과 〈분탄(憤歎)의 정〉으로 그에 대해 비판하였고 그 폐기를 요구하는 상소도 이어졌다. 그러나 다른 한편으로 러시아에 대한 경계도 강한 와중이라 조선 관민의 일본관은 복잡하였다. 관료는 러시아가 이기는 것보다는 일본이 승리하는 편이 좋겠다고 하였고, 게다가 본심으로는 러일 양국 모두 조선에서 나가 주기를 바라고 있었다(H. B. Hulbert, 『朝鮮亡滅』上). 또 〈조야에서는 모두 왜가 오히려 사람이나 러시아는 금수라고 생각하여, 만약 러시아가 왜에게 승리한다면 석권하여 남하하고, 조선인은 멸망해 버릴 것이므로, 모두 왜의 승리와 러시아의 패배를 바라고 있다〉(『梅泉野錄』)라고 하였다. 제주도에 유배 중이던 김윤식도 일본에 의한 조선의 보호국화에 경계를 보이면서도, 일본의 대러 개전은 〈세계 최초의 의로운 전쟁이다〉(『續陰晴史』 光武 8년 3월 2일)라고까지 평가하였다.

실제로 개전 당초 러시아군이 조선 북부 지방에서 자행한 민간 재산 약탈은 심각했다. 러시아의 코사크 부대가 여기저기서 출몰하였고, 조선인이 본 적도 없는 러시아 화폐로 식량이나 사료를 요구했다. 부녀자는 산으로 도망가야만 했다. 그에 반해 일본군은 적어도 당초에는 상대적으로 규율을 지키고 있었다.

2. 군율 체제

일본인의 횡포

당초 일본군이 얼마나 규율을 엄정하게 하였든지 간에, 또 조선 관민이 러시아군과 비교하여 상대적 의미에서 환영했다고는 해도, 역시 조선인으로서 일본군의 진주는 성가시기 짝이 없는 것이었다. 일본군은 궁궐이나 관청, 민가를 점거하고 군표를 사용하였으며, 한성은 소란스러운 분위기였다. 또한 일본군은 남한 각지의 군수에게 군수 물자를 청구하였고, 민중에게 그 수송을 명령하였다.

이러한 가운데 차츰 일본에 대한 환멸이 늘어 갔다. 김윤식은 8월경이 되자 일본이 의로운 전쟁을 한다는 시각(日本義戰觀)을 포기하고, 한국에게는 하등의 국권이 없음을 인식하였다(『續陰晴史』 光武 8년 8월 13일). 그리고 이듬해 4월에는 〈경외(京外)의 각 지역은 모두 일본인 천지가 되었고, 그 규모가 커서 아무래도 우리 백성 학살을 주 임무로 하고 있는 것 같다〉라고까지 탄식하였다(『續陰晴史』 光武 9년 4월 17일).

실제로 일본의 횡포한 행동거지는 말로 표현할 수 없었다. 군대와 함께 들어온 일본인 소상인들은 군대의 위엄을 빌려 방약무인하게 처신했다.

외국인에 대해서도 마찬가지였다. 그중에서도 특히 악질적인 자는 인부들이었다. 그들은 강탈과 폭력 그리고 학살까지 저질렀다. 일반 민가에 들어가 식량이나 물품을 빼앗고 사람들에게 일본도를 휘둘러 상처를 입히는 일 등은 일상다반사였다. 무리를 이루어 마을을 습격하고, 미곡과 금전 등의 강탈은 물론이거니와, 부녀자까지 능욕하였다. 사소한 일로 마을 사람을 사살한다거나, 관아에 억지로 들어가 무기를 빼앗고, 군수를 공갈하고 구타하는 일 등의 사태도 발생하였다. 조선의 화적조차 하지 않는 무법적인 태도였다.

이러한 사태에 대하여 일본 공사 하야시 곤스케(林權助)와 대리공사 하기와라 모리이치(萩原守一)는 몹시 고심하였고, 청부업자의 취체역(取締役)을 힐책하였다. 그러나 조선 측에 대해서는 강경하게 나갈 것을 결정하였다. 경부선 공사를 둘러싸고 일본인 인부가 각지에서 소요를 일으킨다는 보고를 받고 있었으나, 그 가운데는 조선인 역부가 거짓으로 일본인 인부라 칭하며 일으킨 것도 있다고 도리어 한국 정부의 책임을 추궁하였다.

군율 체제의 성립

일본에 대한 조선 민중의 반감이 양성되는 것은 시간문제였다. 이미 1904년 4월 무렵에는 그러한 행동이 빈발하였다. 민중이 가장 방해하였던 것은 군용 전선과 군용 철도에 대해서였고, 전신선을 절단하고 전신 철도의 재료를 절취하였으며, 철도 부설물을 해체하는 등의 행동을 하였다.

이러한 방해를 단호하게 막기 위해서 군율을 시행하였다. 이 조치를 7월 2일 한성-원산 간, 한성-인천 간, 한성-평양 간에서 시행하였는데,

군용 철도를 파괴한 김성삼 등을 처형한 일본군(1904)

9일에는 조선 전역으로 확대 시행하였다. 그리고 20일에는 한성 내외에서
군사 경찰을 투입하였으며, 치안 방해로 인정되는 집회를 금지시키고 신
문의 사전 검열을 실시하였다. 반일 활동의 봉쇄를 꾀하였던 것이다. 군율
은 차후에 실시되는 무단 정치의 원형이었고, 조선 민중에게 있어 미지의
정치 문화였다. 동학 농민군이나 의병이 만들어 낸 교화주의에 기초한 군
율과는 전혀 달랐다.

군율은 군용 전선이나 군용 철도에 해를 가하는 자, 혹은 그 행위자를
숨겨 준 자는 사형에 처한다고 하는 엄벌주의를 취지로 하고 있었고, 전선
과 철도의 보호를 〈모든 마을 사람의 책임〉이라고 하였다. 9월 21일 군용
철도를 방해한 죄로 김성삼(金聖三), 이춘근(李春勤), 안순서(安順瑞) 세 명이
한성 교외에서 처형되었는데, 가시적 효과를 노린 것이었다. 이 처형은 안
팎으로 충격을 주었고, 프랑스 언론에서는 처형의 광경을 그림으로 게재

하였을 정도였다.

군율 체제의 강화

군율은 1905년 1월 6일 처벌 대상을 확대하여, 이미 군사 경찰을 시행하고 있던 한성 안팎에서는 한국 경찰의 권한이 전혀 없는 것이나 마찬가지였다. 그러한 가운데 같은 해 2월, 경무 고문으로 경시청 제1부장 마루야마 시게토시(丸山重俊)가 초빙되자 3월부터 한국 경찰은 그의 감독 아래 놓이게 되었다.

군율은 간첩과 이적 행위, 군인 군속의 근무 방해 등에도 적용할 예정이었고, 아울러 집회, 결사, 언론, 출판의 단속을 명문화하였다. 그 가운데서도 〈우리 군의 징발, 숙박과 인부 고용 등을 방해하거나, 또는 여기에 응할 것을 거부하는 자〉에게도 적용하였다는 점은 중요한 의미를 갖는다. 징용 거부는 〈간첩〉으로 간주되었고, 경우에 따라서는 처형되었다. 또 러시아인과 교제가 있다든가, 러시아 화폐를 소지하고 있다는 것만으로도 처형의 대상이 되었다.

군율은 그 후 7월과 이듬해 9월에도 개정되어 좀 더 상세해졌고, 벌칙이 강화되었다. 또한 요새가 있는 영흥만과 진해만에서는 각각 1905년 7월과 8월에 별도의 군율이 제정되었다. 러시아군이 자주 남하한 함경도에서는 1904년 10월 이후 군정마저 실시되었다. 덧붙여 1904년 7월부터 1906년 10월 사이에 군율로 처형된 자가 35명이었고, 구금, 추방, 태형, 과태료 처벌을 받은 자는 257명을 상회하였다.

군용지 수용

군용지와 철도 용지의 수용도 군율 체제에 의해 폭력적으로 추진되었다. 당초에 해군대신 야마모토 곤베(山本權兵衛)는 외무대신 고무라 주타로(小村壽太郞)에게 군용지 수용의 결과 조선인에게 손해를 가하는 경우 보상할 용의가 있다는 점을 전달하였다. 또한 고무라도 철도 용지의 수용에 대하여 정당한 가옥 이전료를 지불하라는 훈령을 하야시 곤스케에게 내렸다. 그러나 실제로 조선인에게 지불된 금액은 얼마 되지 않았다.

예를 들어 일본군은 군용지로서 용산, 평양, 의주에 975만 평의 토지를 수용하였는데, 준비된 자금은 불과 30만 엔이었다. 그 가운데 10만 엔은 일본인과 외국인 소유 토지의 수용에 사용되었다. 조선인 소유지에 대해서는 남은 20만 엔을 사용한 것에 불과하였고, 그것조차 한국 정부의 보증을 얻어 내는 형태로, 한국 정부를 통하여 간접적으로 지불하였다. 후일 분쟁을 일으키지 않도록 하기 위해서였다. 975만 평 가운데 조선인 소유지를 견적상으로 보아 그 최소치인 900만 평이라고만 가정하더라도 그 가격은 한 평당 단가가 2전 정도일 뿐이었다. 당초 매수액은 1평당 30~60전으로 상정하고 있었는데, 이러한 금액은 15분의 1에서 30분의 1에 불과했다.

일본군에게 수용된 토지는 수개월 이내에 일본인 건축업자와 상인에게 불하되었고, 일본인 거류민이 그 위에서 성장하였다. 군용지는 일본군과 연고가 있는 자가 지방으로 나가서 〈이곳은 군용지다〉라고 말하면 즉석에서 수용되었다. 일본군은 분명히 필요 이상으로 광대한 토지를 수용하였고, 본래는 그 16분의 1 정도로도 충분히 충당할 수 있는 것이었다.

인부 징용

군용지 및 철도 용지 수용과 병행하여 일본이 강력하게 추진하였던 정책은 노동력 수탈이었다. 일본은 도로 상황 미흡 등의 이유로 한국 내에서의 군수 물자 수송을 전적으로 조선인 인부에게 의존할 수밖에 없었다. 또한 철도 부설을 신속하게 시행하기 위하여 조선인의 노동력을 대량으로 징발할 필요가 있었다.

그중에서도 철도 부설 인부의 징용은 가혹하게 이루어졌다. 인부의 징용은 한국 정부의 승인이 있으면 일본인 청부업자가 임의로 할 수 있었다. 그 때문에 일본인 인부의 우두머리들이 멋대로 여러 마을을 돌면서 조선인을 통상 3분의 1 정도의 저임금에 폭력적으로 징용하는 사태가 빈발했다. 따르지 않는 자에게는 벌금을 부과하였고, 아니면 군율로 엄격하게 처벌했다. 멀리까지 나간 인부의 경우에는 그 경비 때문에 파산하는 자가 속출했다. 인부의 노동 환경도 최악으로, 뜻이 맞지 않는 인부가 일본인 감독자들에 의하여 태연하게 살해당하는 등의 사태가 빈번하게 일어났다. 그러한 사람들은 군율로 처벌된 자 가운데는 포함되지 않는다. 마치 노예라고밖에 말할 수 없는 사람들이 전국 곳곳에서 무리를 이루며 탄생하였다.

러일 전쟁의 승부가 결정된 무렵의 일로, 1905년 8월 개성부 주차군 사령부는 부윤, 군수 등과 15개 항목으로 된 인부 계약을 교부하였다. 이 계약에서는 향장(鄕長, 이전의 좌수), 촌장의 연대 책임으로 인부가 일에 나오도록 시키고, 만약 역에 나오지 않으면 엄벌에 처한다는 내용을 명기하였다. 이러한 차출 방법은 이후 식민지하의 총력전 체제기에 실시된, 이른바 강제 연행의 원형이 되는 것이었다.

이러한 노예적 노동의 결과, 일본은 1905년 1월에 경부 철도를 개통시켰고, 같은 해 4월에는 일부의 교량 공사를 남기고 경의 철도를 개통시켰다. 경의 철도는 1904년 3월에 착공하였고, 모든 선의 개통은 1906년 4월에 이루어졌는데, 전체 길이 500킬로미터를 부설하면서 소요한 공사 기간은 겨우 733일이었다. 두 개의 철도를 합쳐서 대략 940킬로미터인데, 거기에 동원된 조선인 인부는 모두 합쳐서 1억 명 정도였다.

그런데, 조선인 가운데는 예외적으로 자진하여 인부에 나서는 자가 있었다. 일진회였다. 일진회는 원래 러일 개전 이후인 1904년 8월 18일 일본 군부의 지원을 받은 송병준(宋秉畯)이 창립한 친일 단체이다. 12월 2일에는 일본 망명 중이던 동학 제3대 교조 손병희(孫秉熙)의 지령 아래 이용구(李容九)가 조직한 민회 조직, 진보회(進步會)가 여기에 합류했다. 동학의 정통인 교단 중앙은 갑오농민전쟁 이후 서서히 개화주의로 방향을 틀었고, 러일 전쟁 시기에는 친일화하였다. 송병준은 오랫동안 일본에 체류하였고, 일본인인 척하였던 인물로 애국심 등과는 관련이 없는 사람이었다. 단발할 것을 조건으로 합동일진회(合同一進會)가 탄생하였는데, 이용구가 이끄는 다수의 동학교도가 여기에 들어감으로써 일진회의 규모는 팽창하였다. 회원이 100만이라고 하였는데, 10만 명 내외의 세력을 과시하였고, 한말 최대의 정치·사회단체가 되었다.

동학은 여전히 비합법 종교 단체였지만, 합동일진회의 탄생으로 인하여 실질적으로 합법화되었다. 본래 일본을 적대시하고 있던 동학이 일본의 후원으로 합법화되었다는 사실은 정말로 아이러니한 일이었다. 그리고 일진회는 러일 전쟁에 협력하기 위해 동학교도를 동원하여 가혹한 철도 공사에 무보수로 임하도록 하였다. 이러한 사태는 갑오농민전쟁의 이념을 완전히 배반하는 행위였지만, 동학교단 중앙은 조선으로서는 러시아보다 일본 쪽이 신뢰할 수 있다는 환상을 품고 있었다.

화폐 정리

군율 체제 아래에서 일본은 강경한 경제 정책도 실시하였는데, 바로 화폐 정리였다. 재무 고문이 된 메가타 다네타로는 1904년 11월 전환국을 폐지하고, 한국 정부의 화폐 발행권을 빼앗았다. 그리고 1905년 1월 화폐 조례를 공포하고, 제일은행과 한국 정부가 국고금 취급과 화폐 정리 사무의 취급 계약을 체결하도록 하였다. 그 결과 제일은행의 위탁을 받아 오사카 조폐국에서 제조한 화폐가 한국 화폐로서 유통되었다.

당시 조선에서는 개항 이전부터 있었던 엽전과 개항 이후에 발행된 백동화가 사용되고 있었다. 각각 유통권이 달랐는데, 엽전은 경상도, 전라도, 함경도, 그리고 강원도 일부에서, 백동화는 한성을 중심으로 하여 경기도, 황해도, 평안도, 충청도, 그리고 강원도 대부분에서 유통되었다. 엽전은 실질 가치와 유통 가치가 근사하였으므로 그다지 혼란은 없었고, 점차 공납과 매수를 통해 회수되었다.

문제는 백동화였다. 백동화는 종류가 다양하였고, 실질 가치와 통용 가치가 달랐다. 또 사주전(私鑄錢)이나 위조전(僞造錢)도 많았다. 1905년 7월 1일 일제히 새로운 화폐와의 교환을 개시하였는데, 신구화폐교환규칙 공포와 실시 사이에는 3일간의 여유밖에 없었다. 백동화의 교환 비율은 셋으로 나뉘어 갑종이 2전 5리, 을종 1전, 병종 교환 불가로 결정되었는데, 교환 정보를 알지 못한 조선인이 속출하였다. 또 소액 교환에는 응하지 않는다는 방침을 채택하였다. 그 때문에 대부분의 조선인이 손해를 입었다. 반대로 일본인은 개항장 등에서 악화의 거래를 거부하고 있었으므로 어떠한 문제도 없었다. 그중에는 교환 정보를 재빨리 파악하고, 사전에 악화를 내놓고 양화를 매집하여, 큰 이익을 얻은 일본인도 있었다. 더욱이 조선에는 어음이라고 하는 것이 있었고, 신용이 있는 상인이 발행하여 문제없이 유통되고 있었는데, 이것은 모두 무효가 되었다. 한순간에 부도가 속출하여 큰 문제가 되었다.

이렇게 도산하는 상인이 속출하였고, 자살하는 자까지 나오기 시작했다. 상인들은 정부에 탄원과 함께 황제에게 직소하였고, 그 결과 황제는 35만 엔의 내탕금을 하사했다. 이미 1905년 4월 29일 근대적 법 정비를 의도하여 「형법대전」을 공포하였고 직소는 금지되었으나, 일군만민의 유교적 군주상을 아직 고집하던 고종은 연민의 정을 드러낼 수밖에 없었기에 직소를 수리했다. 그러나 메가타는 그것을 저지하여 내탕금으로 어음 조합을 만들고, 천일은행에 대부하는 식으로 사용하였다.

이후 새로운 화폐는 한국 법화로서 본위 화폐가 되었고, 그 발행 업무를 담당하는 제일은행은 중앙은행이 되었다. 그때까지 발행되고 있던 제일은행권도 보조 화폐를 제외하고 그대로 유통하였다. 일본은 조선을 완전히 동일 통화 제도권으로 삼음으로써 상품 수출입이나 자본 수출을 원활하게 실시하여 식민지 지배를 위한 자금을 쉽게 조달할 수 있게 되었다. 그 후 제일은행 한국 지점은 1909년 11월 영업을 개시한 한국은행으로 계승되었다. 그리고 한국은행은 한국 병합 이후인 1911년 8월 조선은행이 되었다.

3. 반일 항쟁

폭탄 투척 사건

식민지화에 대한 조선 관민의 저항은 다양한 형태로 이루어졌다. 우선 중앙에서는 이미 1904년 3월 29일 한일의정서 조인에 관계한 대관들을 살해하려는 폭탄 투척 사건이 일어났다. 주모자는 전 철도원 감독 길영수(吉永洙)로, 현 철도원 감독 이규환(李圭桓), 평양 연대장 최낙주(崔洛周), 참령 이재화(李在華) 등이 관계하였고, 길영수가 영향력을 가지고 있는 보부상이 행동 부대가 되어 움직였다.

길영수는 백정 출신의 무식한 인물이었지만, 점성술에 뛰어났기 때문에 궁중에 출입하였고, 황실의 총애를 받았으며, 보부상 조직인 상무사(商務社)를 조직했다. 독립협회 탄압에도 중요한 역할을 담당하였던 무뢰한 성격을 가진 인물이었다. 그러한 인물조차 일본의 조선 군사 점령은 참을 수 없는 망국의 사태라고 인식하였다. 아니, 그러한 인물이야말로 도리어 격분을 참을 수 없었다. 의적의 심성과 유사했던 것이다.

의거 통문 미수 사건

일본의 군사 점령에 대하여 전면적으로 항거하려 한 운동으로 의거 통문 계획이 있었다. 이것은 각 방면에서 이루어져서 1904년 6~7월에 적어도 세 건이 발각되었다. 먼저 발각된 것은 유학 김기우(金箕祐)가 중심이 되어 〈몸 안의 피가 끓어오르는 것을 참기 어렵다〉라고 하여 13도에 의거를 호소하였던 통문 미수 사건이다. 평리원 판사 허위(許蔿)가 상담을 받았는데, 허위는 시기상조를 주장하면서 그것을 막았다.

이어서 발각된 것은 허위 이하 전 의관 이상천(李相天), 농상공부 상공국장 박규병(朴圭秉), 한성 재판소 수반판사 김연식(金璉植), 전 참봉 정훈모(鄭薰謨) 등 5명 명의로 된 배일 의거 통문 사건이다. 그 내용은 한일의정서 체제를 황실과 영토의 위기로 보고 일본이 한국을 병합하려는 뜻을 고발함과 동시에, 러시아와의 전쟁에서 일본 병사가 지쳐서 일본의 국론도 일치하지 않는 현재의 틈새를 노려 거사하자는 것이었다. 허위의 이름이 올라가 있는데, 사실 그는 관여하지 않았다.

이 시기 허위는 반일 관료의 지도적 존재로 주목을 받았고, 그의 의지에 관계없이 그를 의병 계획의 중심으로 삼으려 하는 움직임이 있었다. 전 의관 여영조(呂永祚)가 계획한 의거에서도 격문에 대한 허위의 서명이 기대되고 있었지만, 허위는 역시 이를 거절했다. 이 의거 계획에서는 그 수행 과정에 고종의 관여가 있다고까지 와전되었다.

고종, 중신, 유학자들의 움직임

고종에 대한 공작은 현실로 나타났다. 1904년 9월에는 다음 해에 순국하는 민영환(閔泳煥)이 친일 관료를 탄핵함과 동시에, 일본의 국권 강탈을 방어할 급무를 몰래 상주하였다. 또 고종에 대한 공작은 정규 상소를 통해서도 이루어졌다. 여기서도 눈에 띄는 사람은 역시 불굴의 상소자 최익현이었고, 여러 차례에 걸쳐 친일 관료의 탄핵과 배일을 호소했다. 1905년 3월 1일에 한 상소에서는 허위도 관계하고 있었고, 최익현과 함께 주차군의 조사를 받았다.

고종은 이러한 공작에 응하지 않고 독자적인 행동을 취하였다. 고종은 〈현상 유지〉, 〈문호 개방〉을 원칙으로 하는 미국을 향한 기대를 품고, 주일 공사 조민희(趙民熙)를 통해 1904년 6월 미국 정부에 한국의 독립 유지를 요구하는 밀서를 보냈다. 또 민영환도 전 의정부 참정 한규설(韓圭卨)과 공모하여 감옥에 있던 전 독립협회 회원 이승만(李承晩)을 출옥시켜 밀사로서 미국으로 보냈고, 1905년 1월 국무장관 헤이와 회담하도록 하였다. 이승만은 7월에도 목사 윤병구(尹炳求)와 함께 시어도어 루스벨트 대통령과 면회를 하였다. 그러나 동아시아에서 필리핀을 식민지로 가진 미국은 일본에 우호적이었고, 이승만 등의 한국 보전 청원을 거부했다.

그래서 역시 의지할 대상은 일본과 전쟁을 하고 있는 러시아였다. 일반과는 달리, 고종의 러시아관은 일관되게 우호적이었다. 고종은 뤼순 함락 이후인 1905년 2월 7일, 러시아 황제 니콜라이 2세에게 일본군을 조선에서 격퇴해 달라는 밀서를 보냈다. 거기에는 일본이 〈만국공법〉을 무시한 횡포를 조선에서 부리고 있음에도 불구하고, 어느 나라도 그것을 비난하지 않는 불의에 대한 탄식과, 러시아에 거는 기대가 표명되어 있었다.

의병의 재봉기

단발령 이래 의병의 재봉기는 맹아적으로는 러일 전쟁 개시와 함께 있었는데, 그 이념은 1904년 9월 강원도 춘천에서 〈황성의병소 대장 김(皇城義兵所大將金)〉의 명의로 나온 통문에 잘 드러나 있다. 거기에서는 일본군의 토지 약탈과 인부 징용을 규탄하였고, 한성으로의 진격을 호소하고 있었다. 이것은 실제로 의병이 되지는 않았지만, 러일 전쟁 아래 조선의 현실이 단적으로 드러나 있었다. 그 무렵 홍천에서도 의병의 움직임이 있었는데, 〈나라를 위하여 충성으로 보답하고, 백성을 위하여 안녕을 지킨다(爲國報忠, 爲民保安)〉를 슬로건으로 내걸고 실제로 활동을 개시하였다. 또 12월에는 유인석의 지휘 아래에 있던 의병이 평안북도에서 결기했다. 같은 달 전라도에서도 종유회(宗儒會)를 표명하는 단체가 각지에서 결연히 일어나기로 하여 일진회 타도를 위한 활동을 개시하였다.

그리고 이듬해 4월에는 경기, 강원, 충청, 경상북도 등지에서 〈왜적 토벌(討倭)〉을 기치로 하는 의병이 봉기하였다. 그 후 의병화의 움직임은 서서히 확산되어 갔고, 8월에는 원용팔(元容八)이 충청북도 단양에서 봉기하였다. 원용팔 부대는 1,000명 정도로 대규모였는데, 얼마 지나지 않아 진위대에게 진압당하였고, 원용팔은 체포되어 옥중에서 사망하였다. 그러나 이것을 계기로 청풍이나 경기도 죽산에서도 의병화의 움직임이 이어졌다. 러일 전쟁하의 의병은 일반적으로 소규모였고, 실제로는 활동하지 않는 자들도 있었다. 하지만 이들은 이후 본격적인 의병 활동의 전조가 되었다.

지방관의 저항

지방에서는 의병의 움직임과는 별개로 지방관도 저항의 자세를 보여주었다. 러일 전쟁 직전, 경상북도 관찰사 이윤용(李允用)은 토지와 가옥을 일본인에게 매각하는 것을 엄금하였고, 미곡의 판매도 제한하였다. 일본의 토지 수용이 강제로 이루어지게 된 러일 전쟁 이후에는 금산 군수 김해성(金海成)이 경부 철도 공사를 때때로 방해하였다. 조선인이 일본인에게 토지와 가옥을 매각 내지 임대한 경우에는 그자를 감옥에 넣었다. 지방관의 저항은 군정이 실시된 함경도에서도 보였다. 관찰사 대리 이윤재(李允在)는 민중에게 일본군에 협력하지 말도록 하였고, 군정을 무시하고 물자 공급을 하지 않으려 했다. 그 때문에 파면을 당했는데, 그 후에도 관인을 손에서 놓지 않았고, 일본군에게 불리한 명령을 계속 내놓았다. 또 북간도 감리사 이범윤(李範允)은 1905년 6월 무산(茂山), 회령(會寧), 종성(鍾城), 경원(慶源)의 각 지방 진위대로부터 모젤 총 300정을 징수하여 사포대(射砲隊)를 조직하였고, 자신이 대장이 되어 일본군의 행동을 방해하였다.

일본을 향한 적대 의식은 일반 병사에게도 있었다. 같은 해 9월 30일, 공주의 한국군 병사 60~70명이 일본인 상점을 습격하였고, 일본인 순사와 일본 민간인에게 폭행을 가했다. 이유는 한국병의 일본군에 대한 원한에 있었고, 우연히 그 자리에 있던 군산 영사 대리 요코다 사부로(橫田三郎)를 군인으로 오인하여 습격하기에 이르렀던 것이다.

민중의 반항

민중의 경우에는 가장 먼저 즉각적으로 저항하였다. 일본인과의 충돌은 일상적인 일이 되었다. 그중에서도 1904년 6월 조선인 300명 정도가 철도 청부인 다나카란 인물을 습격하려 했다가 주차 헌병대 등에 의해 진압당한 사건은 특기할 만하다. 또 현저하게 나타난 저항의 유형은 철도 방해였다. 이것은 철로 위에 돌을 두거나 투석, 때때로 열차 전복 등을 하는 것이었는데, 투석 사건으로 한정하여 말하자면 1905년 4월부터 1906년 7월 사이에 55건이 발생하였다.

　일본군의 토지 수탈에 대해서는 소원 운동이 전개되었다. 1905년 8월 9일 용산의 군용지 수용에 반대하여 12개 동민 수천 명이 한성부에 몰려가 합당한 가격에 의한 수용과 이전 날짜의 연기 등을 애소하였고, 정부의 무능을 매도하는 사태가 되었다. 소원 운동은 폭력적으로 변하여 민중은 투석 등의 폭력을 행사했고, 이에 헌병대가 출동하면서 현장은 흡사 전장과 같이 변했다. 중경상자가 나왔고, 19명이 헌병대에 체포되었다. 소원 운동은 다음 날에 내부대신에 대한 호소로까지 발전하였다. 낭패를 본 관리 가운데는 실종되거나 사직하여 책임을 면하려 한 자도 나타났다. 또 러일 전쟁 이후의 일이지만, 1906년 5월 평양에서는 일본군의 토지 수용이 필요 이상의 토지를 수용하고 있다고 호소하는 민중 소요가 일어났다.

　일본의 토지 수용 정책 가운데서도 가장 악랄한 계획은 하야시 곤스케와 전 대장대신 관방장 나가모리 도키치로(長森藤吉郎)가 공모한 한국 황무지 개척 계획이었다. 이것은 한국 정부의 위임을 받아 25년을 기한으로 하여 황무지의 개척을 일본인이 실시하고, 141만 정보(町步)에 이르는 토지를 일본이 독점적이고도 영구적으로 지배하려 한 것이었다. 이 계획이 알려지자 송수만(宋秀萬) 등이 보안회(保安會)를 조직하였고, 여기에는 관민이 모두 가입하였으며, 전국적인 반대 운동이 계속 확산되었다. 특히 1904년 7월 22일에는 한성에서 3,000명이 운집한 대집회가 열렸다. 이 집회는 헌병대의 탄압을 받았는데, 한국 정부가 일본 측의 요구를 단호하게 거부하는 의지를 굳혔기 때문에 일본 측도 단념하게 되었다.

민란의 흥기

민란은 이미 군사 점령 초기부터 일어났다. 물자 보급의 최전선인 목포에서는 러일 개전 전부터 조선인 인부 사이에서 불온한 움직임이 있었는데, 1904년 4월 결국 소요로 발전하였고, 진압에 파견된 보병 1개 소대가 연말까지 주둔해야만 하는 사태가 되었다. 민란은 각지에서 속출하였고, 진위(振威), 용인(龍仁), 고양(高陽), 교하(交河), 선산(善山), 덕천(德川), 신계(新溪), 곡산(谷山), 시흥(始興) 등지에서 일어났다.

그러한 민란 가운데 유달리 주목되는 것은 9월 경기도 시흥에서 일어난 민란이었다. 이 민란은 군수 박우양(朴隅陽)이 일본인과 협력하여 인부의 차출과 그에 관련한 비용을 군민에게 부과한 일을 단초로 하여 발생하였다. 군민은 전통적인 민란의 규칙에 따라 민란을 일으켰다. 하지만 군수가 일본인에게 지원을 요청하여 일본인 인부 7~8명을 관아로 데려왔을 무렵 군민은 화가 머리끝까지 치밀어 올라 일본인 두 명을 살해하고, 네 명에게 부상을 입혔으며, 군수와 그의 아들까지도 살해하였다.

왕명을 받은 군수는 살해해서는 안 된다는 것이 민란의 규칙이었다. 그 것은 유교적 민본주의라고 하는 정치 문화를 전제로 하여 성립해 있는, 정부와 민중 사이의 암묵적인 규칙이었다. 이 규칙이 깨졌다는 것은 중대한 사태를 의미했다. 당시 〈전에 없던 변괴(變怪)이다〉(「皇城新聞」 1904년 9월 16일 「民擾斃倅」)라고 평했던 이유도 여기에 있다. 민중은 군수를 황제의 대리라기보다 일본의 앞잡이로 인식하였다. 민중이 황제 숭배의 생각을 버렸던 것은 아닌데, 한국 정부는 이미 일본의 꼭두각시일 뿐이라고 하는 인식을 갖게 되었던 것으로 보인다.

조선에게 러일 전쟁이란 단순히 러일 간의 전쟁이 아니라, 조선 민중과 일본의 싸움이었다. 다만 동학 이단파와 같은 강력한 구심력을 가진 세력이 존재할 수 없게 된 상황 아래에서 민중의 반항이 대규모로 일어나지는 않았다. 또한 갑오농민전쟁 이래 민중의 피폐함도 심상치 않아, 민중의 싸움은 산발적, 한정적으로 이루어질 수밖에 없었다.

제 8 장

식민지화와 국권 회복 운동

헤이그에 파견된 세 명의 밀사. 왼쪽부터 이준, 이상설, 이위종

1. 일본의 조선 보호국화

일본과 열강

러일 전쟁은 제국주의 전쟁인 동시에 대리 전쟁이기도 했다. 일본의 배후에는 영국과 미국이 있었고, 러시아의 배후에는 프랑스와 독일이 있었다. 양국은 전쟁 비용을 독자적으로 조달할 수 없었고, 각각 영국과 미국 그리고 프랑스로부터의 외채에 의존했다. 양군 모두 고전을 강요당하였고, 전쟁을 지속하기도 서서히 어려워져 갔다. 그러한 가운데 1905년 5월 27~28일 동해 해전의 압승으로 일본은 겨우 승리했다.

여기서 일본은 승리를 확정하고, 러일 전쟁의 목표인 조선의 보호국화를 열강에게 요구해 나갔다. 일본 정부는 이미 4월 8일 한국 보호권 확립 계획을 각의에서 결정하였다. 우선 미국 대통령 루스벨트에게 러일 강화의 알선을 요구하는 한편, 7월 27일 가쓰라-태프트 협정을 맺었다. 일본은 미국의 필리핀 통치를 인정하는 것과 교환하여 조선에서 우월적 지배권의 수립을 인정받았다. 또 8월 12일에는 제2차 영일 동맹을 체결하여 일본은 동맹의 범위를 인도까지 넓히는 대가로 조선의 보호국화를 인정받았다. 그리고 9월 5일 결국 포츠머스 조약을 체결하여 일본은 러시아에게 조선에서의 탁월한 이익을 승인하도록 만들었고, 더 나아가 보호국으로 만드는 것을 인정하도록 했다.

조선은 러일 전쟁의 개시 당초 일본에게 군사 점령을 당하여 실질적으로 식민지가 되었는데, 이제 명목상의 독립마저도 위태로웠다. 일본 정부는 10월 27일 한국 보호권 확립을 위한 구체적인 실행 계획을 각의에서 결정하였고, 특파대사로 일본 정계 최대의 실력자인 원로 이토 히로부미를 파견하였다.

보호조약 체결의 광경

이토는 〈한국 황실 위문〉의 명목으로 1905년 11월 9일 한성에 들어왔다. 다음 날인 10일 이토는 조속히 천황의 친서를 고종에게 건네고, 조선의 보호국화를 제의했다. 그러나 번역 문제도 있어서 본격적인 회의는 15일로 미루었다.

이날 회담은 3시간 반 정도가 걸렸는데, 당시 아픈 몸이면서도 고종은 이제까지 일본이 펼쳐 온 대(對)조선 정책을 비난함과 동시에, 외교권을 상실하는 보호조약의 체결에 반대했다. 이토는 억지로 강요하였지만, 고종은 〈정부 신료〉나 〈일반 인민〉에게도 자문할 필요가 있다고 하여 이를 거절하였다. 이토는 〈군주 전제국〉인 한국에서는 황제의 의지만으로 결정될 터이며, 쓸데없이 결정을 연기하는 경우에는 한국에 불이익이 된다고 협박하였다. 실제 일본은 보호조약 체결이 안 될 경우에는 최종적으로 한국 정부에 대한 통고와 외국에 대한 선언만으로 조선의 보호국화를 완수한다는 방법도 구상하고 있었다. 그것은 전쟁 행위로 직결되는 것이었다. 그러나 대한제국은 〈만세불변의 전제 정치〉를 외치면서도 국제 조약의 체결에 대해서는 의정부 회의를 거친 의안을 중추원이 심의하여 가결해야만 한다는 국내법이 있었다. 의정부관제와 중추원관제가 바로 이것이다. 이토는 일단 이것을 승낙하였고, 다음 날인 16일에 대신들과 회담하기로 하였다.

그리고 16일, 이토는 각 대신에게 조약 체결을 다그쳤는데, 여덟 명의 대신은 모두 이를 거부했다. 고비는 다음 날인 17일이었다. 대신들은 서로 거부한다는 의지를 확인하였지만 일본의 협박은 군사력이 뒷받침된 것이었다. 당시 한국 주차군은 2만 3,400명 정도였고, 그 가운데 한성에는 헌병대와 경찰을 포함하여 4,000명 이상의 군사력이 배치되어 있었다. 주차군이 왕궁 안팎을 여러 겹으로 둘러쌌고, 이토는 주한 공사 하야시 곤스케와 주차군 사령관 하세가와 요시미치가 이끄는 50명 정도의 헌병을 데리고 입궐하였다. 대신들은 당초 반대를 고집하였는데, 하세가와가 대신들을 전율시킬 만한 지시를 헌병대장 고야마 미키(小山三己)에게 내림으로써 점차 약해졌다. 그래도 참정대신 한규설과 탁지부대신 민영기(閔泳綺)는 최후까지 절대 거부의 자세를 보였고, 외부대신 박제순도 〈단연코 동의하지 않음〉을 언명했다. 그러나 이토는 박제순이 〈명령이라면 어찌할 방법이 없다〉라고 말한 것을 두고 유보 조건부 찬성 의견으로 간주하였고, 법부대신 이하영(李夏榮)이 다만 〈유감스러울 뿐〉이라고 나약하게 토로한 것 역시 찬성으로 간주했다. 그리고 학부대신 이완용이 다소의 조문에 자구 수정을 조건으로 찬성하자, 군부대신 이근택(李根澤), 내부대신 이지용(李址鎔), 농상공부대신 권중현(權重顯) 세 명도 이완용의 의견에 따랐다. 결국 찬성은 6명이 되었는데, 일반적으로 세상에는 〈5적〉으로 알려졌다(「日韓新協約調印始末」, 『日本外交文書』 38-1).

조약 체결이 결정되자 한규설은 황제가 있는 곳으로 뛰어가려 하였으나 헌병에게 저지당했다. 격분한 나머지 졸도해 버리자, 하야시 곤스케는 〈물이라도 머리에 뿌려서 식혀 두면 괜찮다〉(『わが七十年を語る』)라고 태연하게 내뱉었다고 한다. 전혀 일국의 재상에 대한 언동은 아니었다. 한규설은 감금당한 후, 이토로부터 다수결로 조약 체결의 조인을 하도록 압박을 받았으나 순국할 각오를 말하여 최후까지 이를 거부했다. 그 때문에 제2차 한일협약(을사보호조약)은 외부대신 박제순과 특명전권공사 하야시 곤스케의 서명으로 조인되었다.

서명 날인이 종료된 것은 18일 늦은 밤 1시 반 무렵이었다. 외부대신의 직인은 일본인 외교관이 헌병대를 데리고 외부대신 관저로 가서 빼앗아 왔으며, 그 때문에 조인이 늦어졌다. 마치 야쿠자의 소행 같았다. 이 조인은 한국의 국내법인 중추원관제를 무시한 것이었다. 또한 고종은 조인 소식을 듣자마자 눈물을 흘리며 피를 토했고, 협박에 의한 조인이라고 하여 대신들의 무능을 책망함과 동시에 〈적자(赤子)〉의 결기를 각지에 호소하라고 격분하였다. 보호조약은 협박에 의한 조인 강제라는 사실은 명확하며, 본래라면 국제법적으로도 인정될 리 없는 물건이었다.

망국에 대한 통곡

보호조약의 체결이 알려지자 한성은 혼란에 휩싸였다. 한성 부민은 조약이 체결된 새벽부터 바깥으로 나와 수도 전체는 하얀색 옷으로 가득 찼다. 왕궁에는 수천 명이 몰려들어, 비분강개한 연설을 하는 자나 격문을 배포하는 자 등이 넘쳐 났다. 종로 상인은 전례대로 철시하였고, 조약 파기의 의지를 밝혔다. 22일, 수원으로 향하던 이토 히로부미에게 투석이 가해졌고 가벼운 부상을 입혔다. 언론에서는 「황성신문」 사장 장지연(張志淵)이 20일 「시일야방성대곡(是日也放聲大哭)」을 발표했다. 이것은 곧바로 압수당하였고, 이 신문은 정간 처분을 받았는데, 영국인 베델이 경영하는 「대한매일신보」가 이에 뒤따라 27일 호외를 내고 조약 체결의 전말을 폭로하였다(「韓日新條約請締顚末」).

11월 말까지 40건 이상의 반대 상소가 이어졌다. 중신 민영환과 조병세(趙秉世)는 11월 30일과 12월 1일 연이어 자결하였다. 무명의 유생이나 무명의 병사 중에서도 순국하는 자가 나타났다. 지방에서 상경하는 자는 끊이지 않았고, 지방도 혼돈 상황이었다. 경무 고문 마루야마 시게토시는 〈불온의 우려〉는 〈중류 이하〉인 자들에게 도리어 많다고 말하였다. 그러나 그러한 움직임은 힘으로 평정되었다. 〈대사(大事)에 이르지 않고 국면을 매듭지으려면 우리 군대의 위력을 빌린다 하더라도 역시 헌병과 경찰관이 압박 수단〉으로 나왔기 때문이었다(『顧問警察小誌』).

밀사 외교

이러한 사태에 대하여 고종도 좌시하고만 있지는 않았다. 포츠머스 회담이 개시되자 밀사 외교를 재개하였다. 우선 가장 신뢰하고 있던 중신 이용익을 1905년 8월 17일 비밀리에 출국하도록 하여 상하이를 경유해 프랑스, 독일, 러시아로 파견했다. 러일 전쟁 직후 일본에 납치되었던 이용익은 전년 말에 귀국하였다. 이용익은 일본의 불법을 호소하였으나 소득을 얻지 못하고 끝났다. 그 후 이용익은 블라디보스토크로 가서 고종이 준비하는 별도의 밀사 외교를 도왔다.

고종은 10월 하순 프랑스어 교사 마르텔에게도 밀서를 주어 러시아와 프랑스로 보냈다. 또 같은 시기 전 주영 조선 공사관 서기 이기현(李起鉉)도 영국과 프랑스로 보냈다. 전자는 러시아에서 간접적으로 전달되었던 것 같으나, 후자는 출국 전 인천에서 체포되었다. 그리고 미국인 교사 헐버트에게도 밀서를 주어 워싱턴으로 향하도록 하였다. 헐버트는 보호조약 체결 시각과 거의 동시에 워싱턴에 도착하였고, 국무부에 고종의 밀서를 보여 주었으나 국무장관 루트는 고종에 대한 협력을 거부했다. 그 후 고종은 주불 한국 공사 민영찬(閔泳瓚)을 워싱턴으로 보내 루트와 면회하도록 하였으나, 역시나 루트는 그들의 요청도 거부했다. 다시 고종은 11월 26일 조약 체결이 협박에 의한 것이라는 전문을 헐버트에게 보냈고, 헐버트는 이것을 국무성에 보여 주었으나 미국은 이것도 묵살하였다.

고종의 미국을 향한 공작은 이것만이 아니었다. 11월 말에 전 주한 미국 공사 알렌에게도 밀서를 주어 미국 정부에 대한 중재를 의뢰하였다. 그 밀서에는 보호조약의 부당성과 함께 미국, 영국, 일본의 공동 보호를 요청하는 내용이 담겼다. 알렌은 중재하기 위해 활동하였으나 불가능하다는 것을 깨닫고 이듬해 봄에는 단념했다. 고종은 또한 1906년 1월 29일에도 밀서를 작성하여 이것을 「런던 트리뷴」지 기자 스토리에게 맡겼다. 그는 고종과 일면식도 없었던 일개 특파원이었다는 점에서 고종의 눈물겨운 집념을 알 수 있다. 이것도 실패한 후, 고종은 다시 6월 22일 미국, 영국, 프랑스, 독일, 러시아, 오스트리아-헝가리, 이탈리아, 벨기에, 청국 등 9개 국가에 보호조약 무효를 선언하였고, 아울러 네덜란드의 헤이그 만국 재판소에 제소할 의지를 보여 주는 밀서를 재차 헐버트에게 맡겼다.

이상과 같이 고종은 다양한 방책을 시도하였지만, 어느 것도 성공하지 못했다. 제국주의의 현실 앞에서 밀사 외교는 무력했다. 대한제국은 열강에게 〈신의〉 같은 것을 물어도 이미 어떠한 도움도 받기 어려운 시점에 놓여 있었다.

통감부의 설치

보호조약의 체결로 한국에는 통감부가 설치되고 통감이 파견되었다. 한성, 평양, 부산, 인천, 목포, 군산 등의 요지나 개항장에는 이사청을 설치하였다. 이를 통해 종래의 영사관 업무를 담당함과 동시에 조약 의무 이행의 명목하에 지방 시정을 감시하는 임무를 맡게 되었다.

초대 통감으로 취임한 자는 이토 히로부미였다. 이토는 1905년 12월 21일 임명되었고, 통감부는 한국 외부(外部)를 청사로 삼아 1906년 2월 1일 개청하였다. 통감은 천황에게 직속하였고, 한국 외교를 감리 지휘하는 권한을 가졌다. 또 황제를 내알(內謁)하여 정무의 소통을 꾀하였고, 정부

한국 통감부

회의에도 참석할 수 있었다. 그리고 정부의 중요 관직에는 보임(補任) 추천
을 실시하여 한국 시정에 대하여 권고를 할 수 있었다. 더욱이 통감은 한
국 주차군을 지휘하는 권한을 가졌다. 문관이면서 군사권을 갖는다는 점
은 메이지 헌법에 정해진 천황의 통수권을 침범하는 것이었다. 군부에서
도 반대가 있었으나 천황의 칙어로 특례적 인가가 이루어졌다.

　이리하여 한국은 외교권을 완전히 상실하고, 내정권조차 반쯤 박탈당
한 상태가 되었다. 이토 히로부미의 지시로 한규설을 대신하여 박제순이
새롭게 내각을 조직하였다. 각국의 공사관은 철수하였고, 한국의 재외 공
관도 철수했다. 치안 면에서도 일본의 경찰권이 한국 경찰 위에 군림했다.
1905년 2월 마루야마 시게토시 이하 5명의 경관이 한국 정부 경무청에 용
빙된 이후, 일본인 경찰관이 서서히 증가하였는데, 통감부 설치 이후 급속

하게 확충되었다. 고문 경찰과 이사청 경찰(영사관 경찰의 후신)은 통감 아래에서 일원적으로 감독을 받았고, 한국 경찰의 중추적 역할을 맡았다. 1907년 7월 단계에서 1,200명 정도의 일본인 경관이 있었다.

통감부의 토지 정책

외국인은 조영조약(1883년 11월 26일)으로 원칙상 거류지와 그 주위 4킬로미터 이내에서만 토지 소유를 인정받았기 때문에, 당초 일본인은 조선인 명의로 토지를 구입하였다. 그러나 이 원칙은 무시되었고, 외국인 가운데서도 특히 일본인의 토지 구입은 무제한적으로 이루어지게 되었다. 그리고 일본인의 토지 매점은 청일 전쟁 이후 증대되어 갔고, 러일 전쟁 당시에 절정에 달하였다. 러일 전쟁에서 일본군이 대량으로 수용한 토지는 일본인 건축업자나 상인에게 싸게 불하되었고, 일본인은 막대한 토지를 손에 넣었다.

이러한 사정을 배경으로 통감부는 1906년 7월 13일 부동산법 조사회를 설치하고, 토지 조사를 개시하였다. 그리고 같은 해 10월 26일 토지가옥증명규칙, 11월 16일 토지가옥전당(저당)집행규칙을 공포하여 외국인의 토지 소유를 인정함과 동시에, 토지 가옥의 매매, 등기, 저당, 증여, 교환 등의 법 규제를 명확하게 했다. 또 외국인에게는 인정되지 않았던 미간지의 개간도 1907년 7월 4일 국유미간지이용법을 공포함으로써 법률로 인정하였다.

이리하여 일본인 지주가 육성될 기반이 만들어졌다. 러일 전쟁에서 한국 병합 무렵까지는 우선 대자본이 쇄도하였다. 도산 농장(東山農場), 오쿠라 농장(大倉農場), 아사히 농장(旭農場), 구마모토 농장(熊本農場), 호소카와 농장(細川農場) 등이 대표적이었다. 또한 영세 자본도 서서히 몰려들었다. 일본인은 〈일장기〉의 위광을 배경으로 여러 가지 방법으로 토지를 입수했다. 고금리로 영세한 농민에게 돈을 대부하고, 저당으로 잡혀 소유권이 이전된 토지를 손에 넣는 방법이 일반적이었는데, 화폐의 위조나 사기, 약탈 등으로도 입수하였다. 토지 가격은 일본의 30분의 1에서 10분의 1 수준이었고, 얼마 되지 않는 자금밖에 갖고 있지 않을 것 같은 소규모 집단도 금세 대지주가 될 수 있었다. 일본인 지주의 수는 1909년 6월 당시 692명, 그 소유 면적은 5만 2,426정보, 1인당 소유 면적은 75.8정보였는데, 이듬해에는 각각 2,254명, 6만 9,311정보, 38.6정보로 증가하였다. 지주 수는 3배 이상으로 팽창하였는데, 1인당 소유 면적은 반감하였다. 소규모 이민 농업자가 쇄도한 결과였다.

동양척식주식회사

대지주 가운데서도 국책 동양척식주식회사(동척)는 발군의 존재였다. 〈부원개척(富源開拓)〉, 〈민력함양(民力涵養)〉 등의 미명하에 대자본을 투하하여 토지를 입수하였고, 국가적 지주 경영과 일본인 농업 이민의 수용을 꾀하였다. 동척은 국책 회사였기 때문에 일반 회사법에 의거하지 않고, 1908년 8월 27일 동양척식주식회사법이 공포된 이후 12월 28일 설립되었다. 한일 합작 회사라고 되어 있었지만 총재는 일본인으로 임원도 3분의 2를 일본인이 차지하였다. 자본금은 1천만 엔, 20만 주로 하였고, 6만 주는 한국 정부에서 토지를 현물로 출자하였다.

한국 정부가 현물 출자한 토지는 전적으로 제실 재산(帝室財産)에서 국유 재산으로 이전된 것이었다. 통감부는 1907년 7월 4일 임시제실유급국유재산조사관제(臨時帝室有及國有財産調査官制)를 공포하고, 방대하게 팽창해 있던 제실 재산을 정리하는 사업에 착수하였다. 그 결과 제실 재산으로 편입되어 있던 역토나 둔토, 궁장토(제실의 토지) 등은 국유지가 되었다. 그러한 토지의 경작 농민은 조세를 국가 대신에 제실이나 특정 관아에 납부하는 데 그쳤으므로 경작지를 자신들의 사유지로 생각하고 있었기 때문에 분쟁의 씨앗이 되었다.

동척이 한국 정부로부터 현물 출자를 받은 토지는 1만 7,714정보였는데, 그 후 동척이 매수한 토지는 1913년까지 실제로 4만 7,148정보까지 올라갔다. 이렇게 동척은 조선 최대의 지주가 되어 해방되는 날까지 조선 농민 위에 군림하였다.

덧붙여 통감부의 토지 수탈은 삼림에도 이르고 있었고, 1908년 1월 21일 삼림법을 공포하여 3년 이내에 지적(地籍) 신고가 없는 산림은 국유림으로 삼도록 했다. 지적 신청서를 제출한 임야는 전체 임야의 7분의 1에도 미치지 못하는 220만 정보에 그쳤고, 더욱이 그 다수는 조선인 부자나 일본인 자본가의 손에 들어간 것이었다. 지적 신청서의 상황을 알기 위해서 1910년 3월부터 8월에 걸쳐 임적(林籍) 조사 사업을 실시하고 이를 토대로 임적의 재확정을 하였는데, 그 결과 830만 정보가 국유림, 754만 정보가 민유림이 되었다. 한랭한 조선의 겨울을 나기 위해서는 땔감을 연료로 하는 온돌이 빠질 수 없었는데, 〈무주공산〉으로 불린 공유림을 잃은 조선인의 생활은 점차 심각한 상황이 되었다.

통감부의 이권 수탈과 차관 공여

통감부는 토지 수탈 이외에 광업권이나 어업권도 빼앗았다. 1906년 6월 29일 광업법, 7월 24일 사광채취법(砂鑛採取法)을 공포하고 종래의 은혜적인 이권과는 별도로, 일본인 자본이 광산권을 간단하게 취득할 수 있도록 하였다. 그 결과 1910년 단계에서 조선인 광업권 허가수는 249건인데 반해, 일본인은 두 배에 가까운 449건에 이르렀다.

또한 통감부는 1908년 10월 31일 한일어업협정을 체결하여 일본인 어민의 조선해수조합에 대한 보조금을 제도화하여 이를 우대하고 육성하고자하였다. 그리고 11월 11일에는 어업법을 공포하여 어업을 허가제로 하여 영세한 조선 어민의 억제를 꾀하였다. 그 결과 1909년 어선 숫자에서 3.3배에 달하는 조선인 어업은 어획량이 약 369만 엔으로, 어획량 약 307만 엔의 일본 어업과 거의 차이가 없는 기형적 생산 구조가 되어 버렸다.

한편 통감부는 일본에 대한 조선의 종속성을 강화하기 위해서 그 재정을 점차 차관의 수렁에 빠져들게 하였다. 도로 항만 시설의 확대, 궁전 정리, 중앙은행 설치, 지방 창고 설치, 일본인 관리 고용 등 각종 명목으로 일본 정부와 그 보증을 받은 제일은행, 일본흥업은행 등으로부터의 차관을 받도록 하였다. 1905~1910년까지 대략 4500만 엔의 차관 공여를 받았는데, 이것은 한국의 국가 예산 3년분을 훨씬 초과하는 것이었다.

2. 국권 회복 운동과 제3차 한일협약

의병 운동

보호조약이 체결되자 마침내 의병 투쟁이 본격적으로 일어났다. 그 계기를 만든 사건은 1906년 5월 11일 전 예조참판 민종식(閔宗植)의 봉기였다. 민종식은 2월 무렵부터 활동을 개시하여 5월 충청남도 남포(藍浦)를 습격한 다음, 대략 1,100명의 세력으로 홍주(洪州)로 진군하여 헌병과 일본인 거류민을 몰아냈다. 그 후 헌병대나 경찰의 공격을 받았는데 완강하게 끝까지 싸워 보병 2개 중대와 기병 1개 소대까지 출동하기에 이르렀고, 사상자 80명, 포로 150명을 내고 간신히 패퇴하였다. 그 후 민종식은 11월에 체포당했다.

이어서 봉기한 자는 최익현이다. 그는 1905년 11월 29일 〈5적〉 규탄과 조약 파기 상소를 올린 다음, 5월 23일 결기하여 〈믿음을 버리고 의(義)를 배신한 16가지 죄〉를 규탄하는 문서를 일본 정부 앞으로 보냈으며, 6월 4일 전라북도 태인으로 나아갔다. 보호국이 되어 정부가 완전히 괴뢰 정권이 된 이상, 상소 활동은 이제 아무런 의미가 없어졌다. 최익현 부대는 각지의 관아를 습격하여 군자금과 무기를 획득한 다음 1,000명 정도로 불어났고, 11일 순창에서 진위대와 충돌하였다. 전투는 수 시간에 걸쳐 이어졌다. 최익현은 일본군과 싸우려 했음에도 불구하고 눈앞에 나타난 적은 한국군이었다. 동족상잔의 전투를 그만두려 호소하였으나 그것이 받아들여지지 않는다는 사실을 알게 되자, 최익현은 의병의 해산을 결의했다. 그리고 최후까지 자신으로부터 떨어지지 않으려 하는 부하 13명과 함께 투

최익현. 1906년 6월 12일 일본군에게 체포당해 쓰시마에 연행되었을 무렵

항했다. 그 후 최익현은 제자 임병찬(林炳瓚)과 함께 8월 쓰시마(對馬)에 억류되었다. 최익현은 적의 쌀은 받지 않는다고 하여 절식하다가 얼마 후 사망하였다. 1906년 12월 30일의 일이었다.

이토 히로부미는 무엇보다도 의병이 민중과 결탁하는 것을 두려워하였다. 그러나 최익현의 운구가 초량에 도착하자 인접 도로는 노약자와 남녀로 매워졌고, 그 수는 1만에 이르렀다고 한다. 상점은 철시하여 애도의 의사를 보였고, 학교 생도들은 땅을 치고 통곡했다. 진실로 유교적 민본주의에 기초한 덕망가적 질서관이 만들어 낸 광경이었다.

또 이토는 민종식을 일시적으로 유배에 처했지만 12월에 특별 사면하여 석방했다. 일종의 회유책이었다. 그러나 의병은 각지에서 일어났고, 이미 그것을 저지하기는 지극히 어려워졌다. 전라남도 장성에서는 기우만(奇宇

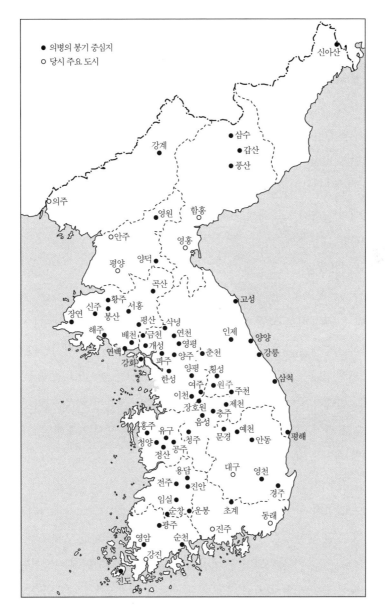

● 의병의 봉기 중심지
○ 당시 주요 도시

신아산

강계   삼수
        갑산
        풍산

의주

영원   함흥
안주   영흥
평양   양덕
        곡산
            고성
황주   서흥
신주   봉산   평산 삭녕
장연   배천 금천 연천 인제   양양
해주   연백 개성 영평   춘천   강릉
        강화 파주 양주   삼척
            한성 양평 횡성
                여주 원주
            이천   주천
                장호원 제천
            홍주 유구 음성 충주
            청양   청주 문경 예천
            정산 공주   안동   평해
                용담   대구 영천
            전주 진안
            임실   경주
            순창 운봉 초계
            광주   진주 동래
        영암   순천
        강진
        진도

지도 4 한국교원대학 역사교육과, 『한국 역사 지도(韓國歷史地圖)』(2006)를 기초로 하여 작성

萬), 전라북도 임실(任實)에서는 강재천(姜在天)이 봉기하였다. 경상북도에서는 정용기(鄭鏞基)가 궐기하였고, 그의 전사 이후에는 그의 아버지인 정환직(鄭煥直)이 봉기하였다. 의병은 폭넓게 민중의 지지를 받으면서 확대되어 갔다. 경상북도와 강원도가 인접한 일월산 지역을 중심으로 활동한 신돌석(申乭石)은 평민 의병장으로 유명했다. 이 시기의 의병 부대는 다수의 평민 의병장이 탄생했다는 점을 특징으로 한다. 신돌석은 용맹함과 과감성에서 탁월하였고, 그 부대는 3,000명 정도의 규모로까지 성장하여 일본 군대와 지속적으로 게릴라전을 벌였다.

애국 계몽 운동

의병 운동은 바로 국권 회복 운동이었는데, 한성 등 도시부에서는 근대적 지식인이 애국 계몽 운동을 일으켰다. 「황성신문」 사장 장지연의 논설 「시일야방성대곡」은 이러한 운동의 개시를 알리는 것이었다. 애국 계몽 운동은 민족적인 여러 단체와 언론계 등이 교육 진흥이나 식산흥업을 슬로건으로 하여 민권 고양에 기초한 애국 사상을 유포함으로써 국권 회복을 위한 실력을 양성하려 한 자강 운동이다.

러일 전쟁이 한창이던 1905년 5월 24일 이준(李儁)과 윤효정(尹孝定)을 중심으로 입헌 군주제를 표방하는 헌정연구회(憲政研究會)가 조직되었다. 이 단체는 곧 해산되었으나, 이듬해 4월 14일 헌정연구회를 모체로 대한자강회(大韓自强會)가 설립되었다. 회장에는 윤치호, 평의위원에는 장지연, 윤효정 등이 취임했다. 여기서 애국 계몽 운동이 본격적으로 전개되었다. 대한자강회는 교육 진흥과 식산흥업을 위해서는 〈안으로 조국의 정신을 함양하고, 밖으로 문명의 학술을 흡수하는 일이 현 시국의 급무이다〉(「大韓自强會趣旨文」)라고 하여 계몽 활동에 주력하였다.

당시 이러한 단체는 다양하게 탄생하였는데, 서북학회(西北學會, 평안도), 기호학회(畿湖學會, 경기도·충청도), 교남학회(嶠南學會, 경상도), 관동학회(關東學會, 강원도), 호남학회(湖南學會, 전라도) 등이 대표적인 단체였다. 학회라고 칭하고 있는데, 오늘날의 학회와는 의미가 다른 계몽 단체였다. 지방별로 조직되는 일이 많았던 점이 특징으로, 이것은 지방이 민족주의로 통합되어 가는 한편, 지방주의도 아직 잔재해 있었음을 시사한다. 이러한 단체는 일본 유학생 사이에서도 만들어져, 태극학회(太極學會), 대한유학생학회(大韓留學生學會) 등이 있었다. 각 단체는 회지(會誌)를 발행하면서 거기서 정치, 경제, 법률, 교육, 과학, 문학, 세계 정세 등 다양한 논의를 전개하였다.

애국 계몽 운동에는 각 신문도 깊이 관여했다. 「황성신문」, 「제국신문」, 「대한매일신보」 등이 대표적이었다. 학회는 통감부가 정치 활동을 원칙적으로 금지하였기 때문에 반일적 언급은 조심해야 했는데, 신문은 신중하면서도 반일적인 언론 활동을 하였다. 그러나 러일 전쟁 중 제정된 군율은 1906년 10월까지 실시되어 신문의 언론 활동을 통제하였다.

이러한 가운데 1904년 7월 18일 창간된 「대한매일신보」는 영국인 베델이 사장이었기 때문에 치외 법권을 이용하여 유력한 반일 신문이 되었다. 총무·편집은 양기탁(梁起鐸)이 맡았고, 주필은 1905년 8월부터 1907년 말까지 박은식, 그 이후에는 「황성신문」에서 옮겨 온 신채호(申采浩)가 맡았다. 발행 부수는 「황성신문」, 「제국신문」 이외에 친일 신문인 「국민신보」나 「대한신문」을 합치더라도 8천 부가 조금 넘는 정도였을 뿐인데, 「대한매일신보」는 1908년 5월 단계에서 국한문판과 한글판을 포함하여 1만

3,000부 정도의 발행 부수를 자랑하였다.

　애국 계몽 운동에는 동학도 깊이 관계하였다. 제3대 교조 손병희는 1906년 1월 23일 귀국하여 동학을 천도교로 개명했다. 귀국 당초에는 일진회와 보조를 같이하고 있었는데, 일진회가 매국 단체라는 비판이 너무 높자 9월 손병희는 이용구를 파문하면서 일진회와의 관계를 끊었다. 이용구는 곧바로 시천교를 만들었고 이에 동학은 분열하였다. 의병은 일진회를 활발하게 공격하였는데, 천도교는 일진회와 혼동되어 다수의 사상자가 나왔다. 그리고 천도교는 교리의 근대화와 포교 활동을 통하여 독자적으로 계몽 활동을 이어 갔다. 또 일본과의 합방이야말로 조선이 사는 길이라고 믿는 일진회도 주관적으로는 애국 계몽 운동의 일익을 담당하는 존재였다. 「국민신보」는 일진회의 기관지였다.

한성의 소요

　애국 계몽 운동을 상징하는 국권 회복 운동은 국채 보상 운동이었다. 이 운동은 1907년 1월 31일 대구 지역 출판사 광문사(廣文社) 대표 김광제(金光濟)와 서상돈(徐相敦)이 일본으로부터 빌린 차관 1300만 엔을 국민의 의연금으로 갚자고 호소한 것이 발단이 된 운동이다. 조선인 2천만이 1인 1개월 20전의 담배값을 3개월 기부한다면 차관을 갚을 수 있다고 하는 취지였다. 김광제 등이 호소한 「국채보상취지서」는 「황성신문」, 「제국신문」, 「대한매일신보」 각 신문에 게재되어 국민적 운동이 되었다. 그리고 국채보상기성회가 조직되어 담뱃값뿐만 아니라, 반지나 귀금속, 부식비 등을 전 국민적으로 공출하여 그것을 중앙에서 모아서 정리하는 국채보

국채 보상 운동의 지도자들. 왼쪽부터 서상돈, 김광제, 양기탁

상지원금총합소가 대한매일신보사에 설치되었다. 소장에는 윤웅렬, 총무에는 양기탁이 취임하였다. 당국은 운동의 중지를 호소하였으나, 운동은 이어졌다.

한성은 그야말로 국민적 열성이 소용돌이치는 도시가 되었다. 또한 암살 소문이 떠도는 위험한 도시이기도 했다. 이른바 〈5적〉을 주류하려는 움직임이었다. 그 가운데서도 나인영(羅寅永), 오기호(吳基鎬) 등이 조직한 자신회(自新會)는 동지 30명 정도로 구성된 대규모 단체였는데, 조직적인 암살 계획을 꾸몄다. 자신회는 1907년 3월 25일을 기점으로 하여 일거에 5대신을 암살하려 했는데, 미수로 끝나고 사건이 밝혀졌다. 사건의 배후에는 전 궁내부대신 이용태(李容泰) 등의 궁중 세력이 관여하여 활동 자금을 원조하고 있었다.

이렇게 소란스러운 세상 속에서 일진회는 박제순 내각을 무너뜨리고 자신들이 정권에 참여하려 하였다. 이토 히로부미의 승낙하에 5월 22~26일 이완용을 의정부 참정(6월 14일의 관제 개혁으로 총리대신이라고 개칭), 일진회의 송병준을 농상공부대신으로 한 새로운 내각이 탄생하였다. 이로써 일본의 괴뢰 정권적 성격이 보다 강해졌다.

헤이그 밀사 사건

의병 운동이나 국채 보상 운동이 고조되는 한편으로, 고종은 밀사 외교를 계속하고 있었다. 이토는 고종의 밀사 외교와 반일파와의 면회를 저지하려고 1906년 7월 6일 궁금령(宮禁令)을 공포하도록 하였고, 경무고문부의 허가증이 없는 자는 궁중에 출입할 수 없도록 하는 규칙을 만들었다. 그러나 고종은 그러한 가운데서도 몰래 외부 인물들을 불러들였다.

1907년 6월 네덜란드 헤이그에서 만국 평화 회의가 열렸다. 제창자는 러시아 황제 니콜라이 2세였다. 일찍이 러시아에 대한 기대가 강했던 고종은 전 의정부 참찬 이상설(李相卨), 전 평리원 검사 이준, 전 주러 공사관 참사관 이위종(李瑋鍾, 친러파 이범진의 아들) 세 명을 밀사로 삼아 파견하였다. 일본의 방해로 정식 초청장을 받지 못했기 때문이다. 이준은 헌정연구회에서 부회장을 역임한 후, 평리원 검사에 취임하거나 국채 보상 운동과 제휴하기도 했다. 일행은 6월 24일 헤이그에 도착하여 회의에 출석시켜 줄 것을 요구하였지만 이룰 수 없었다. 그러나 같은 무렵 개최된, 언론인이 모인 국제협회에서 발언할 기회를 얻어 7월 8일 일행을 대표하여 영어에 능숙한 이위종이 열변을 토하며 보호조약의 무효와 일본의 비도덕함을 호소했다. 이 연설은 〈한국을 위하여 호소한다〉라는 제목이 붙었고, 이위종의 사진과 함께 각국 신문에 게재되었다. 그러나 밀사 외교는 열국에게 받아들여지지 않았고 실패로 끝났다. 이준은 14일 분통한 나머지 병을 얻어 객사하였다. 이 죽음은 〈분사(憤死)〉라고 전해져 오랜 시간에 걸쳐 자결한 것이었다고 알려졌다. 같은 무렵 헐버트도 유럽으로 건너와 세 밀사와 연대하여 상설 중재 재판소에 제소하는 것을 공작하고 있었으나 이것도 수포로 돌아갔다.

헤이그 밀사 활동이 6월 29일 이토의 귀에 들어가자 그는 격노했다. 7월 3일 이토는 고종을 알현하여 그 행위를 〈음험〉한 것이라고 힐책하였고, 전쟁 선포나 마찬가지라며 윽박질렀다. 이어서 총리대신 이완용에게도 마찬가지로 협박하며 고종의 양위를 다그쳤다. 일진회 송병준은 양위하지 않는다면 자결하든가, 천황에게 직접 사죄하든가, 아니면 전쟁을 할 수밖에 없다고 고종을 다그쳤다. 논의가 며칠이고 계속되었지만, 고종은 결국 고립무원의 상태에 빠져 양위에 동의했다. 7월 20일 양위식을 거행하였고, 황태자 척(坧)이 황제의 자리에 올랐다. 그가 바로 순종(純宗)이었다.

고종 양위의 소문을 들은 한성 부민은 18일 밤부터 불온한 움직임을 보여 다음 날에는 국민결사회를 조직하였다. 각 장소에서 내각 대신을 탄핵하는 연설회가 개최되었고, 시위대 병사 40명이 탈영하여 종로에서 일본 경찰과 총격전을 벌였다. 사상자가 30명 이상 발생하였다. 또 일진회 기관지 국민신보사가 습격을 당했다. 이토는 이러한 운동을 진압하기 위해서 1개의 혼성 여단 출병을 요청하기에 이르렀다. 양위 당일인 20일에는 한성 안이 모두 철시 상태가 되어 수만 명의 부민이 집회를 개최하였고, 이완용의 집을 불태웠다. 또한 시위대 일부가 종로 순사 파출소를 습격하였다.

평양에서도 상인이 철시하였고, 연설회를 개최하였으며, 경찰관에게 투석을 하였다. 21일에는 일본 헌병이 기관총까지 설치하여 집회를 엄금하였는데, 〈5적〉 이지용과 이근택의 집이 불탔다.

제3차 한일협약과 군대 해산

이러한 소란에도 불구하고 이토는 다음 단계의 정책을 즉석에서 실행에 옮겼다. 7월 24일 제3차 한일협약(정미7조약)을 체결하였던 것이다. 이 협약으로 일본은 통감에 의한 내정 지도권을 완전히 장악하였고, 법령 제정과 행정 시행, 관리 임면 등은 통감의 동의가 필요하게 되었다. 또 일본인을 한국 관리로 삼을 것을 결정하여 일본인 고문은 정식으로 한국 관리가 되었다. 그리고 비밀 각서를 교환하여 내각 각부에 일본인 차관을 배치하고, 신설한 대심원장(大審院長), 검사총장(檢事總長)에는 일본인을 채용하였고, 공소원(控訴院)이나 지방 재판소 등에도 일본인 판검사를 대량으로 채용하였다. 더욱이 황궁을 수비하는 1개 대대를 제외하고 한국군을 해산하기로 결정하였다.

이미 대한제국은 완전히 주권을 상실하여 국가의 실체가 사라졌다. 그리고 일본은 주도면밀하게도 7월 30일 여러 열강 가운데서도 대일 복수를 꾀할 우려가 있는 러시아와 제1차 러일협약을 체결하여, 하얼빈(哈爾濱)과 창춘(長春), 지린(吉林)의 중간을 〈경계선〉으로 하여 각자의 이익을 확인하고, 러시아에게 일본의 조선 보호국화 진전에 간섭하지 말 것을 약속하도록 하였다.

군대 해산은 8월 1일~9월 3일까지 점차 진행되었다. 해산 당시 한국군은 9,171명의 병력을 보유했는데, 이 가운데 의장병을 제외한 8,426명이 해산당하였다. 그러나 한성에서는 해산 첫날 반란이 일어났다. 해산식이 몰래 진행되려던 차에 시위대 제1연대 제1대대장 박승환(朴昇煥)이 권총으로 자살하였다. 해산 사실을 안 부하들은 일제히 무기고를 탈취하여 일본군과 총격전을 벌였다. 총격전은 두 시간에 이르렀고, 일부는 백병전을 벌였다. 한국군에서 86명의 전사자와 100여 명의 부상자가 나왔고, 일본군에서는 4명의 전사자와 29명의 부상자가 나왔다. 도망친 병사는 민중이 숨겨 주었고, 그 후 한성부 바깥으로 탈출하여 의병에 합류하였다.

지방에서는 9월 3일까지 해산이 차차 진행되었는데, 원주, 강화도, 충주, 제천 등지에서는 반란이 일어났다. 특히 원주와 강화도는 규모가 컸다. 원주에서는 8월 6일 대대장 대리 김덕제(金德濟)와 특무정교(特務正校, 하사관) 민긍호(閔肯鎬)를 지휘자로 한 반란군이 원주 민중과 함께 결기하여 수비대와의 격전을 확산시켜 나갔다. 수비대를 격퇴한 반란군은 김덕제가 이끄는 600명의 부대와 민긍호가 인솔하는 1,000명 부대로 나뉘어, 의병 활동을 전개해 나갔다. 강화도에서는 8월 9일 부교(副校, 하사관) 지홍윤(池弘允), 연기우(延基羽) 등을 지휘자로 하여 600명 정도가 반란을 일으켰고, 일진회원 군수를 살해하여 일본군과 격전을 거듭하였다. 반란군은 그 후 역시 의병 활동에 참가하였다.

군대 해산에 수반된 소규모 전투는 각지에서 허다하게 일어났다. 반란군의 사상자는 1,850명, 일본군 사상자는 68명을 상회하였다. 그중 대다수는 의병에 합류하였는데, 은사금을 받고 얌전하게 해산한 병사의 대다수도 그 후 의병에 합류하였다.

차관 정치와 〈자치 육성〉 정책

제3차 한일협약으로 차관 내지 차관급이 된 일본인은 다음과 같다. 내부 기우치 주시로(木內重四郎), 법부 구라토미 유사부로(倉富勇三郎), 학부 다와라 마고이치(俵孫一), 탁지부 아라이 겐타로(荒井賢太郎), 궁내부 고마쓰 미호마쓰(小松三保松), 농상공부 오카 기시치로(岡喜七郎), 경찰국장 마쓰이 시게루(松井茂), 경시총감 마루야마 시게토시, 총세무사서리 나가하마 모리조(永濱盛三). 〈통감의 지도를 받는다〉라는 조항으로 각 부와 국의 실권은 모두 그들이 장악하였다. 또 고문 경찰과 이사청 경찰은 폐지되어 일본인 경찰관은 모두 한국 경찰관이 되었다. 1909년 6월 단계에서 일본인 관리는 5,370명(한국인 관리는 6,837명), 1909년 12월 단계에서 일본인 한국 경찰관은 2,136명(한국인 경찰관은 3,252명)이었다.

이토 히로부미는 〈일본의 정책은 한국을 부강하도록 만들고, 독립 자위의 길을 강구하도록 한다. 그럼으로써 일한이 제휴하는 것을 득책으로 한다〉(「東京朝日新聞」 1907년 8월 1일 「伊藤統監新聞記者團に語る」)라는 생각에서 병합에 반대하여 〈자치 육성〉 정책을 표방하였다. 그러나 그것은 이름뿐이고 실제로는 조선을 일본에 종속시키는 정책일 따름이었다.

〈자치 육성〉 정책의 내용은 대체로 ① 사법 제도 정비, ② 은행 금융 기관의 설치, ③ 식산흥업, ④ 교육 진흥의 네 가지였다. ①은 치외 법권을 철폐하여 일본과 나란히 할 수 있음을 표방한 것이었는데, 이것은 사실 조선을 일본의 배타적 영역으로 삼는다는 것을 의미하였다. ②는 메가타 다네타로의 화폐 정리를 발단으로 하여 제일은행에서 한국은행으로 계승되는 중앙은행의 설립, 지방 금융 조합의 설립 등으로 대표되는데, 이것은 일본 경제권으로 한반도를 포섭한다는 것을 의미했다. ③은 누구를 중심으로 하는 식산흥업인지가 문제인데, 동양척식주식회사의 설립에서 전형적으로 보이듯이, 그것을 수행하는 것도, 혜택을 받는 것도 그 주체는 일본인이었다.

　문제는 ④에 있다. 이것은 조선의 근대화를 표방한 것이면서도, 조선의 민족 교육을 방해하려 한 것이었다. 애국 계몽 운동가들은 경쟁적으로 다수의 학교를 설립하였는데 통감부는 이것을 좋게 생각하지 않았다. 1908년 8월 26일 사립학교령은 사립 학교를 학부의 관할하에 두어 학부 편찬 내지는 학부대신 검정 이외의 교과서를 사용할 수 없도록 했을 뿐만 아니라, 학부가 유해하다고 인정하는 학교의 경우 학부대신이 폐쇄할 수 있도록 하였다. 그 결과 1908년 당시 약 5,000개였던 사립 학교는 불과 2년 후인 1910년 8월에는 1,900개 정도로 격감하였다. 또 관공립 학교에서는 일본인이 운영의 중심이 되어 일본어 교육을 강제하였다.

　병합하지 않더라도 조선은 완전히 일본의 배타적 지배 영역 아래 있었을 뿐만 아니라, 거의 완벽한 식민지였다. 이토에게 있어 한국 병합은 한국에서 대일본 제국으로 단순히 명패를 바꾸는 일 정도밖에 의미하지 않았다. 〈자치〉의 미명하에 조선인을 회유하고, 〈부강〉이 이루어졌을 때 독립을 허락한다고 언명해 두는 편이 경비가 들어가는 군사력에 과도하게 의지할 필요도 없이 좀 더 효율적으로 지배하는 방법이었다. 이토는 〈자치〉를 미끼로 삼아 조선의 제반 계층을 일본에 심복시키는 것이 가능하다고 생각하였다. 그러나 얼마 지나지 않아 이러한 생각이 안일한 것이었다는 사실을 뼈저리게 깨달았다. 조선 민족주의의 성장을 과소평가하고 있었던 것이다.

3. 국권 회복 운동의 확대와 그 사상

의병 전쟁

　해산 병사들의 의병 합류는 의병 운동을 보다 활발하게 만들었다. 의병은 전국화하여 각지에서 일본군을 괴롭혔다. 의병은 적게는 수 명 단위로도 활동하였는데, 통상적으로는 수십 명에서 100명을 넘는 규모가 일반적이었다. 때로는 3,000명에 달하는 조직도 있었다고 한다(今村鞆, 『歴史民俗朝鮮漫談』). 그러나 일사불란하게 항쟁하기 어려운 경향이 있었던 것도 사실이므로, 이에 대해 통합의 기운이 생겨났다.

　원주에서 궐기한 이구재(李求載), 이은찬(李殷瓚) 등의 추대를 받아 관동 의병대장이 된 이인영(李麟榮)은 각지의 의병에게 격문을 보내 통합적인 항쟁의 필요성을 호소하였다. 그리고 1907년 12월 한성에 가까운 경기도 양주에서 1만 명 정도의 의병이 결집하였다. 13도 의병총대장 이인영을 필두로 군사장 허위, 관동(강원도) 창의대장 민긍호, 호서(충청도) 창의대장 이강년(李康秊), 교남(경상도) 창의대장 박정빈(朴正斌), 진동(鎭東, 경기도·황해도) 창의대장 권중희(權重熙), 관서(평안도) 창의대장 방인관(方仁寬), 관북(함경도) 창의대장 정봉준(鄭鳳俊) 등이 지휘관이었다. 이 부대는 국제법에 통달해 있던 전 평리원 판사 허위의 발상으로 한성의 각국 영사관에 문서를 보내어 국제법상의 교전 단체라는 점을 인정해 줄 것을 호소하였다. 일본은 의병을 〈폭도〉로 취급하였고, 그 때문에 의병은 체포당하더라도 국제법에 준거한 포로로서 취급을 받지 않았다. 거기서 허위는 자신들의 전쟁을 정규 전쟁이라고 하여 안팎에 자리매김하려 한 것이었다.

의병의 총수는 한국 주차군 사령부의 조사로는 1908년 6월 단계에서 〈수괴〉 241명, 〈폭도〉 3만 1,245명이었다. 그야말로 전쟁에 필적하는 규모였고, 13도 의병의 결성으로 의병 운동은 의병 전쟁이 되었다.

의병의 사상

그러나 이러한 의병 연합군은 곧바로 해체되어 버렸다. 허위의 부대는 1908년 1월 한성 동대문까지 12킬로미터 남은 지점에서 다른 부대의 도착을 기다렸는데, 각 부대의 도착이 늦어지면서 일본군에게 패퇴하였다. 의병은 여러 열강으로부터 국제법상의 교전 단체로서 인정을 받지도 못했다. 또 총대장 이인영은 아버지의 부고 소식을 접하자 총대장의 자리를 버렸다. 거기에는 유교적 명분으로 사는 유학자의 자세가 있었다. 이후 각각의 의병장은 전쟁 주체로서 전국의 각 거점에서 독자적으로 의병 활동을 계속해 나갔다.

오늘날의 상식에서 보자면 이인영의 행동에는 이해하기 어려운 점이 있었다. 장례가 끝난 후 부하들이 진으로 돌아올 것을 요청했는데, 그는 〈나라에 충성하지 않는다면 부모에게 효도하는 것이 아니다. 부모에게 효도하지 않는다면 나라에 충성하는 것이 아니다. 내가 3년상을 치른 후에 다시 의병(義旅)을 일으키고, 일본을 소탕하여 대한을 회복한다면 곧 이것이 효순(孝純)으로서 충을 온전하게 하는 것이 아니겠는가?〉(宋相燾, 『騎驢隨筆』)라고 말하며 이를 거절했다. 그는 〈충효일치〉를 주장하였는데, 이것은 분명히 효를 우선시한 것과 다르지 않다. 본래 유교에서는 효와의 유사성에서 충을 파악하여 효를 우선시했다. 그리고 그것이야말로 〈도〉를 실현하는 것이었다. 〈도〉는 문명이었고, 〈국가〉의 상위로 설정하였는데, 조선 왕조, 대한제국이 소중한 것은 〈도〉를 보호하고 유지하는 주체 그 자체였기 때문이다. 의병장에게 문명을 위해 죽는 것은 나라를 위해 죽는 것과 같은 의미였다.

그 점은 최익현의 경우도 마찬가지이다. 그는 인간과 국가의 보편, 즉 문명적 원리로서 각각 〈충애〉와 〈신의〉를 거론하면서 동아시아 3국 연대라고 하는 대의를 배신한 일본을 날카롭게 비판하였는데, 조선의 문명, 더 나아가 동아시아의 문명을 보호하고 유지하기 위해 목숨을 버리는 것이 유학자의 책무였다. 허위도 1908년 6월 포박되어 처형당할 때, 자신의 죽음을 애도하려는 일본인 승려에게 〈충의의 귀신은 스스로 신선으로 올라갈 수 있다. 설령 지옥에 떨어진다고 하더라도 어찌 꼴도 보기 싫은 너희 나라 만승(蠻僧)의 도움을 빌리려 하겠는가?〉라고 일갈하였는데(『梅泉野錄』), 거기에는 〈충의〉라는 문명관을 완고하게 갖고 있는 유학자 나름대로의 자부가 있었다.

의병과 민중

의병장들의 출신 계층은 광범하였고, 단발령 시기의 의병장이 거의 유생이었던 것과는 크게 양상이 달랐다. 유생, 양반 의병장은 25퍼센트를 차지하였는데, 농민 19퍼센트, 군인 14퍼센트에 이어 무직자, 화적 등도 12퍼센트에 달했다. 대한제국기, 뿌리가 도적이었던 활빈당은 주관적으로는 사회 정의의 실현과 왕도 정치로의 회귀를 목표로 삼고 있었으나, 이제 그들의 도착된 정의감을 실천할 수 있는 것은 의병이 되는 것이었다. 소박한 농민도 차차 총을 들었다. 의병 전쟁은 러일 전쟁과 통감부 정치로 토지를 빼앗기고 가족이 살해당하여 생활이 갈기갈기 찢긴 자들의 목숨을 건 비장한 전쟁이었다.

신돌석과 홍범도(洪範圖)는 가장 유명한 평민 의병장이었다. 〈태백산의 호랑이〉, 〈날아다니는 호랑이 장군〉으로 이름을 날린 신돌석은 1908년 11월에 살해당했는데, 일본군은 그를 화적이라고 인식하였다. 1907년 11월 무렵부터 의병 활동을 개시한 홍범도는 고용 농부(雇農)이자 사냥꾼 출신으로 한국 병합 이후에도 중국 동북부나 러시아령 연해주 등지에서 활약했다. 그는 1907년 9월 6일 총포및화약류단속법이 제정되자 생활 밑천을 지키기 위해 일어섰다. 그의 의병 부대는 포수, 광산 노동자, 군인, 화전민, 토막민, 무뢰배 등으로 이루어져 있었다.

또 민긍호는 대표적인 군인 출신 의병장이었는데, 〈충의〉의 심정은 유생들에게 전혀 뒤떨어지지 않았고 눈물을 흘리며 열성을 토로하는 그 높은 기상 때문에 크게 민심을 얻었다. 유교적 민본주의에 기초한 덕망가적 질서관은 구지배 세력인 유생과 민중을 결속하여 의병 전쟁을 계속해 나가는 데 필요 불가결한 논리가 되었다. 침략군과의 전쟁은 전통적 정치 문화에 의거한 것이었고, 또 그러한 것이었기에 힘을 모을 수 있었다. 제국주의 세력에 대한 저항은 일반적으로 토착적인 논리를 따랐는데, 조선에서도 그것은 예외가 아니었다.

실제로 의병장은 민심을 얻는 데 깊이 주의하였다. 홍범도 등은 의협의 논리로 민중을 끌어들였지만, 위엄과 덕망이 있는 유생 의병장은 교화를 고려하는 한편으로 규율도 중시하였다. 이은찬이 전형적 인물이었다. 그는 〈정의〉를 표방하여 민심을 사로잡으면서도 식량과 군자금을 직접적으

만년의 홍범도(1868~1943)

로 민중에서 빼앗지 않고, 촌장층에게 통고한 후에 징수하였으며, 구입품
에 대해서는 반드시 대금을 지불하였고, 때로 군표를 발행하더라도 나중
에 반드시 통화와 교환했다고 한다. 그 때문에 민중은 이은찬 부대를 환대
하였고, 자진하여 숨겨 줄 뿐만 아니라, 밀정까지 되면서 협력을 아끼지 않
았다. 이은찬의 통솔 아래에는 무뢰배도 있었으나 그는 그들을 자신의 덕
망으로 포용하여 결코 배제하지 않았다.

애국 계몽 운동과 사회 진화론

이러한 의병 전쟁에 대하여 애국 계몽 운동 진영은 어떻게 대응하고 있
었는가? 의외로 같은 국권 회복 운동의 일익을 담당하고 있음에도 불구하
고, 냉담한 인식을 가지고 있던 자가 많았다. 애국 계몽 운동 단체 가운데
서 가장 첨예한 애국 단체였던 대한자강회부터 그러하였다. 대한자강회는

첨예한 정치 활동 때문에 1907년 8월 해산을 당했는데, 그 후신이 같은 해 11월 17일 창립된 대한협회이다. 대한협회는 일진회에는 못 미치나 2만 명 이상의 세력을 가지고 일진회 다음으로 세력을 과시하였다. 총무였던 윤효정은 의병 활동을 〈의명폭행(義名暴行)〉, 〈절대적 비의(非議)〉라고 거리 낌 없이 말하였다.

이러한 사상적 배경에는 당시 유행하고 있던 사회 진화론의 영향이 있 었다. 다윈주의를 인간계에도 적용한 사회 진화론은 〈약육강식〉, 〈우승열 패〉, 〈적자생존〉 등의 치열한 경쟁을 하면서, 인간은 문명적으로 진보해 간다는 논리였는데, 다수의 애국 계몽 운동가들은 이러한 이론을 〈진보〉 에 중심을 두고 이해하였다. 그 결과 제국주의를 비판하면서도, 다른 한편 에서는 제국주의 지배하의 문명화에 기대를 걸었다. 제국주의는 교활하지 만, 서서히 이성화하여 보편적 도의의 방향이 열려 나아갈 것이라는 환상 이었다. 윤효정은 러일 전쟁에서 일본이 승리한 이유는 입헌주의, 즉 문명 이 전제주의를 굴복시켰기 때문이라고 인식하였다. 따라서 이토 히로부미 의 〈자치 육성〉 정책에 대해서는 의심을 품으면서도 믿으려는 경향이 애 국 계몽 운동 진영에서 생겨났던 것이다.

진정으로 불가사의한 것은 보호조약 체결 당시 「시일야방성대곡」의 명 문을 작성하여 조선인을 감동시켰던 장지연 또한 이토에게 기대하는 바가 약간은 있었다는 점이다. 통감부 정치가 진행되어 가고, 군사력으로는 도 저히 국권 회복이 어렵다는 현상 분석이 내려지자, 무언가 타협을 모색할 수밖에 없었다. 대한자강회의 고문은 일본인 오가키 다케오(大垣丈夫)였는 데, 그는 장지연이 추천한 인물이었다. 오가키는 이토와 가까워 그의 생각 을 존중하였고, 통감부 정치의 〈선의〉를 대한자강회, 대한협회가 믿게 만들려고 했다. 오가키는 일본에서 언론인으로 활동하였던 인물로, 천황·국권주의자였지만 표면상 동양 3국 동맹론을 주장하여 흡사 한국의 지위 향상을 말하는 것처럼 보였다. 그러나 그 실체는 어디까지나 일본의 지도에 따라야 한다는 보호국론이었다. 장지연은 오가키를 고문으로 삼음으로써 당국의 간섭을 완화하려는 계획을 가지고 있었던 것 같은데, 일면 오가키의 사기에 속았다고 말할 수도 있을 것이다.

그런데 대한자강회의 설립은 본래 보호국화 반대에 기원을 두고 있었다. 그 때문에 이토와 오가키에 대한 의심은 가라앉지 않고 계속되었다. 대한자강회는 고종 양위 반대 운동에도 적극적으로 관계하였다. 그렇기 때문에 해산을 당했다. 애국 계몽 운동가들의 딜레마는 진정 심각한 것이었다.

신민회

그 때문에 독립을 체념하지 않은 애국 계몽 운동가들은 이면에서 비밀 결사를 조직하고, 독립의 방책을 마련해 나갔다. 그것이 1907년 4월경에 결성된 신민회였다. 이 결사는 안창호(安昌浩)를 중심으로 만들어졌다. 안창호는 미국에서 5년 체재한 후, 같은 해 2월 20일 도쿄를 경유하여 귀국한 인물이었다. 그는 샌프란시스코에서 조선인을 조직화하려는 공립협회(共立協會)를 만드는 등, 이미 민족 운동의 경험을 갖고 있었다. 당시 그는 29세의 젊은이였는데, 연설의 명수로 귀국하자마자 각지로 유세하면서 돌아다녔고, 사람들을 민족주의에 눈뜨게 만들었다. 그리고 얼마 지나지 않아 조직한 것이 신민회였다. 회장은 윤치호, 부회장은 안창호가 취임하였

신민회의 지도자 안창호(1878~1938)

는데, 두 사람 모두 기독교도였다. 안창호가 실질적인 지도 책임을 맡고, 회원으로는 박은식, 신채호, 장지연, 양기탁 등의 언론인을 비롯하여 이갑(李甲), 이동휘(李東輝) 등의 군인, 이승훈(李昇薰)과 같은 실업가와 교육가, 김구(金九), 이동녕(李東寧) 등의 운동가 등 다양한 인사를 망라하였으며 회원은 800명 정도였다.

신민회는 ① 독립사상의 고취, ② 동지의 확대 규합, ③ 청소년 교육의 진흥, ④ 국민 부력(富力) 증진 등을 목표로 하였는데, 독립을 명확하게 내건 정치 결사였기 때문에 비밀 결사의 성격을 띠게 되었다. 회원에는 기독교도가 많았고, 표면적으로 합법 단체인 청년학우회(靑年學友會)를 중심으로 활동하여 각지에 학교나 경제 단체, 혹은 소년 동지회, 청년 동지회 등의 조직을 만들었다. 또 평양에 대성학교(大成學校), 마산동자기회사(馬山洞磁器會社), 태극서관(太極書館) 등을 설립하여 실력 양성의 거점 기관으로 삼았다. 신민회는 의병 운동과는 선을 그었으나, 유사시에는 실력으로 독립을 쟁취한다고 결의하였다.

장지연은 신민회 회원이면서 오가키를 환영하는 듯한 대한자강회, 대한협회의 활동을 하고 있었는데, 그는 이 시기 강온 양면의 독립 방책을 생각하고 있었다. 그러나 신민회 회원 중에서도 독립을 향한 집념에서는 개인차가 있었다. 박은식과 신채호 등은 가장 첨예한 독립론자였다.

대한 내셔널리즘

애국 계몽 운동 시기에는 국가 존망의 위기를 반영하여 외국의 건국사나 망국사가 활발하게 읽혔다. 전자는 미국, 이탈리아, 스위스 등, 후자는 베트남, 폴란드 등이었다. 그중에서도 판보이쩌우(潘佩珠)의 『월남망국사(越南亡國史)』는 독자가 많았다. 또 나폴레옹이나 가리발디 등 외국의 영웅도 인기가 높았다. 조선에서는 수나라를 격파한 을지문덕이나 임진왜란 당시의 이순신 등이 애국 사상을 고취하는 데 절호의 영웅이었다. 그리고 조선의 역사를 다시 보아 조선의 건국을 중국으로부터 도래했다고 전해지는 기자보다는, 조선 고유의 강림 신화인 단군에게서 구하려는 경향이 강해졌다. 즉, 단군 내셔널리즘이었다. 그것은 대한제국을 향한 애착과도 결부되었고, 여기에서 대한 내셔널리즘이 성립하였다.

대한 내셔널리즘을 적극적으로 고취하였던 인물이 바로 박은식과 신채호였다. 양자의 사상적 특징은 당시 사회 진화론의 〈진보〉를 중시하여 이해하는 경향이 강한 와중에, 반대로 철저하게 〈경쟁〉을 중시하여 이해하였다는 점에 있다. 그 결과 양자는 현실 세계에는 가혹한 경쟁이 있을 뿐,

보편적 도의 등은 없다고 생각하였다. 국제법 등은 조금도 기대할 것이 없으며, 열강이 생각하는 대로 해석하여 약소국을 고통에 빠지게 만드는 도구에 지나지 않는다는 인식이었다. 그 때문에 두 사람은 국가주의의 입장에 서야 함을 집요하게 주장하였다. 국가는 도의보다도 무겁다고 주장한 것이다. 애국 계몽 운동에서는 동맹론, 보호국론, 병합론 등을 논의하고 있었는데, 신채호는 자신이 대한자강회 회원이면서도, 그들을 〈동양주의〉라고 하여 격렬하게 비판하였다. 박은식도 오가키의 논의를 현실적이지 않다고 하면서 물리쳤다.

조선의 전통적 교학인 주자학에서는 훌륭한 인격자가 훌륭한 정치를 실천할 수 있다고 생각한다. 도덕과 정치는 연속되어 있는 것이었다. 정치의 세계에서는 본래 권모술수 등을 써서는 안 된다는 인식이다. 주자학적 사유에 젖어 있었던 조선의 지식인은 이러한 사유로부터 쉽게 벗어날 수 없었는데, 박은식과 신채호는 도덕과 정치를 분리시킴으로써 진정한 국가주의를 정립하였다.

신채호의 사상

특히 신채호의 국가주의는 철저했다. 그는 유학자인 성균관 박사의 칭호를 가지고 원래라면 관직에 나아갈 몸이었는데, 「황성신문」, 「대한매일신보」에 투신하여 첨예한 국가주의를 고취하였다. 그는 사회 진화론을 준엄하게 이해하고, 단순히 약육강식의 현실 세계를 비판하는 것이 아니라, 스스로가 〈강권(強權)〉의 신봉자가 되어야 한다고 주장하였다. 그것은 국제 사회에 〈도의〉를 요구하지 않을 뿐만 아니라, 자신도 그것을 포기하고

신채호(1880~1936)

오로지 〈강권〉을 가지고 〈강권 세계〉를 명확하게 내세우려 하는, 즉 국가
가 곧 도의라는 관점에 입각한 내셔널리즘이었다. 신채호는 주자학과 이
별함으로써 보편주의적 세계관을 비판하고, 특수주의적 세계관으로의 전
환을 제창했던 것이다. 후쿠자와 유키치는 〈백 권의 만국공법은 여러 문의
대포만 못하다〉(『通俗國權論』)라고 하여 〈권도주의(權道主義)〉를 긍정하였
는데, 신채호는 후쿠자와 굳이 같은 위상에 자신을 두고자 했다.

　따라서 신채호는 실력에 의한 독립을 제창하게 되었다. 의병에 냉담한
애국 계몽 운동 진영 안에서 그의 의병관은 우호적인 것이었고, 의병을
〈의사〉, 〈충신〉으로 인식하였다. 또 그는 국권을 존중하는 근대 국가를 수
립하기 위해서는 국민 혁명이 필요하다고 생각하였고, 그 관점에서 갑오

농민전쟁 지도자인 전봉준을 〈혁명가〉로 높이 평가하였다. 애국 계몽 운동가에게는 우민관이 오히려 강하여 갑오농민전쟁이나 전봉준에 대하여 우매한 행위였다고 보는 것이 일반적이었다. 박은식조차 그러하였다. 신채호의 입장은 명확히 그러한 사상적 입장과는 노선을 달리하였다.

그러나 그러한 민중적 지평을 가지고 있었기 때문에 신채호는 이후 극적으로 그의 사상을 변화시켜 나갔다. 한국 병합 후에는 〈강권〉을 가지고 〈강권〉을 극복해 낸다는 사고가 불가능해졌기 때문이다. 피억압 민족(민중)의 입장이야말로 〈도덕(정의)〉임을 도출하고, 그 관점에서 도리어 국가주의를 비판하며, 1920년대에는 무정부주의자로서 민족 운동을 전개해 갔다. 역설적이게도 그의 사상적 활동에서 정치는 도덕적으로 민본주의적이어야 한다는 주자학적 사유, 즉 보편적 세계관으로 회귀한 것이다. 민중적 입장에 선다는 성격이야말로 다르기는 하였으나, 국가주의를 포기하고 보편주의로 회귀해 가는 모습은 박은식 역시 마찬가지였다.

신채호만큼 전통적 조선 사상과 격투를 벌이면서 올바른 근대를 계속 추구했던 사상가는 없었다. 그러한 의미에서 그야말로 후쿠자와 유키치와 대비시킬 수 있는 근대 조선 최대의 사상가였다.

4. 국권 회복 운동과 일본

통감부의 언론, 치안 정책

러일 전쟁 당시 군율로 일본은 이미 언론 통제와 치안 유지를 엄격하게 실행하였는데, 통감부는 여러 법령을 공포하여 국권 회복 운동을 봉쇄하려 하였다. 다른 것에 앞서 나온 것이 보안규칙(1906년 4월 17일 공포)이었다. 〈평상시에 조폭한 언론 행위〉를 하는 자에 대하여 거주와 생업을 규정할 것을 목적으로 하는 법령이었는데, 애국 계몽 운동가를 단속하기 위한 법령이었음은 분명했다. 그 후 보다 철저한 보안법(1907년 7월 27일 공포)을 실행하고, 이 법률로 내부대신은 안녕 유지를 위하여 결사를 해산하고, 경찰관은 집회나 〈다중(多衆) 운동〉을 제한, 금지할 수 있게 되었다. 대한자강회의 해산은 재빠르게 이 법령을 적용한 것이었다.

언론 통제로서는 신문지법(1907년 7월 24일 공포)이 중요하다. 내부대신은 〈안녕 질서〉를 방해하는 신문을 압수하고, 발행 정지, 발행 금지 등이 가능하도록 했다. 반일 기사의 엄격한 금지였다. 1908년 4월 20일에는 이것을 개악하여 외국에서 들여오는 신문이나 외국인이 발행하는 내국 신문에도 신문지법을 확대하기로 했다. 노골적인 언론 통제였다. 당시 해외에서 「대동공보(大東共報)」(블라디보스토크), 「신한민보(新韓民報)」(샌프란시스코), 「신한국보(新韓國報)」(호놀룰루) 등이 들어오고 있었고, 통감부는 베델이 사장을 역임하던 「대한매일신보」도 아울러서 단속하려 했던 것이다.

또 일본은 어용 신문을 만들어 여론 조작을 실시하였다. 통감부 설치 이전인 1895년부터 일본은 「한성신보」의 발행을 지원하여 여론 조작을 하고 있었는데, 러일 전쟁이 개시되자 「대동일보(大東日報)」(1904년 3월 창간)와 「대동신보(大東新報)」(1904년 4월 창간)를 창간하여 새로운 어용 신문으로 삼았다. 그리고 통감부는 영국인 하지가 1905년 6월 창간한 「서울 프레스Seoul Press」를 매수하여 영문 어용 신문으로 만들었다.

게다가 통감부는 출판법(1909년 2월 23일 공포)에 기초하여 출판을 허가제로 하여 검열을 엄격하게 하였고, 다수의 출판물을 발행 정지시켰다. 언론 탄압은 여기서 극에 달한 느낌이었다.

「대한매일신보」와 일본

그러나 이러한 악법 아래에서도 「대한매일신보」는 쉽게 굴복하지 않았다. 사장 베델은 시종일관 양기탁과 함께 반일의 기세로 일관하였다. 의병들은 「대한매일신보」 기사에서 내외 정세를 파악하고 전투의 자양분으로 삼았다.

그래서 통감부는 베델을 공사(公私) 양면으로 감시함과 동시에 두 차례에 걸쳐 영국 영사관에 고발하였다. 영국은 치외 법권에 기초한 영국법의 적용과 일본과의 우호 관계 사이에서 고민하였는데, 결국은 준거로 삼아야 하는 추밀원령을 수정하였고, 영국인 발행 신문은 우호국의 관헌과 한국 신민 사이를 이간질해서는 안 된다고 하여 베델을 처벌하였다. 즉, 베델은 1907년 10월 6개월의 근신 처분을 받았고, 다시 1908년 6월에는 3주간의 금고형과 6개월의 근신 처분을 받았다. 금고형이란 한국으로부터의 추방이었다.

베델은 그래도 되돌아왔다. 그러나 1909년 5월 1일 불행하게도 36세의 젊은 나이로 병사하였다. 〈내가 죽더라도 대한매일신보는 영생하도록 하여 대한국 동포를 구출하라〉가 유언이었다. 제국주의가 풍미하던 시대에 피억압 민족에게 일신을 바쳤던 보기 드문 외국인이었다.

통감부가 베델에 이어서 적대시했던 자는 양기탁이었다. 통감부는 1908년 7월 12일, 국채 보상 운동 총무직을 맡고 있던 양기탁을 국채 보

「대한매일신보」의 편집실

상금 횡령 혐의로 갑자기 체포하였다. 실제로는 「대한매일신보」에 대한 탄압이었다. 영국 총영사는 이 체포에는 아무래도 부당함을 느껴 항의하였고, 외교 문제로까지 발전한 결과 9월 29일 양기탁은 무죄로 방면되었다. 그러나 「대한매일신보」는 신용을 잃었고, 그 결과 발행 부수 또한 감소하였다. 국채 보상 운동은 최초부터 성공할 가능성이 낮았지만 결국 실패로 끝나고 말았다. 이 운동은 성패와 관계없이 운동 그 자체가 민족주의 고취를 추구했던 것인 만큼, 그 실패 때문에 민족 진영에는 좌절감이 널리 퍼졌다.

기독교와 민족 운동

실제로 국채 보상 운동을 담당해야 할 민중 사이에서는 무력감이 퍼져 나가고 있었다. 이와 같은 사실은 기독교의 포교에 중대한 변화가 나타났다는 점에서 드러나고 있었다. 1903년 겨울에 시작하여 1907년에 절정에 달했던 대부흥 운동이 바로 그것이다.

조선에서 기독교의 포교는 천주교에 의한 순교의 역사를 거쳐 갑신정변 이후 특히 1886년 6월에 체결된 조불수호통상조약 이후 본격화되었는데, 의료와 교육을 통하여 포교를 도모했다. 그 계기는 미국인 의사 알렌이 갑신정변에서 부상을 입은 민영익을 치료하여 고종과 민비의 신뢰를 얻었던 바가 컸다. 알렌은 이후 공사가 되었고, 퇴임 후 고종으로부터 밀서를 받았던 인물이었다. 그의 제언으로 1885년 4월 14일 서양식 병원 광혜원(제중원)이 설립되었고, 근대적 의학 교육도 시작되었다. 그 후 속속 선교사들이 조선에 왔고, 미션 스쿨도 경쟁적으로 설립되었다. 이화학당, 배재학당, 야소교학당, 정신여학교 등이 유명했다. 고아나 가난한 자녀를 불러 모았고, 특히 유교적 세계로부터 배제되었던 여자들에 대한 교육에 열성이었다.

조선인이 기독교에 입교한 동기는 생활고로 인한 입교 이외에, 관리의 가렴주구나 정치적 압박으로부터의 도피도 중요한 이유였다. 교회로 도망치면 치외 법권을 방패로 삼아 관헌으로부터의 억압을 피할 수 있었다. 일본 관헌도 간단하게는 손을 댈 수 없었고, 그 때문에 민족주의의 온상도 되었다. 유교적 지식인의 개종도 일어났으며, 또 평안도 등지의 북부 지방에서는 전통적 지역 차별에 대한 반발도 있어 포교가 급속하게 확대되었다.

이러한 가운데 대부흥 운동이 일어났는데, 이것은 신에 의한 구원밖에 믿을 것이 없다는, 덧없는 민중적 바람이 광범하게 퍼져 있던 것을 배경으로 하고 있었다. 사람들은 선교사의 지도하에 집단 기도를 하고, 신의 강림이라고 하는 신비 체험을 차차 경험하면서 감격과 눈물로 흐느꼈다. 일거에 신도가 늘어났다. 이러한 대부흥 운동은 세계적으로도 드물다. 조선의 기독교 수용 논리에서는 샤머니즘적 전통에 더하여, 동학에서도 보이는 일신교적 하늘관의 문제가 있다. 그러나 러일 전쟁 이후에 일어난 대부흥 운동은 민중의 무력감을 전제로 하고 있었다. 사람들은 갑오농민전쟁, 러일 전쟁, 그리고 의병 전쟁으로 계속되는 전란 속에서 너무나도 지쳐 있었다. 변혁을 바라는 민중의 마음에 실천적으로 호응하려 한 동학 이단파와 같은 세력이 이제 거의 괴멸 상태에 빠진 가운데 민중은 외래 종교에 일말의 희망을 걸고, 구원받을 수 있는 신의 손길을 갈구하였던 것이다.

안창호와 안중근(제9장 참조)도 경건한 기독교 신자였다. 기독교 계통의 사립 학교는 민족 운동의 강력한 발신지였다. 통감부의 사립 학교에 대한 탄압 동기에는 미션 스쿨에 대한 강한 적대감도 존재하였다. 통감부 내에서는 일부 외국인 선교사들이 국권 회복 운동을 지원하고 있는 것은 아닌가 하는 의심도 존재했다.

그러나 조선 민중을 동정하는 외국인 선교사들은 통감부 정치에 대하여 반드시 비판적이었던 것은 아니다. 선교사들은 정교 분리를 신조로 삼아 피안적 교회를 만들려고 했다. 그 점에서 민족 교회를 만들려고 한 조선 지식인들과 대립하였다. 선교사들은 〈문명의 사도〉이기도 했다. 그 때문에 조선의 문명화를 부르짖는 이토 히로부미의 평판은 반드시 나쁘지만은 않았다. 이토는 외국인을 회유하려고 기독교에 의한 조선인 교화를 장려하는 발언을 외국인 선교사들에게 하였고, 실제로 일부 교회에 자금 원조도 하였다. 선교사들만 아니라 외국인 일반에서도 이토의 평판은 반드시 나쁜 것은 아니었다. 그런 가운데 베델의 반골 정신과 일본 혐오는 두드러진 것이었다.

초토화된 마을들과 헌병 보조원 제도

통감부는 군대 해산 이후 확대되는 의병 활동에 대해서 철저하게 응징하는 작전을 구사했다. 주차군 사령관 하세가와 요시미치는 촌락에 연좌제를 적용하여 의병을 숨겨 주는 마을이나 일본군에게 비협력적인 마을에는 가차 없는 학살과 초토화를 감행하였다. 거기에는 당연히 약탈과 부녀자 폭행 등이 수반되었다. 이후 중일 전쟁 중에 이루어진 삼광 작전(三光作戰)의 원형이었다. 삼광 작전의 조짐은 동학 농민군 탄압에서도 보였는데, 의병 탄압에서는 항전의 전의가 동학 농민군을 훨씬 상회하고 있었던 만큼 본격적으로 실시되었다. 런던의 「데일리 메일Daily Mail」 특파원 매켄지는 군대 해산 이후 의병을 방문하러 여행에 나섰는데, 거기서 실제로 본 것은 초토화된 마을들이 끊이지 않고 이어지는 처참하고 황량한 풍경이었다. 일본군은 의병으로부터 공격을 받으면 그 보복으로 근처의 촌락들을 습격하여 살육하였다(渡部學 譯, 『朝鮮の悲劇』).

그러나 폐허를 목격한 의병의 일본에 대한 증오는 도리어 고조되기만 하였다. 그래서 황제의 조칙을 가진 조선인 선유(宣諭) 위원이나 군수 등이 의병에게 귀순을 권하는 귀순자 정책이 실시되었다. 이것은 일정한 효과를 거두었지만, 이 정책의 배후에 일본이 있다는 사실은 확연하였기 때문에 곧바로 한계에 봉착했다.

절대적인 효과를 발휘한 것은 헌병 보조원 제도였다. 이것은 주차군 헌병대장 아카시 모토지로(明石元二郎)의 발의로 시작되었는데, 1908년 6월 11일 「헌병 보조원 모집에 관한 건」의 공포로 시작되었다. 말하자면 식민지 현지 병력의 등용인데, 지역 사정에 밝고 언어의 장벽도 겉모습의 벽도 없는 조선인 헌병 보조원은 첩보 활동에서 이제까지와는 현격히 다른 성과를 올렸다. 의병 활동은 장인환(張仁煥)과 전명운(田明雲)이 1908년 3월 23일 샌프란시스코에서 전 한국 정부 외교 고문 스티븐스를 사살한 사건을 계기로 일시 고양되는 기미를 보였다. 그러나 헌병 보조원의 등장 이후 의병 활동은 쇠퇴하였다.

순종의 순행과 이토 히로부미

이러한 가운데 이토 히로부미는 1909년 1~2월 두 차례에 걸쳐 순종을 수행하여 남북 순행을 실시하였다. 1월 7~13일 남순행은 경부선을 이용하여 한성→대구→부산→마산→대구→수원→한성으로 순행하였고, 1월 27일~2월 3일 서순행(북순행)은 경의선을 이용하여 한성→평양→신의주→의주→정주→평양→황주→개성→한성으로 순행하였다. 이 순행의 목적은 일본이 한국 황실을 보호·선도하고 있음을 가시적으로 보여 줌으로써 대한 내셔널리즘과 반일 의식을 진정시키고 더 나아가 의병 전쟁을 종식시키는 것이었다. 「대한매일신보」는 1월 21일 이 점을 적확하게 비판하였기 때문에 기사를 압수당했고, 보도 경위에 대한 수사를 받았다.

이토는 순종의 〈태자태사(太子太師)〉로 자부하고 순행 각지에서 자신의 임무는 한국을 〈부강〉하게 하는 것이라고 하는 연설을 하였다. 그러나 각지에서 관제 제등 행렬이나 만세 환호의 봉영 행사가 반복되는 한편으로, 이 순행은 도리어 반일 운동을 초래하였다. 항간에서는 일본이 순종을 일본으로 데려간다고 하는 소문이 유포되었다. 한성에서는 순종이 남순행을 출발하려던 날에 벌써 두 사람이 노상에서 통곡하는 사건이 일어났

개성 만월대를 방문한 서북 순행 일행, 비단 일산(日傘) 아래의 인물이 순종 황제,
왼쪽으로 이토 히로부미와 이완용(1909년 2월 3일)

다. 부산에서는 4,000명의 결사대가 조직되어 60척의 선박이 순종이 승선한 군함을 포위하였고, 승선해 있던 자들은 순종이 도일한다면 차라리 몸을 바다에 던지겠다고 결사의 각오를 밝혔다. 마산에서는 청중이 격노했기 때문에 이토는 마지막까지 연설을 할 수 없었다. 또 서순행 때에는 한국 국기와 일본 국기를 교차시켜 게양하도록 하였는데, 강제적인 지도가 있었음에도 불구하고 개성이나 평양을 비롯한 각지에서 거부가 이어졌다. 개성에서는 누군가가 이토를 암살하기 위해서 폭발물을 설치했다는 풍문마저 돌았다.

　대한 내셔널리즘이 민중 차원으로까지 침투해 있었던 것을 이토가 과소

평가하고 있었다는 점은 분명하다. 낙담한 이토는 조선 통치의 의욕을 잃고 통감 사임의 뜻을 굳혀 갔다.

〈남한 대토벌 작전〉

헌병 보조원 제도의 도입으로 의병은 쇠퇴하고 있었지만 순종 순행을 계기로 다시 활발해져 가는 모습을 보였다. 그러나 1909년 2월 27일 이은찬 부대는 경기도 양주에서 패퇴하였고, 3월 31일에는 이은찬도 체포되어 이후 처형당했다. 이후 의병 활동은 현저하게 쇠퇴해 갔다.

그리고 주차군은 의병에게 최후의 일격을 가하기 위해 9월 1일부터 40일간에 걸쳐 〈남한 대토벌 작전〉을 전개하였다. 이것은 갑오농민전쟁에서 동학 농민군을 한반도의 서남 도서부 방면으로 몰아 섬멸시킨 작전을 답습한 것이었는데, 그 방법은 〈휘젓는(攪拌) 방법〉이라는 것으로 매우 철저하였다. 의병 수색 부대를 세분화하여 한 지역을 전후좌우로 롤러와 같이 몇 번이고 수색해 의병을 체포하는 활동으로 지극히 집요했다. 촌락을 포위한 다음 촌장을 심문하고, 남자들의 명부를 제출하도록 하여 민적과 대조하고, 의심스러운 자는 체포하는 방법으로 험준한 산악 지대와 오지에 이르기까지 빠짐없이 수색을 실시하였다. 낮에 수색하더라도 밤에 급습하였고, 헌병 보조원에게는 변장한 부대를 조직하도록 하여 철저하게 수색하였다. 그 결과 의병은 2천여 명이 사상당하거나 아니면 포로가 되었다. 또 의병의 투항도 줄을 이었다(朝鮮駐箚軍司令部,『朝鮮暴徒討伐誌』).

의병 활동은 이후에도 경상북도나 황해도 등지에서 산발적으로 이어져 한국 병합 후에도 얼마간 계속되었다. 의병 활동 상황은『조선 폭도

토벌지(朝鮮暴徒討伐誌)』에 실린 표를 조사해 보면 〈표 3〉과 같다. 표에는 월 단위까지는 자세하게 나타나지 않으나, 〈남한 대토벌 작전〉이 실시된 1909년 9~10월의 사상자와 포로 수는 276명이었다. 이것은 이 시기 2천여 명을 사상, 포로, 투항시켰다고 하는 본문의 기술과는 모순된다. 투항이 압도적으로 많았다는 것일지도 모르나, 그렇게는 기록되어 있지 않다. 통상적으로 투항은 포로에 합산할 터이며, 사상자 수를 은폐하였을 가능성이 높다. 1911년까지 의병 사망자 1만 7,779명, 부상자 3,706명, 포로 2,139명인데, 실제로는 이것을 훨씬 상회하는 희생자가 있었을 것으로 보인다. 부상을 당해 나중에 목숨을 잃은 의병도 상당히 많았을 것인데, 이 숫자가 표에서 드러나지는 않는다. 또 초토 작전에서 희생당한 일반 농민 수 역시 가볍지 않을 것이나 표로는 파악할 수 없다. 의병 전쟁에서 얼마나 많은 희생자가 나왔는지 정확하게 알 수는 없지만 그 피해가 갑오농민전쟁에 필적할 가능성이 높다.

표 3 의병 전쟁 통계

연도	의 병			일본군		전투 횟수	전투 의병 수
	살육	부상	포로	전사	전상		
1906	82		145	3	2		
1907	3,627	1,492	139	29	63	323	44,116
1908	11,562	1,719	1,417	75	170	1,451	69,832
1909	2,374	435	329	25	30	898	25,763
1910	125	54	48	4	6	147	1,891
1911	9	6	61		6	33	216
총계	17,779	3,706	2,139	136	277	2,852	141,818

출전: 朝鮮駐箚軍司令部, 『朝鮮暴徒討伐誌』, 1913

의병 전쟁은 전쟁이라고 부르기에 상응하는 규모의 전투였다. 그러나 군사력의 압도적 차이로 인해 일본군 희생자는 사망자 136명, 부상자 277명에 불과하였다. 한국 병합은 일본이 이러한 절대적 격차의 전쟁, 즉 식민지 전쟁에서 승리했기 때문에 처음으로 완수해 낼 수 있었던 것이었다. 민족 해방 운동이 정의로 인식되었을 제2차 세계 대전 이후의 시대였다면 외국으로부터 무기 원조를 받으면서, 의병 전쟁은 좀 더 장기화했을 것이다. 매켄지가 만난 의병장은 빈번히 그에게 무기 제공을 간청하였으나, 일개 신문 기자였던 매켄지는 어찌할 수가 없었다. 의병은 고립무원의 상황 아래에서 강대한 일본군과 맞섰던 것이다. 다른 젊은 의병은 매켄지에게 〈우리들은 죽을 수밖에 없겠지요. 괜찮아요. 그걸로 됐어요. 일본의 노예로 살기보다는 자유로운 인간으로 죽는 편이 훨씬 낫지요〉라고 말하였는데, 죽음을 각오한 의병의 비장한 심정이 강하게 전해져 온다.

의병인가, 비적인가?

쫓기면서도 오히려 투항하지 않고 최후까지 전투를 계속한 자는 가난한 백성이나 무뢰한 출신의 의병이었다. 그들은 어느새 의병 그 자체를 자신들의 직업으로 삼고 있었다. 의병 활동을 위해서는 부호나 지방관으로부터 자금을 조달해야만 했는데, 고립화된 의병의 행위는 일부에서는 이제 비적과 다름없다고 인식되기에 이르렀다. 민중 사이에서는 의적으로 보는 경향도 있었는데, 고립이 길어지면서 이윽고 그들에게 남은 자금 조달 수단은 폭력밖에 남지 않게 되었다.

대표적 인물이 헌병 보조원 출신인 강기동(姜基東)이었다. 헌병 보조원은 그 폭력성과 친일성 때문에 악명이 높았는데, 그들도 본래는 농업, 상업 등에 종사하던 궁핍한 백성이었고, 해산 병사들이나 순사들도 많았다. 가난한 백성끼리 적대하도록 강제하는 식민지 특유의 가혹한 분단 공작이 만들어 내는 결과였지만, 강기동은 이은찬의 호소에 응하여 의(義)에 눈뜨고 그 부대에 들어갔다. 강기동은 이은찬의 사후에도 활동을 계속하였는데, 원래 헌병 보조원이었다는 사실을 숨기지 않았기 때문에 일부 지역에서는 헌병 보조원이 마치 의적인 것처럼 소문이 돌기도 했다. 그러나 그의 활동은 이윽고 궁박해져 갔다. 한국 병합 이후인 1911년 2월 12일 그는 변장하여 원산의 일본 요정에서 유흥에 빠져 있던 차에 체포되었다. 자포자기적인 최후의 행동이었다. 헌병대 사령관 아카시 모토지로는 크게 기뻐하며 4월 18일 스스로 입회하여 강기동이 총살당하는 모습을 마지막까지 지켜보았다.

의병 전쟁은 이렇게 거의 종결되었다. 그러나 조선 내에 남아 있는 의병의 활동은 1915년 무렵까지 오히려 계속 이어졌다. 또 의병의 주력은 압록강과 두만강을 건너 한국 병합 후에도 중국 동북부와 연해주 등지에서 독립운동을 계속하였다. 유인석은 1907년 12월, 이인영을 총대장으로 한 13도 의병을 결기하였을 때 그 위험성을 지적하고, 일찌감치 백두산을 중심으로 한 북방의 국경 부근에서 지구전을 전개해야 한다는 내용의 〈북변(北邊) 계획〉을 제안하였다. 일본은 그 후 장기간에 걸쳐 국경 바깥에 자리잡은 조선 빨치산의 동향으로부터 눈을 뗄 수 없었다.

제 9 장

한국 병합

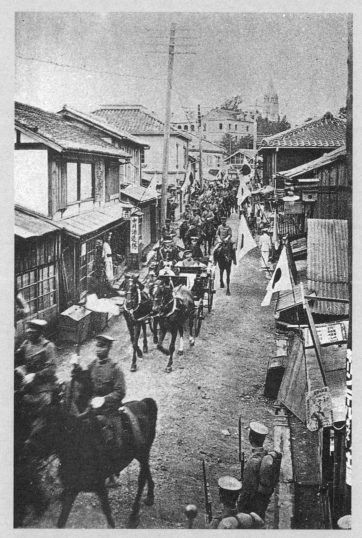

현직 육군대신을 겸임한 채 통감에 취임하는 데라우치 마사타케 일행(1910년 7월 23일)

1. 병합 결정과 안중근 사건

한국 병합 방침

순종의 순행 이후 이토 히로부미는 바로 한성을 출발하여 일본으로 돌아갔다. 그리고 통감을 사임할 뜻을 굳힌 이토에게 1909년 4월 10일 수상 가쓰라 다로(桂太郎)와 외상 고무라 주타로가 방문하여 한국 병합안을 제시하자, 이토는 군말 없이 병합안을 승인했다. 이토는 6월 14일 통감을 사임하였는데, 일본 정부에서는 기다렸다는 듯이 7월 6일 「한국 병합에 관한 건」과 「대한시설대강」을 각의에서 결정하여 〈적당한 시기〉에 한국 병합을 실시하기로 했다. 그사이에 이토는 통감 업무 인계를 위하여 한성에 가서 자신의 지휘하에 신임 통감 소네 아라스케(曾禰荒助)에게 법부와 군부를 폐지하게 하고, 한국의 자치를 완전 부정했다. 이토는 보호국을 추진하여 통감이 부왕(副王)이 되고, 그 아래 이원제(二院制)의 의회와 내각을 설치하여 식민지 군대까지도 만든다는 자치 식민지를 구상하고 있었는데, 그 구상을 완전히 포기했던 것이다.

이토의 〈자치 육성〉 정책에 대해서는 정부, 정치가, 관료, 군부뿐만 아니라, 일반인들로부터도 비판이 많았다. 러일 전쟁에 참전했다가 전사한 자식을 둔 〈옛날의 청년단 간다(神田)의 하치고로(八五郎)〉라고 이름을 밝힌 노인은 이토의 조선 정책을 비난하여 〈조선은 당신 한 사람의 조선이 아니다. 나의 조선이다. 장남을 그 때문에 죽인 나의 조선이야. 일본의 조선이다〉라고 카랑카랑하게 말하고 있었다(『獨立評論』 1906년 6월). 명성에 신경 쓴 이토는 1908년 말 무렵부터 통감 사임을 넌지시 말하고 있었는데, 순종의 순행 실패로 일본의 조선 지배가 합의로 이루어지기 어렵다는 것을 깨닫고, 통감 사임만이 아니라 병합도 용인하였던 것이다. 애초부터 보호국이든, 자치 식민지든, 병합 일체화든 조선이 일본의 완전 식민지라는 사실에는 아무런 차이가 없었다. 이토는 지배 비용이 든다는 점과 국제적으로 무단한 행위라는 인상을 준다는 데 신경 썼던 것에 불과했다.

실제로 이토는 〈영토와 인민을 무력으로 정복하더라도, 민심을 편안하게 하지 못한다면 이를 다스릴 수 없다〉(春畝公追頌會, 『伊藤博文傳』 下)라고 말하면서도 무력을 통한 의병 탄압을 자행하였다. 이토는 병합안을 승인한 이후인 6월 14일 통감을 사임하였는데, 그때까지 자신의 군대 지휘 아래 살육한 의병 수는 1만 6,677명에 이르렀다. 의병 전쟁 전체에서 살해당한 의병 수가 1만 7,779명이었기 때문에 이 수치는 실로 94퍼센트에 상당한다. 소네 아라스케의 치세하에 이루어진 〈남한 대토벌 작전〉은 어디까지나 의병 활동에 최후의 일격을 가했다는 것 이상의 의미는 없다.

일진회와 3파 연합

병합의 일정이 다가오는 가운데 광대 역할을 맡은 단체는 일진회였다. 송병준은 이토가 신뢰하는 이완용과 뜻이 맞지 않았을 뿐만 아니라, 일진회는 이완용의 부정 축재를 몹시 불쾌하게 생각하였다. 일진회에는 원래 동학교도였던 가난한 농민이 많았고, 입회하면 양반이나 대신이 될 수 있다, 많은 토지도 손에 넣는다, 소송에서도 이길 수 있다 같은 감언이설로 많은 회원을 끌어모았다. 그들을 통솔하는 이용구는 입신출세와 권세욕을 채우는 데만 관심이 있는 송병준과는 달리, 농민들의 바람에도 응해야만 한다는 입장이었다. 일진회 회원에게 이완용은 질시의 대상이었다.

순종의 순행 이후 이토는 이러한 일진회와의 절연을 꾀했다. 고종이 양위할 때 송병준의 〈활약〉으로 이토도 도움을 받았으나, 일진회의 활동은 지나치게 두드러졌다. 무엇보다도 〈한일 합방〉을 소리 높여 제창하는 일진회는, 일을 악화시키지 않고 보호 정치를 실시하며 더 나아가 병합 공정을 염두에 두기 시작한 이토에게 방해가 되었다. 단발을 지지했던 일진회는 각지에서 공격을 받아 다수의 사상자를 내고 있었다. 일진회의 활동 그 자체가 반일 운동을 유발하고 있던 것이다. 이토는 송병준을 농상공부대신에서 내부대신으로 승격시켜 내각으로 끌어들였지만, 1909년 2월 27일 이완용과의 불화를 이유로 사직을 청한 송병준의 요청을 수리하였다.

일진회는 1906년 10월 국가주의 단체인 흑룡회 주간이며 통감부 촉탁인 우치다 료헤이(內田良平)를 고문으로 삼았기 때문에 야마가타 아리토모, 가쓰라 다로, 데라우치 마사타케(寺內正毅) 등과도 관계를 가졌다. 동학 농민군을 부추기려 한 전 천우협의 우치다는 그 실패를 만회할 절호의 기회라고 생각했을 것이다. 그러나 야마가타 등은 애초부터 한국 병합을 의도하는 군인 정치가였다. 병합에 동의한 이토에게 뒤지지 않을 정도로, 그들에게 있어서도 일진회는 그다지 이용 가치가 없는 조직이었다. 병합을 무단으로라도 강경하게 추진할 수 있다고 생각하는 그들에게, 조선인이 병합을 바라고 있다는 모습을 연출하면서 한 역할을 맡고 싶어 하는 일진회는 그야말로 있어도 없어도 상관없는 존재였다. 방해가 되지 않는 정도로만 해준다면야 다행이었다. 일진회는 이후 우치다 료헤이와 흑룡회가 자신들의 공로를 자랑하기 위해서 그 역할을 크게 선전했다는 점에서 과대평가되어 온 것에 지나지 않는다. 애초부터 일진회, 특히 이용구는 연방적 합방 구상을 갖고 있었고, 조선을 전부 집어삼키려 한 일본 정부의 생각과는 어울릴 수 없었다. 이토든, 야마가타든, 일본이 하라는 대로 충실히 따르는 이완용 쪽이 상대하기 좋았다.

그러나 이러한 고민을 알지 못하고 일진회는 9월 하순, 반(反)이완용 내각이라고 하는 한 가지 목적만 가지고 대한협회, 서북학회와 3파 연합을 모색하였다. 서북학회는 대한협회에 이어 큰 단체로, 회원은 4,000명 정도였다. 일진회의 의도는 합방 운동에 다른 두 파를 끌어들이려 한 것이었지만, 두 파의 목적은 보호국 아래에서 자치 운동을 추진하는 것이었다. 동상이몽이었음은 머지않아 분명해졌다.

안중근 사건

3파 연합은 쉽게 실현되지 않았으나, 그러한 가운데 조선인과 일본인, 모두를 경악시킨 사건이 일어났다. 안중근의 이토 사살이었다. 1909년

10월 26일 오전 9시 반 무렵, 러시아 대장대신 코코프체프와 회담하려고 하얼빈 역 플랫폼에서 내린 이토는 안중근이 쏜 세 발의 총탄을 맞고 곧 숨이 끊어졌다. 안중근은 곧바로 체포되었는데, 러시아어로 세 차례 〈코레아 우라(대한 만세)〉라고 외치고, 이토의 죽음을 확인하자 〈천주여, 드디어 포학자는 죽었습니다. 감사합니다〉라고 중얼거렸다.

안중근에게는 우덕순(禹德淳), 조도선(曺道先), 유동하(劉東夏) 등의 동지가 있었는데, 그들도 체포되었다. 당시는 스티븐스와 〈5적〉 등의 목숨을 노리는 의사(義士)들이 암약하는 시대였다. 안중근의 이토 사살에는 당시 민족 운동이 질식되어 가던 상황이 잘 드러난다.

안중근은 1879년 9월 2일 황해도 해주에서 유복한 양반의 장남으로 태어났다. 아버지 안태훈(安泰勳)은 개명파로, 갑신정변 이전 박영효로부터 능력을 인정받고 후대를 받아 일본행의 기회를 노리던 인물이었다. 그 후 갑오농민전쟁이 일어나자 안씨 부자는 농민군의 탄압에 가담하였는데, 태훈은 농민군에 동정적이기도 했다. 다만 안중근은 평생 동안 어린 나이였음에도 농민군과 싸운 자신의 용맹함을 자랑하면서 무인적 성격과 우민관을 드러내곤 했다. 안중근은 애국 계몽 운동에 참여하면서 학교를 설립하고, 기업가도 지향하였다. 그러나 1907년 5, 6월 무렵 안창호의 연설에 감명을 받아 직업적 민족 운동가를 지향하면서 북간도를 거쳐 연해주로 갔다. 그리고 러일 전쟁 이래 그 지역에서 의병 활동을 하고 있던 이범윤(李範允)을 방문하여 그 부대의 참모중장이 되었다. 그러나 의병 활동은 당초에 순조로웠지만, 얼마 지나지 않아 실패해 버렸다. 안중근은 울적해하면서 초조한 나날을 보냈는데, 이토의 하얼빈 방문을 듣고 기력을 되찾았다.

안중근은 황제 폐위, 군대 해산, 양민 살육, 이권 탈취, 동양 평화 교란

안중근(1879~1910)

등 15개 항목에 걸쳐 이토의 죄를 열거하였는데, 그것과는 별개로 의병을 〈폭도〉라고 이르며 무수하게 살육했던 것을 엄격하게 규탄하였다. 이토 사살이 〈남한 대토벌 작전〉 직후에 이루어졌다는 점은 상징적이다. 의병 활동이 자신의 활동을 포함하여 계속 곤란한 상황으로 내몰리고 있던 때, 안중근은 이토 사살을 결의하였고, 〈암살〉 이외에 다른 방법은 없었다. 안중근에게는 우민관도 있었다. 최후에 의지하였던 것은 자신과 일부의 동지뿐이었다. 안중근의 이토 〈암살〉에는 대한제국의 한 줄기 빛이 소멸하는 순간의 비극성이 가장 상징적으로 드러나 있다.

그러나 〈암살〉이었다고는 해도 이것은 테러와는 다르다. 안중근은 참모중장으로서 정규 교전 행위로 이토를 사살한 것이었다. 전쟁을 집단으로 실시하는 것이 더 이상 불가능해졌고, 그럼에도 전쟁을 포기할 수 없을 때 약소민족에게 남은 길이 〈암살〉이었다는 것은 비극적 현실이었다. 안중근은 법정에서 국제 신의를 위배하고 있는 일본과의 일전을 주고받으려고 당당하게 항변하였고, 국제법에 기초하여 재판받기를 희망하였다. 결국 그대로 되지는 않았으나, 안중근이 스스로 결행한 마지막 전쟁이었다.

일본의 여론

〈이토 공 조난〉의 소식은 일본인에게 깊은 슬픔을 가져다주었다. 이토의 장례는 국장이었다. 당연하게도 안중근을 향한 증오도 강하였고, 〈광인〉 취급하는 논조가 일반적이었다. 그러나 의외로 여론이 서서히 냉정함을 되찾자 안중근에 대한 동정도 토로하게 되었다. 이제까지 일본 여론이 조선인을 멸시하는 논리에서는, 조선인은 이기적이며 애국심이 없다고 하였다. 이타적이며 애국심이 풍부한 일본인의 대비 대상으로서 조선인을 보아 왔던 것이다. 그런데 죽음을 각오하고 당당하게 이토와 일본을 비판하는 안중근의 태도에서는 예사롭지 않은 애국심이 뿜어져 나오고 있었다. 막부 말기에 양이 운동을 경험한 일본인에게 안중근은 지난날 자신의 모습을 떠올리게 하는 존재로 인식되었던 것이다. 이처럼 그에 대한 일본 내의 평가는 변해 갔다.

그 때문에 한국 병합을 선동하는 급진적 논의는 적어도 중앙지 등에서는 대세를 차지하였다고 말할 수 없다. 병합은 열강의 승인을 우선 얻는 일이 중요하다는 냉정한 논의가 두드러졌다. 일진회의 합방 운동에 대해서도 도리어 조선의 민심을 어지럽힌다는 논의가 있었다. 애국심을 망각한 일진회는 도리어 경멸의 대상이었다. 이토 히로부미가 병합의 뜻을 굳히고 있던 이상, 안중근 사건이 한국 병합을 재촉했다는 주장은 결코 성립할 수 없다. 안중근은 1910년 3월 26일 비가 오려는 날씨 가운데 처형되었는데, 다음 날 「지지 신보(時事新報)」는 안중근의 죽음에 동정을 보내는 것처럼 〈오늘은 하늘 또한 그의 죽음을 애도하는 것 같다〉라고 전하였다.

조선의 여론

조선에서는 보안법과 신문지법 때문에 안중근의 이토 사살을 환영하는 기사를 쓸 수 없었다. 그러나 항간에서는 축하나 환영, 칭찬 등의 움직임이 널리 나타났고, 관헌은 신경을 곤두세웠다. 아니면 표면적으로는 이토의 죽음에 애도를 표하면서도, 내심으로는 안중근의 행위를 쾌거라고 칭찬했다. 다만 이 사건으로 일본의 대한 정책이 한층 강경해지는 것은 아닐까 하는 불안도 널리 퍼졌다.

이러한 가운데 일진회는 이토에게 애도의 뜻을 표하면서 다른 한편으로 이 사건을 합방 운동의 좋은 기회로 간주했다. 즉, 3파 연합이 아직 모습을 갖추지 않은 상황 속에서 1909년 12월 4일 합방 성명서를 발표함과 동시에 황제에게는 상주문을, 총리 이완용과 통감 소네 아라스케에게는 청원서를 제출하였다.

이것은 완전한 오산이었다. 이 일을 계기로 3파 연합은 완전히 붕괴하였고, 특히 대한협회는 첨예하게 반발했다. 당국의 단속 때문에 일진회를 공격하는 국민 대회를 개최하는 것은 쉽지 않았으나, 지방에서 연설회를 연다거나, 일진회 회원에게 탈퇴하라고 권고하는 등의 사태가 빚어졌다. 또 기독교 교인들은 교회를 거점으로 반대 운동을 계속 확산하여 기독교 계열의 학교에서는 교원과 생도가 반대 운동에 나섰다. 그리고 이완용도 합방 기도의 선수를 빼앗긴 상황을 만회하기 위해 관제 국민연설회를 조직하고, 일진회 반대 운동을 계속 확산시켰다. 한성에서는 반대 운동을 이어받은 활동이 특별히 없는 가운데 국민연설회가 일정한 영향력을 가졌고, 인기가 없는 이완용이었지만 일시적으로라도 거짓된 반대 운동을 이끌 수 있었다. 게다가 소네는 상주문과 이완용 앞으로 제출한 청원서를 각하하였고, 이듬해 2월 2일에는 수상 가쓰라도 합방 운동을 단호히 규제할 것을 언명하였다. 병합을 할지 말지는 일본 정부가 마음대로 결정할 수 있는 전권 사항이었고, 조선인이 일체 관여하지 못하도록 하라는 엄명이었다. 일진회의 유통 기한은 여기서 끝났다.

안중근의 사상

일진회의 합방 운동으로 조선 사회가 요동치고 있을 무렵 안중근은 옥중에서 조용히 사색에 잠겨 있었다. 그는 『동양 평화론』을 구상하고 있었다. 그러나 그것을 탈고하지 못한 채 서문과 본문 첫머리 부분만 남기고 안중근은 세상을 떠났다. 그의 사상 일단은 옥중에서 정리한 〈소회〉(『日本外交文書』 42-1)라고 하는 짧은 글에 잘 드러나 있다.

그는 여기서 〈본래 문명이란 동서의 현인, 남녀, 노인, 소년을 논할 것 없이, 모든 이가 천부의 성(性)을 지켜 도덕을 존중하고, 서로 싸우지 않는 마음을 가지고 생활하며, 더불어 태평함을 향수하는 것이다〉라고 한 다음, 〈경쟁의 이야기〉를 부르짖어 〈살인 기계〉를 만들고, 전 세계에서 전쟁을 일으키고 있는 〈상등 사회의 고등 인물(서구인)〉을 비판하였다. 당시 조선에서는 사회 진화론과 더불어 천부 인권론도 수입되어 있었는데, 양자는 모순 없이 받아들여졌다. 안중근은 선구적으로 양자의 모순을 깨달아 후자의 입장에서 전자를 비판하고, 〈약육강식〉적 세계 현실을 비판한 것이었다. 그리고 그 관점에서 서구 문명을 따라 아시아를 침략한 일본을 비판하고, 그 최고 지도자인 이토를 동양 평화를 어지럽힌 원흉으로서 지탄했다.

한국 병합 이후 사회 진화론은 극복의 대상이 되었지만 안중근의 선구적 역할을 주목할 만하다. 그는 본래 〈상무(尙武)〉를 중시하는 입장이었고, 그렇게 교양 있는 지식인도 아니었으며, 또 최후까지 경건한 천주교 교도였다. 그러나 그의 문명론에는 유교적 민본주의의 얼굴이 드러나 있으며, 그 바탕 위에서 천부 인권론을 포착하였던 것이다. 조선적 정치 문화는 여기에서도 항일의 논리를 뒷받침하고 있었다.

2. 대한제국의 멸망

간도 문제와 민족 운동

안중근이 의지했던 이범윤은 러시아 연해주를 근거지로 삼아 이따금 간도로 출격하였다. 간도는 백두산 북방의 구 만주 남부 지역을 가리키는 조선 측의 호칭이었고, 서간도(압록강 북쪽 건너편)와 북간도(두만강 북쪽 건너편)로 되어 있었다. 19세기 중엽부터 조선인이 다수 이주해 살고 있었으며, 빈농을 다수 포함하고 있던 일진회도 이 지역으로의 진출을 염원하였다. 그 때문에 이토와 육군은 재주 조선인의 보호라는 명목으로 이 지역으로의 진출을 꾀했다. 1907년 8월 일진회 회원을 포함한 간도 파견대가 조직되어 같은 달 19일 통감부 파출소가 용정촌에 설치되었다. 그리고 헌병과 경찰을 배치하여 일진회 회원을 자치체의 장으로 삼거나, 징세와 재판도 실시하는 등의 실효 지배를 하고 있었다.

당연히 청국은 이것을 반대했다. 또 만주의 문호 개방을 주장하는 미국은 청국을 편들었다. 그리고 일본은 이범윤 등의 무력 항쟁도 진압할 수 없었다. 간도 문제를 기회로 미국을 비롯한 열강이 마음을 바꿔 일본의 조선 지배에 참견해 들어오는 것을 일본은 가장 두려워하였다. 간섭을 허용하지 않기 위해서는 한국을 병합하여 일본과 완전히 일체화하는 것이 득책이었다. 이토의 병합 용인은 이러한 판단에도 기초해 있었다.

실제로 간도만이 아니라 만주 전체에서 이후 조선의 민족 운동이 활성화하는 조건이 마련되어 가고 있었다. 한국 병합을 전후한 시기, 간도, 만주, 연해주 등에는 30만 정도의 조선인이 있었다. 신민회에서는 1909년 봄

통감부 가설 파출소

에 일부 회원을 만주로 이주시켰다. 이시영(李始榮) 여섯 형제를 비롯하여 양기탁, 이동녕, 이상룡(李相龍) 등으로, 그들은 사재를 처분하여 요녕성(遼寧省) 유하현(柳河縣) 삼원보(三源堡)로 이주하였다. 그리고 1910년 4월 재만 조선인을 모아 경학사(耕學社)를 설립하고, 경제적으로 자립한 민족 자치 기관으로 삼았다. 또 신흥강습소를 설립하여 교육 사업도 개시했다. 독립운동 근거지 만들기였고, 장소를 해외로 이전한 실력 양성 운동이었다.

이러한 조짐들을 내포하는 가운데 청일 양국은 타협으로 기울었다. 즉

1909년 9월 4일 청국이 일본의 만주 권익을 승인하는 대신, 일본이 청국의 간도 영유권을 승인한다고 하는 「간도에 관한 청일협약(간도협약)」을 체결하였다. 간도와 만주에서 조선의 민족 운동은 좋든 싫든 간에 고조되어 갔다.

안중근의 죽음은 대한제국 멸망이 목전에 닥쳐왔다는 사실을 암시하는 데 충분했다. 민족 운동가의 국외 탈출이 시작되었다. 신채호와 안창호 등은 안중근이 처형된 다음 달 4월에 청국으로 망명하였다.

열강의 병합 승인

「한국 병합에 관한 건」에서 〈적당한 시기〉에 병합을 실시한다고 하였는데, 언제가 〈적당한 시기〉인지가 문제였다. 〈남한 대토벌 작전〉으로 의병 전쟁이 거의 종식된 이상, 언제라도 병합할 수 있는 조건은 조선 내적으로 정비되었다. 그렇지만 그것만으로는 불안하였다. 조선의 지배권을 이미 승인받았다고는 해도 최종적으로 열강의 합의를 얻어 낼 필요가 있었다. 그렇기 때문에 일진회의 합방 운동도 봉쇄하였던 것이다.

일본은 열강에 대한 구체적 행동을 신중하게 개시하였다. 외상 고무라 주타로는 1910년 2월 전년 7월 6일 각의로 결정한 「한국 병합에 관한 건」과 「대한시설대강」을 각국에 통지하였다. 그리고 동맹국인 영국에 대하여 6월 3일 관세 자주권이 없는 조선에서 관세를 당분간 현행대로 할 것을 조건으로, 병합에 대한 승인을 얻었다. 미국은 만주의 문호 개방을 호소하는 가운데 일본에 대한 불신을 키우고 있었으나, 만주에서 강고한 이권을 가지고 있지는 않았으므로 러시아로부터 협력을 얻어 낼 수 있다면 침묵시키는 건 어렵지 않았다. 문제는 러시아였다. 러시아는 일본의 간도 진출에 일시적으로 불신을 품고 있었는데, 문호 개방을 제창하면서 실제로는 만주로의 경제적 진출을 꾀하는 미국에게 한층 더 불신감을 품고 있었다. 그러한 생각이 교착하는 가운데 7월 4일 제2차 러일협약이 체결되었다. 이것은 미국에 대항한다는 취지에서 제1차 러일협약을 강화한 것으로 〈분계선〉을 경계로 하여 각각 〈특수 이익〉을 인정하여 간섭하지 않는다는 약정이었다. 이것으로 일본은 러시아로부터도 한국 병합에 대한 승인을 정식으로 얻었다. 이제 한국 병합은 언제라도 감행할 준비가 끝났다.

병합준비위원회

1910년 5월 30일 병약한 소네 아라스케를 대신하여 육군 대장이며 육군대신인 데라우치 마사타케가 제3대 통감이 되었다. 6월 3일 각의에서 조선에는 당분간 헌법을 시행하지 않고, 천황에 직속하는 총독이 대권으로 통치한다는 「병합 후 한국에 대한 시정 방침」을 결정하였다. 새로운 지배 기구는 통감부를 대신하여 총독부라고 불렀고, 데라우치는 초대 총독으로 결정되었으며, 그 책임은 병합의 실현을 도모하는 것이었다.

착임에 앞서 데라우치가 먼저 실시한 일은 병합준비위원회를 설치하여 병합의 처리 방침을 실무적으로 확정하는 것이었다. 원안 작성은 외무성 정무국장 구라치 데쓰키치(倉知鐵吉)와 통감부 외무부장 고마쓰 미도리(小松綠)가 했고, 6월 하순부터 7월 상순에 걸쳐 내각 서기관장 시바타 가몬(柴田家門), 법제국 서기관 나카니시 세이치(中西淸一) 등 각 방면에서 모인 실무 위원이 논의하였다. 거기서는 병합 후의 국가 칭호, 조선인의 국내법상 지위, 한국 황실과 공신의 지위, 한국의 채권 채무, 관리 임면, 외국인 권리, 외국인 거류지 처분 등 다양한 처리 방침을 결정하였다. 이것은 그대로 7월 8일 병합실행방법세목으로 각의에서 결정되었고, 동시에 국가 칭호를 〈조선〉으로 한다고 결정하였다.

한국병합조약

이와 같은 병합 세목을 가지고 데라우치가 착임한 날짜는 7월 23일이었다. 그사이에 데라우치는 6월 24일 아카시 모토지로의 제언에 기초하여 「한국 경찰 사무 위탁에 관한 각서」를 한국 정부에 강요하여 경찰권을 통감부로 빼앗았다. 그리고 29일 통감부경찰관서관제를 공포하였는데, 이것이 악명 높은 헌병 경찰 제도였다. 이것은 한국 경찰과 한국 주차군 헌병대를 일체화하여 〈남한 대토벌 작전〉 이후에도 아직 여파가 계속되고 있는 의병 활동에 대한 통상적인 철저 탄압을 실시하기 위해서 발안된 것이었다. 아카시는 헌병대 사령관 겸 통감부 경찰총장이 되었다.

데라우치가 병합의 결행에 착수한 것은 8월 16일이다. 이날 데라우치는 이완용을 관저로 불러 병합안을 받아들이도록 강요했다. 그리고 그 형식은 〈합의의 조약〉이어야만 한다고 했다. 보호국이라는 것은 자치 혹은 독립을 부여하기 전의 상태이기 때문에, 병합이라는 말은 거기에 반하는 정책으로서 국제적으로 일본의 면목을 지켜 주지 않기 때문이다. 〈병합〉이라는 말은 대등한 일체화의 어감을 갖는 〈합방〉이나 〈합병〉과는 달랐다. 한국 폐멸까지도 완곡하게 의미할 수 있도록 의도적으로 고안한 것이었다.

애초부터 이완용에게 있어 병합은 자신의 내각이 실행해야 한다고 각오하고 있던 바였다. 별반 이의를 제기할 것은 아니었다. 다만 농상공부대신 조중응(趙重應)과 협의하여 국가 호칭만은 〈한(韓)〉을 그대로 보존하고, 또 황족의 존칭으로 순종을 〈창덕궁 이왕 전하〉, 고종을 〈덕수궁 이태왕 전하〉, 황태자를 〈왕세자 전하〉로 할 것을 요구했다. 데라우치의 제시안에서는 한국 황실은 일본 황족의 예우를 받으나, 순종과 고종은 〈태공(太公) 전하〉, 황태자는 〈공(公) 전하〉로 되어 있었다. 데라우치는 수상 가쓰라와 상의한 다음 전자는 인정하지 않았으나, 후자에 대해서는 인정했다. 〈한〉의 명칭을 남긴다면 대한 내셔널리즘을 억제할 수 없다고 생각했기 때문이다. 또 이완용이 국가 호칭 변경에 저항하는 듯 행동한 것은 〈조선〉으로 변경함으로써 한국인 제반 계층의 분노가 분출하는 것을 두려워했기 때문이다.

이리하여 한국 병합은 합의를 보았다. 18일 각의가 열렸는데, 학부대신 이용식(李容植)만 〈군주를 욕되게 한다면 신하는 죽는다〉고 절규하며 완강하게 반대하였다. 이어서 22일 어전 회의가 열렸는데, 이완용은 이용식이 보호조약 체결 당시 한규설과 같은 행동을 할 것을 두려워하여 그 혼자 결석하도록 교묘하게 일을 꾸몄다. 갑오개혁의 실패 이후 오랫동안 유배되어 있던 김윤식은 1907년 6월 26일 드디어 유배에서 풀려나 당시 명예 관직의 성격을 갖고 있던 중추원 의장 자리를 맡았고, 대한제국 최후의 어전 회의에 출석하였다. 여러 대신은 생기를 잃었는데, 이완용의 제안에 대하여 모두 말없이 소극적 승인 의사를 표시했다. 김윤식은 혼자 〈불가〉를 주장하였는데, 그도 이날이 머지않아 올 것을 알고 있었다. 대세를 거스를 수는 없었다. 〈한국 황제 폐하는 한국 전부에 관한 일체의 통치권을 완전,

또한 영구히 일본국 황제 폐하에게 양여한다〉라고 하는 한국병합조약은 이리하여 순종 황제에게 재가를 받고 조인되었다.

아시아의 굴욕은 구미의 영광이었는데, 조선의 굴욕은 일본의 영광이었다. 그리고 조선도 일본도 아시아였다. 네루는 아시아의 새로운 대국 대두에 의한 〈씁쓸한 결과를 처음으로 먼저 맛본 나라는 조선이었다〉(『父が子に語る世界歷史 3』)라고 말했다. 한국 병합은 진정 머지않아 도래할 아시아 동란의 최초 봉화였다.

한국 병합의 풍경

「한국 병합에 관한 조약」의 공포일은 1910년 8월 29일이었고, 조인 사실을 절대 비밀에 붙였다. 다만 그사이에 일본은 각국에 병합 사실을 통지하고, 그 승낙을 얻었다. 또 병합 단행이 가까워지자 엄중한 경계 태세를 갖추었다. 24일에는 「정치에 관한 집합 혹은 옥외에서 다중 집합 금지의 건」을 공포하고, 정치 활동을 엄금했다. 당시 조선에는 헌병대 병력이 7,582명 배속되어 있었는데, 이것은 일본, 대만, 기타를 포함한 헌병 총수 9,144명의 82.9퍼센트에 상당한다. 위험 분자로 여겨진 자는 구금을 당했고, 정치 연설이나 집회는 일체 금지하였으며, 신문 잡지의 언론 통제를 극단적으로 엄격하게 실시하였다.

그러한 엄중 경계 태세는 도리어 사람들을 불안하게 만들었다. 8월 24일에는 동양척식주식회사 출장소에 낙뢰가 있었고, 조선인 8명이 사망, 4명이 부상을 당했다. 사람들은 왕조 교체의 종말 예언서인 『정감록』에 적혀 있는 것이 마침내 찾아온 것은 아닐까 두려워하였다.

이리하여 29일이 찾아왔다. 사람들은 신문을 통하여 병합의 사실을 알았다. 거리에는 헌병과 순사가 15칸마다 배치되었고, 사람들은 병합의 사실을 조용하게 받아들일 수밖에 없었다. 체념하는 감정도 사람들의 마음을 지배하였다. 병합 처리 방침의 책정에 관여하였던 고마쓰 미도리 자택의 조선인 고용부는 〈사실 조선은 이미 일본의 것이 되었다고 생각하고 있었는데, 아직 되지 않았던가?〉(小松綠, 『朝鮮併合之裏面』)라고 진지하게 반문하였다고 한다. 이미 을사보호조약과 제3차 한일협약의 체결로 조선은 일본에 속한 것과 마찬가지였다. 또 의병 활동도 숨통이 거의 끊어져 있었다. 민중은 폭력으로 농락당했고, 생활은 상당한 곤궁에 시달려 의욕을 상실하고 있었다. 민중은 이리저리 떠도는 자신의 운명에 망연자실했을 뿐이다. 한국병합조약의 체결은 조선 사회에 그때까지의 조약과 비교하자면 사실 그다지 충격적이지는 않았다. 또 황제 환상을 갖고 있었다고 해도, 생활주의로 살아가는 민중에게 선정이나마 베풀어 준다면 지배자의 변경은 감수할 수 있었다. 민중의 내셔널리즘은 오히려 다분히 시원적이었다.

엄중 경계 태세를 하는 가운데 회유 정책도 조속히 실시하였다. 병합조약과 동시에 조선귀족령을 실시하여 76명의 조선인이 귀족에 포함되었다. 그러나 한규설과 유길준을 비롯한 6명이 작위 수여를 거부했다. 또 대관을 역임한 김석진(金奭鎭)은 자결하였고, 궁내부대신으로 고종의 매제였던 조정구(趙鼎九)는 두 차례나 자살을 시도했다. 순국자는 전국적으로 줄을 이었다. 양반 유생 9,811명에게는 경로금이 지급되었고, 효자 등 향촌의 모범자에게는 포상을 수여하였다. 또 대사면을 실시하여 부정을 한 지방 관료도 그 죄를 용서받았다. 그리고 일반 민중에 대해서는 미납 세금을 면제하였고, 추수에 한하여 지세를 5분의 4로 감면하였다. 더욱이 13도에는 국탕금 1700만 엔을 지출하여 진휼이나 교육 보조금 등에 충당하였다.

이렇게 성대한 대접은 감옥에 들어가기 전의 진수성찬과 같은 것이었다. 조선 민중은 이제부터 어두운 가시나무 같은 길을 걸어야 할지도 모른다는 막막한 불안감을 품으면서도, 그것을 지워 버리려는 듯 〈공포의 보수〉를 받아들이며 한순간 안도하는 숨을 내쉬었다.

한국 병합과 〈겨울의 시대〉

한국 병합을 맞이하여 일본 언론에서는 예찬, 경축의 기사가 흘러넘쳤다. 한국 병합을 정당화하는 최대의 논리는 정체론과 타율성 사관이었다. 문명화할 수 있는 내재적 힘을 갖고 있지 않아 항상 외세에 농락당해 온 조선은 이제 보호국의 지위인 채로 둘 수 없으며, 할 수 없이 병합이라는 수단에 의해 일본의 일원으로 끌어올릴 수밖에 없었다는 것이다.

그와 같은 병합 합리화의 언설은 역사학자 기다 사다키치(喜田貞吉)의 논의에서 전형적으로 볼 수 있다. 병합하던 해 그는 『한국의 병합과 국사(韓國の倂合と國史)』를 저술하여 아득한 고대에 분가하여 궁핍한 생활을 하고 있는 조선을 본가인 일본이 인수한 것이 한국 병합이라고 했다. 정체론과 타율성 사관의 입장을 〈일선 동조론〉으로 보강하면서 병합을 합리화한 논의였다. 이와 같은 병합 합리화론은 당시 일본 사회의 구석구석까지 침투해 있었고, 사회주의자마저도 공유하고 있었다. 가타야마 센(片山潛) 등이 발행하고 있던 「샤카이 신문(社會新聞)」(1910년 9월 15일)은 일본인의 사명은 수천 년간 확고하게 한 독립을 얻을 수 없었던 조선인에게 〈일본 제국 신민으로서의 독립심〉을 이식하여 〈훌륭한 일본 제국의 신민으로

한국 병합 기념 엽서

삼는 데 있다〉라고 하였다.

　한국 병합이 된 1910년 8월 29일 도쿄 시중에서는 집집마다 일장기를 걸었다. 니혼바시(日本橋) 인근 상가에서는 오후부터 휴업을 하는 곳이 많이 보였고, 축하주로 대접하였다. 사람들은 오후부터 거리로 몰려 나갔고,

꽃으로 장식한 전차가 왕래하면서 악대의 피리와 북소리가 울려 퍼지는 떠들썩함 속에서 취기에 몸을 맡기며 만세로 환호하고, 여러 곳으로 몰려 다녔다. 이러한 경축 풍경은 밤까지 이어져 니주바시(二重橋) 앞에서는 궁성을 참배하는 군중이 끊이지 않고 만세 소리를 외쳤다.

유명한 이야기인데, 한국 병합으로부터 10일 정도가 지난 후 이시카와 다쿠보쿠(石川啄木)는 〈지도 위 조선국에 새까만 먹을 계속 칠하며 가을바람을 듣다〉라고 읊조렸다. 다쿠보쿠는 확실히 한국의 멸망에 동정을 금치 않았다. 그러나 그는 이토 히로부미의 사망에도 깊은 애도를 표하였다. 다쿠보쿠도 일면 내셔널리스트였다. 그의 이러한 단카(短歌)는 조선에 동정을 보내면서 〈겨울의 시대〉가 도래했음을 느끼게 하는 〈가을바람을 듣다〉라는 데 중점을 둔 것이었다. 그의 생각은 어디까지나 일본에 있었다.

한국 병합의 위상

한편 한국병합조약이 조인된 밤의 연회 석상에서 데라우치 마사타케는 득의만만하게 〈고바야카와, 가토, 고니시가 살아 있다면 오늘 밤 달을 어떻게 보았을까?〉*라고 읊조렸다. 무인 데라우치에게 한국 병합은 전국 시대 총결산이 될 수 있었던 도요토미 히데요시(豊臣秀吉)의 조선 침략을 계승한 것이었고, 그야말로 〈나라 훔친 이야기(國盜り物語)〉의 진정한 완결이라 부를 만한 일이었다. 시바 료타로(司馬遼太郎)는 줄곧 잔혹하기 짝이 없는 전국 시대의 〈나라 훔친 이야기〉를 통쾌하면서도 밝게 그렸다. 그러

* 고바야카와 다카카게(小早川隆景), 가토 기요마사(加藤淸正), 고니시 유키나가(小西行長)를 가리킨다.

한 분위기로 메이지 근대 일본에서도 밝고 건강한 청년과 같은 자세를 도출하였다. 그러나 데라우치의 득의양양한 웃음에서 〈나라 훔친 이야기〉의 통쾌함을 읽어 내는 것이 과연 가능했을까? 그 웃음은 원통함 속에서 죽음으로 내몰린 무수한 생령의 슬픔과 완전한 대비를 이루고 있다.

러일 전쟁 이래로 유교적 민본주의에 기초한 정치 문화는 군사적, 법규적으로 부정당했다. 데라우치는 한국 병합 이후 좀 더 급속하게 그러한 정책을 추진해 나갔다. 그러나 정치 문화란 장시간에 걸친 전통 위에서 구축되는 것이며, 종래의 지배적 정치 문화는 짧은 시일 안에 결코 사라지지 않는다. 조선 사회와 그 사람들은 변용을 강제당하면서도, 한국 병합 이후에도 오히려 관념상으로도, 관행상으로도 그것을 완강하게 유지하였다. 또 전통적인 종교나 문화 일반에서도 그리 쉽게 소멸하지 않았다. 식민지 조선의 새로운 갈등이 여기서 시작되었다.

후기

서두에서도 서술하였듯이 이 책은 정치 문화의 문제를 기저로 하여 개
관한 근대 조일 관계사이다. 자화자찬이기는 하나, 단순히 정치사나 외교
사를 그리는 것이 아니라, 정치 문화에 주목한 점이 이 책의 참신함이 될
수 있을까?

통사를 쓴다는 일은 역사가가 역사관을 피력하는 것이다. 그리 간단하
게 서술해서는 안 된다. 어느샌가 근세 말기 무렵부터 해방 무렵까지의 한
국 근대사를 통사적으로 연구하게 되었다. 통사적으로 연구하는 일은 의
무라고도 이해하였다. 그 때문에 언젠가는 통사를 써야겠다고 생각하고
있었으나, 앞으로 몇 년 뒤로 더 미루고 싶었다. 통사를 써 보라는 권유를
받은 적도 있었으나 거절하였다. 그 대신 근대일조관계사연구회(近代日朝
關係史研究會)를 설립하여 공동 연구의 형식으로 성과를 내려 하였다. 그 성
과는 지난한 과정을 거친 끝에『식민지 조선(植民地朝鮮)』(2011, 東京堂出版),
『근대 일조 관계사(近代日朝關係史)』(2012, 有志社)로 이미 세상에 내놓았다.

이 책은 근대일조관계사연구회의 월례 발표회를 마치고, 집필만 남겨

두었던 무렵에 의뢰를 받아 결심을 하고 쓴 것이다. 연구회에서 자극도 받았고, 무엇보다 이와나미 신서야말로 일반 독자를 대상으로 한 통사를 쓰는 데 절호의 기회라고 생각하였기 때문이다.

본래대로라면 〈조선 근대사〉라고 제목을 붙였어야 했을지도 모르겠으나, 한국 근대사 같은 것으로 한정 지으면 지극히 일국사적이며, 무엇보다도 근대 조선의 역사는 일본과의 관계를 제외하고서는 성립하지 않는다. 이 책에 〈근대 조선과 일본〉이라는 제목을 붙인 까닭이다. 이와나미 신서의 조선 근대 통사로서는 고(故) 야마베 겐타로(山邊健太郎)의 『일한 병합 소사(日韓倂合小史)』(1966년)와 『일본 통치하의 조선(日本統治下の朝鮮)』(1971년)이 있는데, 역시 조선 근대사라는 제목은 아니었다.

야마베 겐타로의 저서는 선구적인 근대 통사일 뿐만 아니라, 앞으로도 읽어야 할 명저이다. 그러나 사료 인용이 많고, 일반에게는 난해한 부분이 적지 않다. 이 책은 간명함을 취지로 하였는데, 간명하게 쓴다는 것이 연구자에게 있어 쉬운 일이 아니었다. 이 책의 집필을 권유해 준 히라타 겐이치(平田賢一)는 문장의 교정에 상당히 신경 써 주었다. 크게 감사드린다. 또 근대일조관계사연구회의 구성원들에게도 이 자리를 빌려 감사의 말을 전한다.

덧붙여 야마베 겐타로의 저서가 두 권으로 출간되었듯이 이 책에도 속편이 존재한다. 지지부진하지만 조만간 간행할 예정이다. 잠시만 기다려 주시기 바란다.

2012년 9월 22일

조경달

연표

1860	5월	최제우, 동학을 창건
1862	2월	조선 남부 일대에서 민란이 발생하다(임술민란)
1864	1월	고종 즉위. 부친 흥선대원군의 집정이 시작되다
1865	5월	경복궁의 조성 개시
1866	2월	대원군, 프랑스인 선교사를 처형하고 천주교도를 박해하다
	9월	미국선 셔먼호를 소각(셔먼호 사건)
	10월	프랑스 함대가 강화도를 공격하여 격전을 벌이다(병인양요)
1868	1월	일본, 왕정복고의 대호령(大號令)
	5월	독일 상인 오페르트가 대원군의 부친 남연군의 묘를 파괴
1869	1월	조선, 일본이 보낸 서계의 수리를 거부
1871	5월	대원군, 전국의 서원을 정리
	6월	미 함대, 강화도를 침입하여 격전을 벌이다(신미양요)
1873	10월	일본 정부 내에서 정한 논쟁이 일어나 사이고 다카모리 일파가 하야
	12월	대원군이 실각하고 민씨 정권이 성립
1875	9월	일본의 군함 운요호, 강화도를 침범(강화도 사건)
1876	2월	조일수호조규(강화도조약) 체결
1880	7월	조선 정부, 일본에 수신사를 파견
1881	5월	조선, 일본에 조사시찰단(신사유람단)을 파견

1882	7월	한성에서 반(反)민씨, 반일 성격의 군대 반란(임오군란)
	8월	제물포조약 조인. 조일수호조규속약 조인
	10월	조선-청국 간에 상민수륙무역장정 성립
1884	12월	김옥균 등의 급진 개화파, 한성에서 쿠데타(갑신정변)
1885	1월	한성조약 조인
	4월	영국, 거문도를 군사 점령. 청일 간에 텐진조약 조인
	11월	오이 겐타로 등의 오사카 사건 발각
1889	11월	일본, 조선에 방곡령(곡물 수출 금지) 철폐를 요구
1890	3월	야마가타 아리토모, 각료에게 「외교 정략론」을 제출
1892	11~12월	동학교도, 교조 최제우의 신원을 요구하는 집회를 공주와 삼례에서 개최
1893	3월	동학교도, 한성에서 복합 상소를 하는 한편으로 괘서 사건(~4월)을 일으킴
	4~5월	동학교도, 보은과 금구에서 대규모 집회
1894	2월	전봉준, 전라도 고부에서 봉기(갑오농민전쟁)
	4월	동학교도, 무장에서 제1차 봉기
	6월	조선 정부, 청국에 원병을 요청. 청국, 일본에게 조선 파병을 통고, 일본도 청국에 조선 파병을 통고. 관군, 동학 농민군의 폐정 개혁안을 수리(전주화약)
	7월	일본군, 경복궁을 군사 점령. 개화파 정권 성립. 청일 전쟁 발발
	10월	동학 농민군, 제2차 봉기를 실시
1895	4월	청일강화조약(시모노세키 조약) 체결. 삼국 간섭
	10월	조선 주재 일본 공사 미우라 고로, 장사(壯士)들에게 명령을 내려 민비를 살해
	12월	단발령 공포
1896	1월	제1차 의병 운동이 시작
	2월	고종, 러시아 공사관으로 이어(아관파천)
	4월	서재필 「독립신문」을 창간
	7월	독립협회 설립
1897	10월	국호를 〈대한제국〉으로 개칭하고 고종이 황제에 즉위
1898	2월	제주도에서 방성칠의 반란
	3월	독립협회, 만민 공동회를 개최하여 반러 운동을 전개
	7월	양전 지계 사업 개시
	10월	독립협회, 관민 공동회를 개최하고 정부에 헌의6조를 인정하도록 하다
	11월	독립협회와 황국협회가 시가전

	12월	고종, 독립협회 해산을 명령
1899	8월	대한국국제 공포
	5월	전라도 북부 지방에서 영학당의 반란이 일어나다
1901	5월	제주도에서 이재수의 반란
1902	1월	영일 동맹 체결
1904	1월	한국 정부, 국외 중립을 선언
	2월	일본, 조선의 진해만과 부산, 마산의 전신국을 군사 점령. 러일 전쟁이 시작되다. 일본, 한일의정서를 강요
	8월	일본, 제1차 한일협약을 강요
1905	7월	메가타 다네타로, 화폐 정리를 단행. 가쓰라-태프트 협정
	8월	영일 동맹 개정
	9월	포츠머스 조약 체결
	11월	일본, 제2차 한일협약(을사보호조약)을 강요. 황성신문사 사장 장지연, 논설 「시일야방성대곡」을 발표. 민영환 자결
	12월	조병세 자결
1906	2월	통감부 설치
	3월	통감 이토 히로부미 부임
	4월	대한자강회 설립
	5월	민종식, 충청남도에서 의병을 일으켰으나 체포당하다
	6월	최익현, 전라북도에서 의병을 일으켰으나 체포당하다
1907	1월	국채 보상 운동이 전개
	4월	신민회 결성
	6월	고종, 헤이그 만국 평화 회의에 밀사를 파견(헤이그 밀사 사건)
	7월	고종이 퇴위하여 순종 즉위. 제3차 한일협약(정미7조약) 체결. 한국군 해산. 이후 반일 의병 운동이 격화되고 의병 전쟁으로 발전
	12월	13도 창의군 1만 명, 이인영을 총대장으로 삼아 양주에서 집결
1908	3월	장인환과 전명운, 샌프란시스코에서 전 한국 정부 외교 고문 스티븐스를 사살
	12월	동양척식주식회사 설립
1909	1~2월	순종, 이토 히로부미와 함께 순행
	9~10월	전라남북도에서 〈남한 대토벌 작전〉 실행
	10월	안중근, 이토 히로부미를 사살

1910	3월	안중근, 뤼순 감옥에서 처형
	6월	헌병 경찰 제도를 시행
	8월	한국병합조약. 조선 총독부를 설치. 초대 총독은 데라우치 마사타케

주요 참고문헌

　　개설 통사라는 성격상 일부의 사료 이외에는 본문에서 일일이 출처를 제시하지는 않았으나, 아래에 주요 참고문헌을 제시한다. 일본에서 간행된 단행본을 주로 제시하였으며, 연구 논문과 한국에서 간행된 자료들은 방대하지만 일반 독자에게는 반드시 필요하지 않으므로 최소한으로 제시하는 데 그쳤다. 또한 여러 장에서 반복적으로 제시해야 하는 문헌에 대해서는 전체에서 봤을 때 중복이 되기 때문에 하나의 장에 제시하는 선에서 그쳤다.

책 전반에 관한 문헌들

海野福壽, 1995, 『韓國倂合』, 岩波新書
『梶村秀樹著作集』 제1권~제3권, 1992~93, 明石書店
韓永愚(吉田光男 譯), 2003, 『韓國社會の歷史』, 明石書店
木村誠 外 編, 1995, 『朝鮮人物事典』, 大和書房
『姜在彦著作選』 Ⅰ~Ⅴ, 1996, 明石書店
姜萬吉(小川晴久 譯), 1986, 『韓國近代史』, 高麗書林
田保橋潔, 1940, 『近代日鮮關係の硏究』, 朝鮮總督府中樞院
趙璣濬(徐龍達 譯), 1981, 『近代韓國經濟史』, 高麗書林
趙景達 編, 2012, 『近代日朝關係史』, 有志社

朝鮮史研究會 編, 2011,『朝鮮史研究入門』, 名古屋大學出版會

森山茂德, 1987,『近代日韓關係史研究』, 東京大學出版會

森山茂德, 1992,『日韓併合』, 吉川弘文館

山田昭次 外, 1991,『近現代史のなかの日本と朝鮮』, 東京書籍

山邊健太郎, 1966,『日韓併合小史』, 岩波新書

국사편찬위원회, 1967,『高宗時代史』1~6

진단학회, 1961,『韓國史 最近世篇』, 을유문화사

진단학회, 1963,『韓國史 現代篇』, 을유문화사

『한국사』10~12, 1994, 한길사

『한국현대사 9 연표로 보는 현대사』, 1980, 신구문화사

제1장 조선 왕조와 일본

池內敏, 1999,『「唐人殺し」の世界』, 臨川書店

小川和成, 2008,『牧民の思想』, 平凡社

趙景達, 2002,『朝鮮民衆運動の展開』, 岩波書店

趙景達, 2009,「政治文化の變容と民衆運動」,『歷史學研究』859

趙景達, 2011,「朝鮮の士と民」, 大橋幸泰・深谷克己 編,『〈江戶〉の人と身分6 身分論をひ
　　ろげる』, 吉川弘文館

趙景達・須田努 編, 2011,『比較史的にみた近世日本』, 東京堂出版

深谷克己, 1993,『百姓成立』, 塙書房

深谷克己, 2006,「東アジア法文明と教諭支配」, 早稻田大學アジア地域文化エンハンシ
　　ング研究センター 編,『アジア地域文化學の發展』, 雄山閣

丸山眞男, 1996,「開國」,『丸山眞男集』第8卷, 岩波書店

宮嶋博史, 1994,「東アジア小農社會の形成」, 溝口雄三・宮嶋博史 外 編,『アジアから考
　　える』6, 東京大學出版會

宮嶋博史, 1995,『兩班』, 中公新書

矢澤康祐, 1969,「「江戶時代」における日本人の朝鮮觀について」,『朝鮮史研究會論文
　　集』6

吉野誠, 2002,『明治維新と征韓論』, 明石書店

李泰鎭(六反田豊 譯), 2000,『朝鮮王朝社會と儒教』, 法政大學出版局

李海濬(井上和枝 譯), 2006,『朝鮮村落社會史の研究』, 法政大學出版局

ロナルド・トビ, 2008,『「鎖國」という外交』, 小學館
若尾政希, 1999,『「太平記讀み」の時代』, 平凡社
한국역사연구회 편, 1991~1992,『1894년 농민전쟁연구』, 역사비평사
한상권, 1996,『朝鮮後期社會와 訴冤制度』, 일조각

제2장 조선의 개항

井上淸, 1975,『新版日本の軍國主義 Ⅱ』, 現代評論社
糠谷憲一, 1990,「大院君政權の權力構造」,『東洋史研究』49
糠谷憲一, 1997,「閔氏政權前半期の權力構造」, 武田幸男 編,『朝鮮社會の史的展開と東ア
    ジア』, 山川出版社
田中彰, 1977,『岩倉使節團』, 講談社現代新書
中塚明, 2007,『現代日本の歷史認識』, 高文硏
原田環, 1997,『朝鮮の開國と近代化』, 溪水社
毛利敏彦, 1979,『明治六年政變』, 中公新書
山田昭次, 1970,「征韓論・自由民權論・文明開化」,『朝鮮史研究會論文集』7
연갑수, 2001,『대원군집권기 부국강병정책 연구』, 서울대학교출판부

제3장 개항과 임오군란

鈴木文, 2007,「第一次朝鮮修信使來日時にみる日本人の朝鮮認識と自己認識」,『朝鮮史
    研究會論文集』45
高橋秀直, 1995,『日淸戰爭への道』, 東京創元社
趙景達, 1997,「近代日本における道義と國家」, 若桑みどり・三宅明正 外,『歷史と眞實』,
    筑摩書房
藤間生大, 1987,『壬午軍亂と近代東アジア世界の成立』, 春秋社
松永昌三, 1993,『中江兆民評傳』, 岩波書店
山田昭次, 1976,「對朝鮮政策と條約改正問題」,『岩波講座 日本歷史』15
이광린, 1973,『開化黨研究』, 일조각
이광린, 1973,『韓國開化史의 諸問題』, 일조각
허동현, 1996,「1881年 朝士 魚允中의 日本 經濟政策 認識」,『韓國史研究』93

제4장 갑신정변과 조선의 중립화

青木功一, 2011, 『福澤諭吉のアジア』, 慶應義塾大學出版會

岡本隆司, 2004, 『屬國と自主のあいだ』, 名古屋大學出版會

岡本隆司, 2008, 『世界の中の日淸韓關係史』, 講談社

琴秉洞, 1991, 『金玉均と日本』, 綠陰書房

趙景達, 1985, 「朝鮮における大國主義と小國主義の相克」, 『朝鮮史硏究會論文集』 22

趙景達, 1989, 「朝鮮近代のナショナリズムと東アジア」, 『中國─社會と文化』 4

趙景達, 2010, 「朝鮮の國民國家構想と民本主義の傳統」, 久留島浩·趙景達 編, 『國民國家
の比較史』, 有志社

茂木敏夫, 1997, 『變容する近代東アジアの國際秩序』, 山川出版社

山田昭次, 1979, 「甲申政變期の日本の思想狀況」, 林英夫·山田昭次 編, 『幕藩制から近代
へ』, 柏書房

吉野誠, 1989, 「福澤諭吉の朝鮮觀」, 『朝鮮史硏究會論文集』 26

강범석, 2006, 『잃어버린 혁명』, 솔출판사

제5장 갑오농민전쟁과 청일 전쟁

井上勝夫, 1997, 「東學黨農民指導者と推定される頭骨について」, 北海道大學文學部古
河講堂「旧標本庫」人骨問題調査委員會, 『古河講堂「旧標本庫」人骨問題報告書』

宇野俊一, 1976, 『日本の歷史26 日淸·日露』, 小學館

糟谷憲一, 1977, 「初期義兵運動について」, 『朝鮮史硏究會論文集』 14

姜孝叔, 2002, 「第2次東學農民戰爭と日淸戰爭」, 『歷史學硏究』 762

金恩正 外(信長正義 譯), 2007, 『東學農民革命100年』, つぶて書房

金文子, 2009, 『朝鮮王妃殺害と日本人』, 高文硏

澤村東平, 1985, 『近代朝鮮の棉作綿業』, 未來社

趙景達, 1998, 『異端の民衆反亂』, 岩波書店

中塚明, 1968, 『日淸戰爭の硏究』, 靑木書店

中塚明, 1997, 『歷史の僞造をただす』, 高文硏

原田敬一, 2007, 『日淸·日露戰爭』, 岩波新書

檜山幸夫, 1997, 『日淸戰爭』, 講談社

朴宗根, 1982, 『日淸戰爭と朝鮮』, 靑木書店

村上勝彦, 1975, 「植民地」, 大石嘉一郎 編, 『日本産業革命の研究』 下, 東京大學出版會

吉野誠, 1975, 「朝鮮開國後の穀物輸出について」, 『朝鮮史研究會論文集』 12

吉野誠, 1978, 「李朝末期における米穀輸出の展開と防穀令」, 『朝鮮史研究會論文集』 15

柳永益(秋月望・廣瀬貞三 譯), 2000, 『日淸戰爭期の韓國改革運動』, 法政大學出版局

김양식, 1989, 「高宗朝(1876~1893) 民亂 研究」, 『龍巖車文燮華甲紀念史學論叢』, 신서원

장영민, 1985, 「朝鮮末 農業賃金勞動研究 試論」, 『淸溪史學』 2

한국역사연구회 편, 1992·1995·1997, 『1894년 농민전쟁연구』 3~5, 역사비평사

제6장 대한제국의 시대

奧村周司, 1995, 「李朝高宗の卽位について」, 『朝鮮史研究會論文集』 33

須川英德, 1994, 『李朝商業政策史研究』, 東京大學出版會

趙景達, 2010, 「危機に立つ大韓帝國」, 『岩波講座 東アジア近現代通史』 第2卷, 岩波書店

月脚達彦, 2009, 『朝鮮開化思想とナショナリズム』, 東京大學出版會

都冕會, 2004, 「自主的近代と植民地的近代」, 宮嶋博史 外 編, 『植民地近代の視座』, 岩波書店

宮嶋博史, 1991, 『朝鮮土地調査事業史の研究』, 東京大學 東洋文化研究所

和田春樹, 2009~2010, 『日露戰爭』 上·下, 岩波書店

교수신문 편, 2005, 『고종황제 역사 청문회』, 푸른역사

신용하, 1976, 『獨立協會研究』, 일조각

서영희, 2003, 『대한제국정치사연구』, 서울대학교출판부

정창렬, 1982, 「韓末變革運動의 政治·經濟的 性格」, 송건호·강만길 편, 『韓國民族主義論』 I, 창작과 비평사

한림대학교 한국학연구소 편, 2006, 『대한제국은 근대국가인가』, 푸른역사

제7장 러일 전쟁하의 조선

井口和起, 1998, 『日露戰爭の時代』, 吉川弘文館

江口朴郎, 1969, 『帝國主義の時代』, 岩波書店

大江志乃夫, 1976, 『日露戰爭の軍事史的研究』, 岩波書店

君島和彦, 1979, 「日露戰爭下朝鮮における土地掠奪計劃とその反對鬪爭」, 旗田巍先生古稀記念會 編, 『朝鮮歷史論集』 下, 龍溪書舍

金東明, 1993, 「一進會と日本」, 『朝鮮史研究會論文集』 31

多胡圭一, 1983, 「朝鮮植民地支配における軍事的性格」, 日本近代法制史研究會 編, 『日本近代國家の法構造』, 木鐸社

趙景達, 1998, 「道義は實現されうるか」, 林哲 外 編, 『20世紀を生きた朝鮮人』, 大和書房

趙景達, 2005, 「日露戰爭と朝鮮」, 安田浩・趙景達 編, 『戰爭の時代と社會』, 青木書店

鄭在貞(三橋廣夫 譯), 2008, 『帝國日本の植民地支配と韓國鐵道』, 明石書店

古屋哲夫, 1966, 『日露戰爭』, 中公新書

林雄介, 2008, 「日露戰爭と朝鮮社會」, 東アジア近代史學會 編, 『日露戰爭と東アジア世界』, ゆまに書房

정창렬, 1986, 「露日戰爭에 대한 韓國人의 對應」, 역사학회 편, 『露日戰爭前後 日本의 韓國侵略』, 일조각

제8장 식민지화와 국권 회복 운동

淺田喬二, 1968, 『日本帝國主義と旧植民地地主制』, お茶の水書房

池川英勝, 1986, 「大垣丈夫の研究」, 『朝鮮學報』 119·120

海野福壽 編, 1995, 『日韓協約と韓國併合』, 明石書店

笹川紀勝・李泰鎭 編著, 2008, 『國際共同研究 韓國併合と現代』, 明石書店

愼蒼宇, 2007, 「抗日義兵鬪爭と膺懲的討伐」, 田中利幸 編, 『戰爭犯罪の構造』, 大月書店

愼蒼宇, 2008, 『植民地朝鮮の警察と民衆世界』, 有志社

愼蒼宇, 2010, 「韓國軍人の抗日蜂起と「韓國併合」」, 『思想』 1029

愼蒼宇, 2010, 「植民地戰爭としての義兵戰爭」, 『岩波講座 東アジア近現代通史』 第2卷, 岩波書店

鈴木敬夫, 1989, 『朝鮮植民地統治法の研究』, 北海道大學圖書刊行會

趙景達, 1989, 「朝鮮における日本帝國主義批判の論理の形成」, 『史潮』 25

趙景達, 1991, 「朝鮮近代のナショナリズムと文明」, 『思想』 808

趙景達, 1996, 「金玉均から申采浩へ」, 歷史學研究會 編, 『講座世界史』 7, 東京大學出版會

鄭晉錫(李相哲 譯), 2008, 『大韓帝國の新聞を巡る日英分爭』, 晃洋書房

廣瀬貞三, 1988, 「李容翊の政治活動(1904~07年)」, 『朝鮮史研究會論文集』 25

閔庚培(金忠一 譯), 1981, 『韓國キリスト教會史』, 新教出版社

朴慶植, 1973, 『日本帝國主義の朝鮮支配』 上, 青木書店

松田利彦, 2009, 『日本の朝鮮植民地支配と警察』, 校倉書房

森山浩二, 1982, 「朝鮮近代におけるキリスト教受容についての一考察」, 『朝鮮史研究
　　會論文集』 19

李升熙, 2008, 『韓國倂合と日本軍憲兵隊』, 新泉社

김도형, 1994, 『大韓帝國期의 政治思想研究』, 지식산업사

박성수, 1968, 「1907~10年間의 義兵戰爭에 對하여」, 『韓國史研究』 1

박찬승, 1992, 『한국근대 정치사상사연구』, 역사비평사

제9장 한국 병합

海野福壽, 2000, 『韓國倂合史の研究』, 岩波書店

小川原宏幸, 2010, 『伊藤博文の韓國倂合構想と朝鮮社會』, 岩波書店

韓相一·韓程善(神谷丹路 譯), 2010, 『漫畵に描かれた日本帝國』, 明石書店

姜東鎭, 1984, 『日本言論界と朝鮮』, 法政大學出版局

櫻井良樹, 1992, 「日韓合邦建議と日本政府の對應」, 『麗澤大學紀要』 55

新城道彥, 2011, 『天皇の韓國倂合』, 法政大學出版局

趙景達, 1989, 「安重根」, 『歷史評論』 469

西尾陽太郎, 1978, 『李容九小傳』, 葦書房

野村美和, 2009, 「新聞における朝鮮蔑視觀の展開」, 『學術論文集』 27, 朝鮮獎學會

平田賢一, 1974, 「「朝鮮倂合」と日本の世論」, 『史林』 57-3

松田利彥, 2009, 「伊藤博文暗殺事件の波紋」, 伊藤之雄·李盛煥 編著, 『伊藤博文と韓國統
　　治』, ミネルヴァ書房

安田常雄·趙景達, 2010, 『近代日本のなかの「韓國倂合」』, 東京堂出版

도판 출전

『圖錄·評傳 安重根』, 姜昌萬 著, 日本評論社, 2011년(241, 280쪽)

『異端の民衆反亂』, 趙景達 著, 岩波書店, 1998년(145, 146쪽)

『伊藤博文の韓國併合構想と朝鮮社會』, 小川原宏幸 著, 岩波書店, 2010년(267쪽)

『寫眞で知る 韓國の獨立運動 上』, 李圭憲 著, 高柳俊男·池貞玉 譯, 國書刊行會, 1988년
　　(48, 60, 66, 105, 162, 236, 255, 258, 274쪽)

『義兵鬪爭から三一獨立運動へ』, F·マッケンジー 著, 韓哲義 譯, 太平出版社, 1972년
　　(196쪽)

『朝鮮獨立運動の群像』, 姜德相 著, 青木書店, 1984년(252쪽)

『カラー版 錦繪の中の朝鮮と中國』, 姜德相 著, 岩波書店, 2007년(72쪽)

『근대외교의 발자취 1876~1905』, 부산근대역사관, 부산, 2005년(50, 75쪽)

『독립기념관 전시품 도록』, 독립기념관, 1997년 개정판(94, 120, 172, 206, 222쪽)

『민족의 사진첩』, 최석로, 서문당, ①1994년(174쪽), ③1994년(20쪽), ④2007년(294쪽)

『한일병합사 1875~1945 : 사진으로 보는 굴욕과 저항의 근대사』, 신기수, 이은주 옮김,
　　눈빛, 2009년(25, 148, 230, 262, 286쪽)

찾아보기

인명

가쓰라 다로 275, 277, 283, 290
가와카미 소로쿠 140, 147, 157
강기동 270, 271
고무라 주타로 208, 275, 287
고종 49, 56, 61, 62, 68, 80, 88, 90, 98,
　　99, 102, 103, 105, 111~115, 151,
　　152, 163, 165~168, 170, 173, 176,
　　177, 181, 183, 185~187, 192, 193,
　　197, 198, 200, 212, 214, 215, 224,
　　226, 228, 229, 242, 243, 254, 263,
　　277, 290, 292
기다 사다키치 293
기도 다카요시 44, 45, 64, 118
기정진 59
김가진 142, 149
김개남 126, 130, 139, 144
김구 255
김기수 73, 75

김옥균 76~78, 84, 85, 89, 90, 97~99,
　　101, 102, 104~106, 108, 111, 116,
　　132, 163, 176
김윤식 76, 81, 85, 88~90, 97, 111~113,
　　116, 149, 160, 203, 204, 290
김평묵 80
김학진 138, 139, 143, 147
김홍집 76~79, 90, 96, 97, 135, 142, 149,
　　151, 152, 154~159

나카에 조민 92, 109
남종삼 55, 56

다케다 한시 140
다케조에 신이치로 102, 103, 105, 108,
　　113

데니, 오언 114, 115, 186
데라우치 마사타케 277, 288~290, 295, 296

마건충 88~90, 96
매켄지, 프레더릭 265, 270
메가타 다네타로 201, 211, 212, 246
모리야마 시게루 64, 65
묄렌도르프, 파울 게오르크 폰 96, 97, 101, 102, 111, 112, 114
미우라 고로 155~157
민긍호 245, 248, 251
민비 61, 62, 80, 86, 88, 98, 105, 111~114, 152, 154~157, 167, 186, 263
민승호 62, 98
민영익 96, 98, 104, 113, 263
민영환 214, 215, 227
민종식 235, 236

박규수 30, 57, 62, 68, 76, 77, 81, 107
박영효 90, 98~101, 104, 105, 107, 108, 151, 152, 155, 157, 176, 177, 279
박은식 239, 255~257, 259
박정양 83, 115, 152, 160, 175, 176
박제순 198, 225, 226, 230, 242
베델, 어니스트 227, 239, 260, 261, 264

서광범 76, 84, 90, 98, 108, 151
서장옥 126, 127, 129, 130, 137
서재필 104, 108, 171, 173, 174
소네 아라스케 275, 276, 283, 288
손병희 210, 240

손화중 126, 130, 144, 147
송병준 210, 242, 243, 277
순종 243, 266~268, 275, 276, 277, 290, 291
슈페이에르, 알렉시 드 111, 112
슈펠트, 로버트 81, 82
스티븐스, D. W. 201, 266, 279
신돌석 238, 251
신채호 239, 255~259, 287

안경수 149, 152, 171, 175, 176
안중근 264, 278, 279, 281, 282~285, 287
안창호 254, 255, 264, 279, 287
알렌, 호러스 228, 229, 263
야마가타 아리토모 67, 117, 277, 278
양기탁 239, 241, 255, 261, 262, 286
어윤중 83~85, 88~90, 97, 128, 149, 159
영조 25, 26, 32, 186
오가키 다케오 253, 254, 256, 257
오경석 77
오쿠보 도시미치 64
오토리 게이스케 133, 150, 163
오페르트, 에른스트 57, 58
요시다 쇼인 42, 118
우치다 료헤이 140, 277, 278
원세개 89, 97, 105, 113~115, 133, 186
유길준 76, 83, 100, 117, 142, 149~151, 155, 160, 292
유대치 77, 106
유인석 158, 160, 216, 271
윤치호 83, 173~176, 178, 238, 254
윤효정 238, 253
이강년 248

이근택 226, 244

이기 203

이노우에 가오루 66, 67, 85, 102, 103,
110, 112, 117, 147, 150, 154, 157

이동인 76~78, 83, 84

이범윤 217, 279, 285

이상설 242

이상재 173, 175

이승만 215

이시카와 다쿠보쿠 295

이완용 156, 159, 160, 173, 226, 242,
243, 277, 278, 283, 289, 290

이용구 210, 240, 277, 278

이용식 290

이용익 174, 181, 183, 200, 228

이위종 242, 243

이유원 62, 68, 81, 90

이은찬 248, 251, 252, 268, 271

이인영 248, 249, 271

이재면 114, 142

이재선 80, 88

이준 238, 242, 243

이준용 114, 141

이최응 62, 68, 78, 88

이토 히로부미 85, 110, 117, 132, 157,
187, 203, 224~227, 229, 230, 236,
242~244, 246, 247, 253, 254, 264,
266~268, 275~279, 281~285, 295

이항로 59, 61, 80

이홍장 68, 81, 88, 95~97, 110, 112~115,
132

ⓧ

장지연 227, 238, 253~256

전봉준 53, 126, 129, 130, 134, 137~140,
142~144, 147, 148, 149, 259

정조 25, 26, 32, 186

조병세 227

조병식 124, 127, 175, 176, 197

ⓧ

철종 33, 49, 99

최시형 125, 126, 190

최익현 61, 62, 67, 168, 214, 235, 236,
250

최제우 38, 39, 125, 127

ⓧ

하나부사 요시모토 79, 87, 89~91

하세가와 요시미치 202, 225, 265

하야시 곤스케 205, 208, 218, 225, 226

한규설 215, 225, 226, 230, 290, 292

허위 168, 214, 248~250

헐버트, 호머 228, 229, 243

홍범도 251

홍영식 76, 83, 90, 97, 98, 100, 104, 105,
108

후쿠자와 유키치 78, 83~85, 91, 99, 100,
103, 109, 154, 258, 259

흥선대원군 49, 51~59, 61, 62, 67, 80,
86~90, 102, 104, 112~114, 135, 141,
142, 144, 155, 186, 187

사건과 단체, 조약 등

ㄱ

갑신정변 76, 90, 101, 104, 106, 107, 109, 110, 116, 117, 151, 163, 171, 176, 263, 279

갑오개혁 135, 149, 152, 160, 165~167, 171, 179, 188, 290

갑오농민전쟁 53, 89, 123, 139, 148, 149, 151, 152, 165, 184, 188, 191, 210, 220, 258, 264, 268, 269, 279

강화도 사건 65~70, 77, 92

개화파 30, 76, 78, 84, 85, 89, 90, 96~109, 135, 136, 141~143, 149, 151, 158~160, 163, 173

관민 공동회 175

광무개혁 179, 180, 181, 183~185, 187

교조 신원 운동 127, 165

국채 보상 운동 240, 242, 261, 262

군국기무처 135, 149~151

군대 해산 182, 244, 245, 265, 279

ㄴ

남한 대토벌 작전 268, 269, 276, 281, 287, 289

ㄷ

단발령 158, 160, 215, 250

대부흥 운동 263, 264

대한자강회 238, 252~254, 256, 257, 260

대한협회 253, 256, 278, 283

독립협회 168, 171~179, 186, 188~190, 213, 215

ㄹ

러일 전쟁 123, 181, 182, 190, 199~201, 209, 210, 215, 216, 218, 220, 223, 224, 228, 231, 238, 239, 251, 253, 259, 260, 264, 276, 279, 296

ㅁ

만민 공동회 173, 176, 177

민비 학살 사건 154~157

ㅂ

방곡령 124, 127

방성칠의 난 191

변법8개조 112, 117

병인박해 56, 82

병인양요 57, 59

ㅅ

서북학회 239, 278

수신사 73, 74, 76, 79, 97, 99

신미양요 58

신민회 254~256, 285

ㅇ

아관파천 159, 160, 173, 185

애국 계몽 운동 238~240, 247, 252~254, 256~258, 260, 279

이재수의 난 191

이필재의 난 126

일진회 210, 216, 240, 242, 243, 245, 253, 277, 278, 282~285, 287

임술민란 34, 35, 39, 49

임오군란 86, 88, 89, 91, 92, 95, 99, 103,
  113, 114

전주화약 134, 136~138
제1차 러일협약 244, 288
제1차 한일협약 201
제2차 한일협약 224~229, 235, 242, 253,
  290, 292
제3차 한일협약 244, 246, 292
제물포조약 90, 92, 103, 133
조미수호조약 82
조불수호통상조약 82, 263
조사시찰단 83, 84, 100, 106
조일수호조규(강화도조약) 61, 68, 82,
  91, 92

천우협 139, 140, 147, 154, 277
청일 전쟁 110, 116, 122, 123, 136, 140,
  142, 143, 149, 153, 154, 163, 168,
  169, 200, 231
청일강화조약(시모노세키 조약) 153, 163
춘생문 사건 156, 159

텐진조약 110, 133
통감부 229~231, 233, 234, 239, 247,
  251, 253, 260, 261, 264, 265, 277,
  285, 288, 289

한일의정서 201, 213, 214
헌의6조 175~177
헤이그 밀사 사건 243

홍경래의 난 34, 38
활빈당 191, 192, 250

옮긴이의 말

 저자 조경달은 『이단의 민중반란(異端の民衆反亂)』, 『민중과 유토피아(朝鮮民衆運動の展開)』, 그리고 『일본, 한국 병합을 말하다(「韓國倂合」100年を問う)』 등으로 국내에서도 친숙한 연구자이다. 저자가 서문과 후기에서 밝힌 바와 같이, 또한 저작들의 발표 시기를 통해 알 수 있듯이 저자가 해방 이후 일본에서 태어난 연구자로서 우선적으로 극복해야 했던 대상은 〈내재적 발전론〉과 〈식민지 근대화론〉, 〈식민지 근대성론〉 등 해방 이후 한국 근대 사학의 주요 성과들이었다. 이 책은 〈재일(在日)〉이라는 현실과 맞서면서 1980~1990년대 민중사 연구를 시작으로 2010년 〈병합 100주년〉을 맞이하기까지 저자가 고투하였던 그간의 연구 성과를 압축한 근대 한일 관계 통사라 할 수 있다.

 올해 2015년은 〈병합 100주년〉으로부터 다시 5주년을 맞는 해이다. 또한 해방 70주년이자, 한일 국교 정상화 50주년을 맞이하는 해이기도 하다. 그러나 현재 한국과 일본 두 나라에서 정부와 정부 사이의 외교적인 갈등은 물론 민간의 상호 인식에 이르기까지 대립과 불신은 오히려 확대되는 양상을 나타내고 있다. 돌아보면 해방 이후 한일 관계의 장벽이 되고 있는 역사 인식과 과거사 문제는 1982년 〈일본 교과서 왜곡 사건〉을 계기로 촉발되었고, 이후 분쟁이 끊임없이 이어지고 있다. 그동안 민간 연구자의 노력과 정부 간 외교적 교섭의 결과 1990년대 들어 고노 담화(1993), 무라야마 담화(1995) 등을 통해 신뢰를 회복하고 있었으나, 최근 들어 우려할 만한 상황에 다시 놓인 것이다.

주지하다시피 현재 양국 정부와 국민들 사이에 교류의 장벽이 되고 있는 소위 〈위안부 문제〉와 〈독도 문제〉 등은 동아시아 삼국의 근대사 전개 과정에서 배태되었다. 현대에 맞닿아 있는 가까운 시대, 즉 근대 역사에 대한 인식의 차이가 그 원인이라 할 것이다. 지리적으로 인접한 한국과 일본은 역사의 기원을 이루었던 고대 시기부터 같은 시공간 안에서 생활해 왔다고 해도 과언이 아니다. 정보 통신 기술 등 과학 문명의 혜택을 받기 시작한 근대에 들어서부터는 더욱 말할 나위가 없다. 다시 말하면 양국의 역사는 밀접한 관련을 맺으면서 전개되어 왔던 것이다. 그리하여 여러 방면에 걸쳐 역사 발전 과정에서 두 나라는 상당한 유사성을 보여 주고 있었다. 그러나 한국과 일본을 포함한 동아시아 역사, 특히 근대의 역사는 19세기 후반 중화 세계를 벗어나 실제 세계와 접촉하면서, 특히 1894년 청일 전쟁을 계기로 서로 다른 길을 걷기 시작하였다.

일반적으로 국가와 민족의 역사를 기술하는 방법으로 흔히 정치사, 경제사, 사회사, 문화사 등이 사용되어 왔다. 그러나 이 책은 일반적인 통사 서술 방식과 달리 방법적으로 보면 크게 두 가지 측면에서 새로운 시도를 하고 있다. 양국의 근대사 전개 과정을 소위 〈정치 문화〉에 초점을 맞추어 기술하는 한편으로, 비교를 통해 한일 양국의 근대사 전개 과정을 효과적으로 제시하고 있다.

예를 들어 저자는 한국과 일본의 근대사 전개의 바탕이 되는 전통 사회의 모습을 비교하면서, 일본은 사람들이 살고 있던 촌락부터도 지배 계급과 일반 농민의 주거지가 확연히 구분되었던 병농 분리 체제였던 반면, 조선은 사족과 농민이 같은 공간에서 살고 있었음을 지적한다. 또 그들의 사상을 지배하였던 주자학 역시 일본 사회에서는 일종의 통치 수단에 지나지 않았으나, 조선에서는 주자학적 지식이 곧 통치 권력의 바탕을 이루고 있었음을 밝히고 있다.

이 책이 일본에서 출간되었을 당시, 역자는 이 책이 지난 30년간 동떨어져 온 양국의 역사 인식을 화합시킬 중요한 성과라고 판단하여 번역을 자청하였다. 그로부터 번역을 마무리하기까지 예상보다 많은 시간이 소요되었다. 2015년 8월을 넘겨서는 안 된다는 생각을 하면서 번역해 오던 작업을 마무리할 수 있었다. 그동안 인내하며 기다려 준 안성열 열린책들 인문 주간께 감사드린다.

2015년 7월

최덕수

옮긴이 **최덕수**는 고려대학교 사학과를 졸업하고, 동 대학원에서 박사 학위를 받았다. 한국 근대 정치사와 한일 관계사를 전공했으며, 현재 고려대학교 한국 사학과 교수로 재직하고 있다. 저서로 『개항과 조일관계』, 『대한제국과 국제환경』이 있으며, 공저로 『근대교류사와 상호인식 II』와 『조약으로 본 한국 근대사』가 있다. 역서로는 『조선의 개화사상과 내셔널리즘』, 『끝나지 않은 20세기』, 『이토 히로부미의 한국 병합 구상과 조선 사회』 등이 있다.

근대 조선과 일본

발행일   2015년 8월 15일 초판 1쇄
         2020년 10월 25일 초판 4쇄

지은이   조경달
옮긴이   최덕수
발행인   홍지웅 · 홍예빈
발행처   주식회사 열린책들

경기도 파주시 문발로 253 파주출판도시
전화 031-955-4000 팩스 031-955-4004
www.openbooks.co.kr

Copyright (C) 주식회사 열린책들, 2015, *Printed in Korea.*
ISBN 978-89-329-1725-2 93910

이 도서의 국립중앙도서관 출판시도서목록(CIP)은 서지정보유통지원시스템 홈페이지(http://seoji.nl.go.kr)와
국가자료 공동목록시스템 (http://www.nl.go.kr/kolisnet)에서 이용하실 수 있습니다. (CIP제어번호:CIP2015018251)